Mit der Maus durch die Metropole Ruhr

2000 Jahre Geschichte für Kinder

Danksagung
Für das Interesse und die Unterstützung bei der Arbeit danke ich meinem Mann Bernd Schaumann.

Der J. P. Bachem Verlag dankt Brigitte Lotz, Bochum, herzlich für die Durchsicht des Manuskripts und dem WDR für die konstruktive Zusammenarbeit.

Elisabeth Mick

Mit der Maus durch die Metropole Ruhr

2000 Jahre Geschichte für Kinder

Mit Gutscheinen für einmal freien Eintritt für ein Kind in sechs Museen und Kulturstätten (S. 240)!

J.P. BACHEM VERLAG

Elisabeth Mick
1947 in Köln geboren, ist Lehrerin und seit über 20 Jahren in der Museumsschule beim Museumsdienst Köln tätig. Neben der Unterrichtung von Schulklassen im Kölnischen Stadtmuseum, Museum Schnütgen und Wallraf-Richartz-Museum entwickelt sie neue museumspädagogische Projekte und erstellt Unterrichtsmaterial zur Kölner Stadtgeschichte für Schüler.

Bibliografische Information Der Deutschen Nationalbibliothek
Die Deutsche Nationalbibliothek verzeichnet diese Publikation in der Deutschen Nationalbibliografie; detaillierte bibliografische Daten sind im Internet über http://dnb.d-nb.de abrufbar.

1. Auflage 2009

Lektorat: Martina Dammrat, Köln

Kartografie: www.cartomedia-karlsruhe.de
Reproduktion/Gestaltung/Einband: Reprowerkstatt Wargalla, Köln/
Eva Kraskes, Köln
Druck: Grafisches Centrum Cuno, Calbe
Printed in Germany
ISBN 978-3-7616-2299-5

Inhalt

Das Treffen der Spezialisten

Im Pütt: Kohle, Koks und Eisen

Auf Städtetour: Die Großen am Hellweg

Unterwegs auf Flüssen, Seen und Kanälen

Städte, Lager und Legionen – mit Mercur auf Römertour

Was du noch wissen solltest – zum Nachschlagen

Begriffe, die mit einem * gekennzeichnet sind, werden im Glossar und im Bergmanns-ABC auf den Seiten 217 bis 223 erklärt.

Das Treffen der Spezialisten

Mercur, Teufel, Heinzel Mann und Emma Elf im Ruhrgebiet

Emma Elf war auf dem Weg zum vierten Spezialistentreffen in der Metropole Ruhr. Sie erwartete den römischen Gott Mercur, den Götterboten und Beschützer der Reisenden und Kaufleute. Er war eine elegante Gestalt mit wehendem Umhang. An seinem Hut und an den Schuhen waren Flügel, mit denen er sich mühelos in die Luft erheben und fliegen konnte. Sein Spezialgebiet war die Zeit der Römer im Ruhrgebiet. Auch der Teufel wollte kommen. Der kratzige Geselle mit den Hörnern, dem langen Schwanz und dem Pferdefuß war Fachmann für das Mittelalter. Nach Teufelsart konnte er rubbeldiekatz überall sein. Heinzel Mann hatte auch zugesagt. Er war für die Neuzeit zuständig, vor allem für die Zeit, als die Industrie im Ruhrgebiet entstand. Er trug immer den Heinzelhut auf seinem Kopf, damit man ihn sehen konnte, denn ohne Hut war er unsichtbar. Emma Elf kannte sich in der modernen Zeit aus, auch was die Gegenwart betraf. Bei den Treffen trug sie immer das rote T-Shirt mit der aufgedruckten Elf.

Sie wollten die Metropole Ruhr auf vier Touren erkunden. Auf einer Tour wollten sie die Städte kennenlernen, auf einer anderen Flüsse, Seen und Kanäle. Zwei Touren sollten in die Vergangenheit führen: eine in die römische Zeit und die andere in die Zeit der Industrie, als das Ruhrgebiet noch „Kohlenpott" genannt wurde.

Sie hatten sich am Gasometer verabredet, dem Wahrzeichen von Oberhausen. Emma kam vom Schloss Oberhausen. Nachdem sie die Siedlung Grafenbusch hinter sich gelassen hatte, musste sie an einem kleinen Waldstück vorüber. Hier standen Kinder und Erwachsene und warteten vor einer Bude. Emma ging langsamer und schaute in den Wald hinein. Da sah sie, dass Seile in unterschiedlicher Höhe von Baum zu Baum gespannt waren, an denen sich Männer, Frauen und Kinder entlanghangelten. Alle trugen Sturzhelme und waren mit be-

Kinder im Kletterwald beim Gasometer in Oberhausen.

sonderen Sicherheitsgurten ausgerüstet. Wenn sie einen Baum erreicht hatten, kletterten sie auf die Plattform, die oben um den Baumstamm herum angebracht war. Dann sicherten sie sich mit einem Karabiner am nächsten Seil. So ging es von Baum zu Baum und zum Schluss mit der Seilrutsche abwärts. Das war wie im Dschungel. Emma sah der abenteuerlichen Kletterei zwischen den hohen Bäumen begeistert zu und vergaß die Zeit.

Die Seile für die Kinder waren niedriger gespannt. Die Kinder mussten auch zuerst unter Aufsicht üben, sich mit den Karabinern am Seil zu sichern. Das war nicht einfach und erforderte Geduld. Unter den vielen Kindern, die in der Reihe warteten, entstand auch bald eine Drängelei und Schubserei. Aber als Emma genauer hinsah, traute sie ihren Augen nicht und wusste sofort, warum es Unfrieden gab. Mitten unter die Kinder hatte sich der Teufel gemischt, der kratzige Geselle mit den Teufelsohren, dem langen Schwanz und dem Pferdefuß. Er drängelte die Kinder rücksichtslos beiseite und hing bald ohne jegliche Sicherung am Seil.

Plötzlich hörte Emma ein feines Stimmchen hinter sich.

„Hallo Emma! Wie schön, dich wiederzusehen."

Sie drehte sich um. Aber es war niemand zu sehen. Nur der rote Heinzelhut bollerte über den Waldboden. Dann erhob er sich in die Luft und der Heinzel stand leibhaftig vor ihr. Sie freuten sich beide und begrüßten sich herzlich.

„Jetzt fehlt nur noch einer", sagte sie. „Dann sind wir komplett."

„Wieso? Es fehlen doch noch zwei", erwiderte der Heinzel.

„Nein", sagte Emma, „der Teufel ist auch schon da. Er hängt da drüben im Wald an einem der Seile, da, zwischen den Bäumen."

Sie gingen näher heran und schauten sich die akrobatischen Verrenkungen an, mit denen der Teufel versuchte, sich zum nächsten Baum zu hangeln. Noch bevor er ihn erreicht hatte, sah er Emma und den Heinzel. Er winkte ihnen heftig zu und dabei fiel er vor Schreck, oder auch vielleicht vor Freude oder aus Unachtsamkeit, auf den Waldboden. Er stand auf und rannte aufgeregt zu den beiden.

„Ihr müsst mich nicht so erschrecken. Wegen euch bin ich da runter gefallen und habe mir weh getan", meckerte er sofort los und rieb sich das Hinterteil.

Emma und der Heinzel sahen sich fragend an. Aber dann erinnerten sich beide daran, dass er immer den anderen die Schuld für seine Missgeschicke gab, und sie fingen an zu lachen. Das ärgerte den Teufel und er lief, ohne ein weiteres Wort zu sagen, in den Kletterwald hinein. Die beiden gingen hinterher und kamen zu einem Picknickplatz. Dort stieg Rauch auf. Auf einem großen Grill brutzelten Würstchen. Der Teufel hielt an, schnappte sich blitzschnell eines und biss gierig hinein. Und schon begann das Geschrei.

„Auuuuuu! Auuuuuu! Auaaaaaa! Auaaaaaa! Auwehoweh! Auwehoweh! Auaaaaaa! Heiß! Heiß! Heiß! Auaaaaa! Auaaaaa! Ich bin verbrannt. Ich bin verbrannt!"

Das Würstchen hatte er in den Dreck fallen lassen, während er schrie und von einem Bein auf das andere hüpfte. Emma und der Heinzel packten ihn unter den Armen und zogen ihn weiter.

„Los jetzt", sagte der Heinzel, „wir gehen zum Gasometer. Dort sind wir verabredet."

Doch sie kamen nicht weit, denn Mercur stand plötzlich vor ihnen. Elegant wie immer. Mit wehendem Umhang, Flügelhut, Geldbeutel und Heroldsstab*.

Klettern wie im Urwald im Kletterwald beim Gasometer in Oberhausen.

„Ich freue mich wirklich, euch wiederzusehen“, sagte er. „Aber hier? Hatten wir uns hier verabredet? Hier, wo erwachsene Frauen und Männer wie die Affen von Baum zu Baum hüpfen und klettern? Also ich muss schon sagen, das befremdet mich sehr. Das gab es bei uns im Römischen Reich nicht. Wir hätten uns nicht mit solch einer Affenkletterei erniedrigt.“

„Ach Mercur, davon verstehst du nichts. Das ist Sport. Das ist Abenteuer. Das macht Spaß“, sagte Emma und lachte. „Ich freue mich, dass du da bist.“ Auch der Heinzel begrüßte Mercur herzlich und sogar der Teufel brachte es fertig, höflich und freundlich zu sein. Dann machten sie sich auf den Weg zum Gasometer. Er war nicht weit entfernt.

„Hast du was gerochen?“, fragte Emma den Heinzel.

„Ja, der Teufel riecht wieder nach Feuer und Erde. Und Mercur nach Parfüm.“

Die dicke Tonne – der Gasometer in Oberhausen

„Kannst du überhaupt in die dicke Tonne hineingehen? Du hast doch Höhenangst“, fragte Emma den Teufel auf dem Weg vom Klettergarten zum Gasometer.

„Ja und?“, antwortete er patzig. „Wir gehen doch unten herein und nicht oben.“ Damit war das Thema für ihn erledigt. Dann betraten sie die gigantische Halle und verstummten. In der Ausstellung ging es um das gesamte Sonnensystem. Es waren alte Fernrohre ausgestellt, moderne Geräte von Weltraumforschern und Fotos aus dem All. Als sie sich im riesigen Raum zurechtgefunden hatten, sahen sie auch die Nachbildungen der Sonne und ihrer Planeten, die im weiten Raum wie auf einer Scheibe schwebten. Alle vier blickten immer wieder um sich und staunten. Dann stieg Emma die Stufen zur runden Plattform hinauf. Mercur und der Heinzel folgten ihr. Nur der Teufel blieb am Fuße der Treppe stehen und starrte hinauf.

Wie eine riesengroße Tonne sieht der Gasometer in Oberhausen aus. Er ist das Wahrzeichen der gesamten Region.

„Das kann ich nicht. Da kann ich nicht hinaufsteigen, in diesen dunklen unwirklichen Raum. In diesen riesigen Weltraum. Da kriege ich Angst und Schütteln und Rütteln und Zittern und Zähneklappern und Gänsehaut und Schweißausbruch. Das macht mir Angst. Da fürchte ich mich. Da falle ich. Da breche ich mir alle Knochen und bin tot …“

„Aber da oben hängt der größte Mond auf Erden“, sagte der Heinzel.

„Das ist mir egal“, sagte der Teufel und klapperte wieder mit den Zähnen.

„Ist ja gut“, beruhigte ihn der Heinzel. „Dann bleibst du eben unten und wartest hier auf uns, bis wir wieder da sind.“ Dann folgte er schnell den anderen, die von der Plattform aus ins Dunkel starrten.

Schloss Oberhausen

Vor vielen hundert Jahren stand auf dem Gelände des heutigen Schlosses eine Ritterburg mit dem Namen „Overhuis“. Von dieser

Wasserburg aus wurde ein seichter Übergang durch die Emscher an das andere Ufer kontrolliert. Vor mehr als 200 Jahren versank die Burg in einen Dornröschenschlaf und verfiel. Doch 1820/21 wurde das heruntergekommene Gemäuer zum Leben erweckt und nach neuen Plänen wieder aufgebaut und ausgestaltet. Zu dieser Zeit entstand auch der Schlosspark mit Wiesen, Baumgruppen und Teichanlagen, die mit dem Wasser eines alten Emscherarmes gespeist werden. Der Park wurde 1889 zu Ehren Kaiser Wilhelms I. Kaisergarten getauft. Vor etwa 100 Jahren kaufte die Stadt den Park und das Schloss und machte es nach einem Umbau 1998 zum Sitz der Ludwig Galerie Schloss Oberhausen. Hier werden Meisterwerke alter und moderner Kunst ausgestellt. Von der Burg „Overhuis“ ist der Name auf die später entstandene Stadt Oberhausen übergegangen.

Über ihnen schwebte der Mond! – Als Stoffkugel von fast achtzig Meter Umfang. Um diesen Mond zu umschließen, wären etwa fünfzig Erwachsene nötig, die sich im Kreis an den Händen halten. Der riesige Mond erschien in wechselndem Licht. Als Sichel und als Vollmond, oder er blieb ganz verborgen. Genau so, als würde er wie in der Wirklichkeit bei seiner Erdumrundung von der Sonne beleuchtet. Nach einer Viertelstunde ging alles wieder von vorne los.

Riesige Rohrleitungen verbanden den Gasometer mit den über das Stadtgebiet verstreut liegenden Anlagen der Gutehoffnungshütte.

„In Wirklichkeit müssten wir hier einen Monat stehen. So lange braucht der Mond, um die Erde einmal zu umrunden. Aber hier wird das in fünfzehn Minuten nachgestellt", erklärte Emma.

„Das ist ein Wunder!", hauchte Mercur. „Schon wir Römer haben davon geträumt, irgendwann zum Mond zu reisen."

Im unteren Bereich des Gasometers finden immer sehr interessante Ausstellungen statt. Zum Beispiel „Feuer Licht Himmel", eine Ausstellung zur Geschichte des Gasometers. Oder über das Abenteuer der Ballonfahrt. Oder eine Fußballausstellung mit dem Titel „Der Ball ist rund".

Sie waren völlig gefangen von dem einzigartigen Raumerlebnis, dem Mondlicht und den ungewöhnlichen Klängen, die sie umgaben.

„Wir stehen jetzt auf der riesigen Scheibe aus Stahl, die früher wie ein Deckel auf dem Gas lag. Diese Scheibe hat das Gas so abgeschlossen, dass keine Luft daran kam und kein Gas entweichen konnte."

„Auf dem Deckel?", fragte Mercur nach.

„Ja", sagte Emma. „Er ist jetzt festgemacht. Wenn hier Konzerte stattfinden, fliegt dir ein Echo um die Ohren, das sieben- oder achtmal nachhallt. So etwas hast du in deinem ganzen Götterleben noch nie gehört."

Sie staunten noch eine Weile und gingen dann hinüber zum Fahrstuhl.

„Wo ist der Heinzel?", fragte Emma plötzlich aufgeregt.

„Da drüben liegt er und schläft. Hörst du das siebenfache Echo seiner Schnarcherei nicht? Der ganze Gasometer wackelt davon", sagte Mercur.

Emma rannte auf den Heinzel zu und riss ihn hoch.

Der größte Mond auf Erden hat 80 Meter Umfang und schwebt in der Ausstellung „Sternstunden – Wunder des Sonnensystems" im Gasometer Oberhausen.

Die Ausstellung „Sternstunden – Wunder des Sonnensystems" dauert bis Januar 2010. Die jeweils aktuelle Ausstellung findest du unter www.gasometer.de.

Der Gasometer

Der Gasometer ist heute das Wahrzeichen der Stadt Oberhausen und des westlichen Ruhrgebietes. Er wurde vor etwa 80 Jahren als Behälter für Gas gebaut, das bei der Verarbeitung von Kohle zu Koks anfiel. Das Gas wurde im Gasometer aufgefangen, gereinigt und zum Beispiel zum Heizen weiterverwendet. Der Gasometer ist 117 Meter hoch und hat einen Durchmesser von 67 Metern. 1988 hatte er ausgedient und man wollte ihn abreißen. Doch dann wurde er zu neuem Leben erweckt und zu einer einmaligen, gigantischen Ausstellungshalle umgewandelt, die sogar im „Guinnessbuch der Rekorde“ steht. 592 Stufen und ein Fahrstuhl führen zum Dach, von dem man bei klarer Sicht weit in das Ruhrgebiet sehen kann.

„Der Gasometer steht im Guinnessbuch der Rekorde und du, du schnarchst hier herum. Das ist doch blöd“, empörte sich Emma.

Gemeinsam stiegen sie in den gläsernen Fahrstuhl. Während er langsam in dem riesigen Gasbehälter in die Höhe schwebte und sich immer mehr der Kuppel* näherte, wurde es selbst Emma, Mercur und dem Heinzel etwas mulmig. Aber das wunderbare Gefühl, wie im Weltraum zu schweben, war überwältigend. Erst als sie oben angekommen waren und der Fahrstuhl ruckte, fühlten sie sich wieder wie auf dieser Welt und gingen auf das Dach des Gasometers.

„Was man von hier aus alles sehen kann!“, stellte der Heinzel fest.

„Die Siedlung Grafenbusch, die Emscher, den Rhein-Herne-Kanal und die ‚Neue Mitte‘ mit dem CentrO.“

„Und was war früher auf diesem Gelände der Neuen Mitte?“, fragte Mercur den Heinzel.

„Ein riesengroßes Industriegebiet. Ein Werksgelände mit dem Namen ‚Gutehoffnungshütte‘. Dazu gehörten Zechen, in denen Kohle gefördert wurde, Eisenhütten, Stahlwerke, Fabriken, Eisenbahnen, Schienennetze und auch der Gasometer. Hier arbeiteten Tag und Nacht Tausende von Menschen. Hier war es laut, stinkig und schmutzig. Hier war alles eingenebelt von Ruß, Rauch und Staub. Aber diese Zeit ist vorbei. Davon ist nichts mehr übrig geblieben.“

Das Panoramabild von Bernhard Obbey zeigt das Industriegebiet der Gutehoffnungshütte im Jahr 1951.

Sie betrachteten noch eine Weile von hoch oben die grüne Landschaft und fuhren dann wieder hinunter.

„Ich finde den Teufel nicht", sagte der Heinzel, nachdem er suchend umhergegangen war. „Ich habe ihm doch gesagt, er soll hier warten."

„Der tut nie, was man ihm sagt. Das weißt du doch", bemerkte Emma. Sie gingen nach draußen. Aber da war der Teufel auch nicht.

Vom Dach des 117 Meter hohen Gasometers kann man weit in das Ruhrgebiet blicken.

„Der kann mich mal. Dann überlegen wir eben ohne ihn, was wir jetzt machen“, entschied Emma.

„Wisst ihr, wo ich war?“, hörten sie plötzlich seine Stimme.

„Ich war im CentrOOOOOO! Einmalig! Einmalig, kann ich nur sagen. Zwanzig Imbissbuden! Da gibt es alles zum Essen und Trinken, was man sich nur wünschen kann. Zweihundert Geschäfte! Jedes Jahr kommen dreiundzwanzig Millionen Besucher, die drinnen und draußen herumflanieren und Geld ausgeben – wunderbar! Ich war auch an der Haltestelle der Linie 112 ‚Neue Mitte‘. Die hat ein Dach, das aussieht, als hätten Riesen Mikado gespielt. Und erst der Freizeitpark. Das Riesenrad und das Piratenschiff, die Schiffschaukel und die Wackelbrücken! Schade, dass ihr das alles nicht gesehen habt.“

„Gibt es da auch Luxus? Ich meine Juweliere, Parfümerien und Modegeschäfte?“, fragte Mercur. Schon bei den anderen Spezialistentreffen hatte er sich dauernd parfümiert und in Düsseldorf war er der Star im Shoppingcenter geworden, weil alle seinen Umhang und die Flügelschuhe so süß fanden. Der Teufel schwärmte Mercur weiter vor, welchen Luxus er im CentrO gesehen hatte und die beiden tuschelten und lachten.

„Könnt ihr mal aufhören“, fuhr Emma plötzlich ärgerlich dazwischen.

CentrO – Oberhausen

Heute ist vom Industriegelände, das sich früher hier ausbreitete, nichts mehr zu sehen, zu hören und zu riechen. Die Bauten wurden bis auf den Gasometer abgerissen und auf dem großen Gelände entstand die „Neue Mitte Oberhausen“ mit dem CentrO, einem riesigen Einkaufs- und Freizeitzentrum. Hier kann man in etwa 200 Geschäften unter einem Dach einkaufen, auf der Promenade flanieren, Eis essen, Restaurants besuchen, auf dem Abenteuerspielplatz über Wackelbrücken und Türme klettern oder sich in das 44 Meter hohe Riesenrad im Freizeitpark setzen. Fast jeder Wunsch nach Spiel, Spaß und Abenteuer wird hier erfüllt.

Im Pütt: Kohle, Koks und Eisen

Pott, Ruhrpott, Kohlenpott, Ruhrgebiet – Metropole Ruhr

„Was machen wir denn jetzt?", fragte der Teufel. „Wie geht es weiter?"

„Natürlich mit der Neuzeit. Mit meinem Thema. Mit der Entwicklung des Ruhrgebiets vor hundertfünfzig Jahren. Ich erzähle euch jetzt die Geschichte von den brennenden Steinen." Und der Heinzel begann.

Die brennenden Steine

Es war einmal ein Junge, der musste die Schweine hüten. Er trieb sie über die Wiesen und in die Wälder, damit sie sich satt fressen konnten. Wenn ein Schwein sich zu weit entfernte, rief er „Mutt, mutt, mutt" und es kam wieder zurück. An einem kühlen, feuchten Tag wurde es dem Schweinehirten kalt. Deshalb beschloss er, ein Feuerchen zu machen. Ganz in seiner Nähe wühlte gerade eine Sau im Erdreich zwischen den Wurzeln eines Baumes herum. Er schubste sie beiseite und legte etwas Reisig und Holz in die Kuhle. Dann zündete er es an und als die Flamme loderte, wärmte er sich daran. Als es Abend wurde, brannte das Feuer immer noch, obwohl er kein Holz nachgelegt hatte. Darüber wunderte er sich. Er machte sich mit seinen Schweinen auf den Heimweg und trieb sie den Hügel hinauf. Dabei rief er „Mutt, mutt, mutt", damit sie zusammenblieben. Als er oben angekommen war, drehte er sich noch einmal um und sah, dass die Glut immer noch glimmte.

Als er am nächsten Morgen wiederkam, war die Glut immer noch nicht erloschen. Sie glühte wie am Abend zuvor und strahlte mehr Hitze als ein Backofen ab. Der Schweinehirt untersuchte die Erde

Übrigens: Mutte ist der plattdeutsche Ausdruck für Schwein.

ringsum und stellte fest, dass es die schwarzen glänzenden Erdbrocken waren, die brannten und glühten. Er lief nach Hause und erzählte seinem Vater davon. Gemeinsam gruben sie die schwarzen Brocken aus und brachten sie nach Hause. Von nun an brauchten sie für ihre Wärme kein Holz mehr, denn die Kohle brannte viel länger und gab mehr Hitze ab als Holz.

„Wir wollen doch was über das Ruhrgebiet wissen und nicht so alte Geschichten hören", sagte Emma und sah den Heinzel ärgerlich an. „Außerdem musste der Junge doch Kühe hüten, habe ich mal gehört."

„Nein! Das waren Schweine! Zu den Schweinen hat man mutt, mutt gesagt und nicht zu den Kühen. Und das Tal, wo das passiert ist, heißt doch auch Muttental und der Bach Muttenbach, also Schweinetal und Schweinebach."

„Ich will nichts von mutt, mutt, mutt und blöden Schweinen hören", unterbrach der Teufel den Heinzel.

„Die Geschichte des Ruhrgebiets fängt eben mit dieser Schweinegeschichte an. Wenn der Junge keine Schweine gehütet hätte, hätte er keine Kohle hier gefunden und das Land an Ruhr, Emscher und Lippe wäre nicht so, wie es heute ist. Es wäre ländlich, abgeschieden und völlig uninteressant geblieben und die Industrie hätte sich nicht hier ausgebreitet. Die Städte wären niemals so groß geworden und es hätten auch nicht mehr als fünf Millionen Menschen hier gelebt. Und niemals wäre der Name Ruhrgebiet entstanden", entgegnete der Heinzel wütend.

„Und was machen wir jetzt?", fragte der Teufel mal wieder.

„Wir fahren zur Zeche Nachtigall ins Muttental. Zur Wiege des Ruhrbergbaus", antwortete der Heinzel.

„Tsss ... in die Wiege fahren! So ein Quatsch", regte sich der Teufel auf.

„Das ist doch ein Bild. In der Wiege beginnt das Leben der Menschen. Im Muttental begann der Bergbau an der Ruhr zuerst ganz klein. Dann wurde das Ruhrgebiet schnell zur größten Bergbauregion Europas. Deshalb vergleicht man das mit der Wiege", erklärte der Heinzel.

Mercur erhob sich in die Luft und winkte den anderen zu.

Die Metropole Ruhr

Die Metropole Ruhr liegt im Bundesland Nordrhein-Westfalen und ist ein Teil der Region Rhein-Ruhr. Als Grenze werden die Städte Xanten im Westen auf der linken Rheinseite, Dortmund im Osten, Hamm im Nordosten und Hagen im Südosten angesehen. Von Westen nach Osten dehnt es sich etwa 116 Kilometer aus, von Norden nach Süden etwa 67 Kilometer. Nirgendwo in Europa wohnen in einer Region so viele Menschen in großen Städten wie hier. Auf einer Landkarte sind zwischen den Städten kaum Grenzen zu erkennen, deshalb erscheint das Gebiet wie eine einzige Großstadt, mit etwa 5,4 Millionen Einwohnern. Wie es dazu gekommen ist? Durch Kohle, Stahl und Eisen, durch Bergbau und Industrie, durch Dampfmaschinen, Eisenbahnen, Chemie und Energie – durch die Industrialisierung*, die hier vor etwa 150 Jahren begann. Aus dem Land mit den kleinen Dörfern und Städten wurde innerhalb weniger Jahrzehnte das größte Industriegebiet Europas.

Heute hat sich das Ruhrgebiet verändert. Die Zeit von Kohle und Stahl ist vorüber. Bis auf sieben Zechen sind alle geschlossen und die meisten Hochöfen sind kalt. Es haben sich andere Firmen hier niedergelassen. Sie bieten Dienstleistungen aller Art für unsere moderne Zeit an. Daher wird das gesamte Ruhrgebiet mittlerweile auch „Metropole Ruhr" genannt.

Postkarte von 1899, die den technischen Fortschritt und die Industrialisierung im Ruhrgebiet preist.*

„Zeche Nachtigall", rief er und bald war er nicht mehr zu sehen. Auch der Teufel hatte sich damit abgefunden, dass die Reise nun ins Schweinetal ging, und war rubbeldiekatz verschwunden. Emma und der Heinzel begaben sich ebenfalls auf die Reise ins Nachtigallental. Nach

Der Schienenbus der Ruhrtalbahn im Muttental.

einer umständlichen Bahnfahrt fuhren sie mit dem Schienenbus eine der schönsten Strecken des Ruhrtals entlang.

Dann gingen sie auf einem Wanderweg durch Wald und Wiesen zur Zeche Nachtigall. Dort war Knappentag.

Knappentag auf der Zeche Nachtigall

Knappentag im Westfälischen Industriemuseum Zeche Nachtigall.

Schon von Weitem hörten Emma und der Heinzel die Blaskapelle.

„Was spielen die für ein Stück?“, fragte Emma einen Knappen, als sie bei der Musik standen. Der alte Knappe tat sehr beleidigt. „Das kennst du nicht? Das ist das Steigerlied.“

Woher soll ich das denn wissen, dachte Emma, aber dann sah sie die Noten auf den Notenständern. Aber sie wusste natürlich nicht, dass die Musik auch einen Text hat. Dann begann der Knappe zu singen:

„Glück auf! Glück auf! Der Steiger kommt,
und er hat sein helles Licht bei der Nacht,
und er hat sein helles Licht bei der Nacht
schon angezünd't,
schon angezünd't.

Schon angezünd't! Das wirft seinen Schein,
und damit so fahren wir bei der Nacht,
und damit so fahren wir bei der Nacht
ins Bergwerk ein,
ins Bergwerk ein.

Ins Bergwerk ein, wo die Bergleut' sein,
die da graben das Silber und das Gold bei der Nacht,
die da graben das Silber und das Gold bei der Nacht
aus Felsgestein,
aus Felsgestein.

Und kehr ich heim, zum Liebchen mein,
dann erschallet des Bergmanns Gruß bei der Nacht,
dann erschallet des Bergmanns Gruß bei der Nacht:
Glück auf! Glück auf!
Glück auf! Glück auf!

Wir Bergmannsleut' sein kreuzbrave Leut',
denn wir tragen das Leder vor dem Arsch bei der Nacht,
denn wir tragen das Leder vor dem Arsch bei der Nacht
und saufen Schnaps,
und saufen Schnaps.

„Und was ist ein Steiger?“, fragte Emma dann.

„Ein Steiger ist ein Aufseher über die Knappen. Er muss an einer Bergschule mehr gelernt haben als die Knappen“, sagte der Knappe und ging dann zum Bratwurststand. Dort hatte sich auch der Teufel breitgemacht. Mit einer Bratwurst in der Hand winkte er dem Heinzel und Emma zu.

„Lecker“, sagte er. „Das ist die beste Knappenbratwurst, die ich in meinem langen Teufelsleben gegessen habe.“ Aber Emma und auch

Bei der Blaskapelle der Knappen spielen Hörner, Tuben, Klarinetten, Saxofone, Trompeten, Posaunen und ein Schlagzeug mit.

der Heinzel wollten keine fettige Knappenbratwurst essen. Als der Teufel sich den Rest in den Mund gestopft hatte, gingen sie zusammen zu den Flohmarktständen. Der Teufel grapschte mit seinen klobigen Pranken an den Sachen herum, die ein alter Bergmann auf einem Tisch ausgebreitet hatte. Alle hatten mit dem Bergbau zu tun und überall waren Hammer und Schlägel drauf. Das ist das Zeichen der Bergleute.

Flohmarkt beim Knappentag.

„Fottfinger wech", sagte der Alte und der Teufel zuckte zusammen. Dabei stieß er an eine Bergmannsfigur, die beinahe umgefallen wäre.

„Die sind alle so alt hier. Das sind alles Opas", sagte der Heinzel plötzlich.

Knappen und Knappschaften

Ein Knappe ist ein Bergmann, der sein Handwerk gelernt hat. In anderen Berufen nennt man das „Geselle". Die Knappen schlossen sich schon vor langer Zeit zusammen, um sich gegenseitig Hilfe zu leisten und die Versorgung zu regeln, wenn die Arbeit krank machte, Unfälle passierten oder wenn man zu alt zum Arbeiten unter Tage* war. Deshalb organisierten sie sich in der Knappschaft. Das war eine Form der Kranken- und Rentenversicherung für Bergleute, in der jeder Mitglied sein musste.

Knappenvereine

Vor rund 150 Jahren begann die stürmische Entwicklung des Ruhrbergbaus und veränderte das Leben der Menschen. „Gemeinsam sind wir stärker“ erkannten die Knappen und gründeten Knappenvereine. Im Verein konnten sie ihre Rechte bei der Arbeit besser durchsetzen und sich gegenseitig Hilfe leisten. Besonders wichtig war den Bergleuten die Geselligkeit, bei der sie die Kameradschaft pflegten. Bis heute sind sie stolz auf ihre harte Arbeit unter Tage*, bei der sie gut zusammenhalten müssen. Im Verein tragen die Knappen eine einheitliche Tracht, die an den alten Knappenkittel und den Schachthut erinnert. Jeder Verein hat eine eigene Fahne. Sie ist das Zeichen für die Gemeinschaft.

„Tja“, sagte Emma. „Heute wollen die Jungen nicht mehr in den Knappenverein. Das ist irgendwie altmodisch. Und außerdem gibt es gar nicht mehr so viele Männer, die im Bergbau arbeiten. Es gibt im ganzen Ruhrgebiet nur noch sieben Zechen mit etwa dreißigtausend Bergleuten.“

„Schade“, sagte der Heinzel und sah zu einem älteren Herrn hinüber, der mit seinem kleinen Enkel über den Platz ging.

Ein stolzer Opa mit seinem Enkel beim Knappentag auf der Zeche Nachtigall. Stolz präsentiert der Junge den Knappenbrief, den er nach der bestandenen Prüfung erhielt.

Plötzlich stand Mercur vor ihnen.

„Schnell, schnell. Kommt mal mit. Da hinten im Gelände kann man in einen Bergwerksstollen* gehen.“

Sie gingen hinter Mercur her und an den Kindern vorbei, die gerade dabei waren, die Prüfung für den Knappenschlag zu machen. Sie krochen mit einem Eimer durch eine Röhre oder trugen Kohlestücke auf einer Schaufel über einen Balken.

Sie stellten sich zu den Leuten, die vor dem Eingang des Besucherstollens warteten. Hier stand auch ein Hunt*, der mit Kohle beladen war, und ein offener Wagen, auf den das Grubenholz gepackt war, das zum Ausbauen* und Abstützen im Bergwerk gebraucht wurde. Dann bekamen alle einen gelben Bauhelm. Bevor es nun

Die Zeche Nachtigall

Die Geschichte der Zeche Nachtigall begann vor etwa 300 Jahren. Als die Dampfmaschine erfunden worden war, konnte das Wasser aus den Gruben* gepumpt werden. Damit begann auch auf der Zeche Nachtigall eine neue Zeit. Ab 1832 konnte die Kohle tief aus der Erde geholt werden. Im Maschinenhaus der Zeche steht heute noch eine der ältesten Dampffördermaschinen des Ruhrgebiets. Um 1850 gehörte Nachtigall mit über 500 Bergleuten zu einer der größten Zechen mit einem eigenen Bahnanschluss. 1892 wurde Nachtigall stillgelegt, weil der Abbau* nicht mehr lohnte. Nun übernahm ein Bauunternehmer das Gelände, baute einen riesigen ringförmigen Ofen und brannte Ziegelsteine, die für die vielen Zechen-, Fabrik- und Wohnbauten im Ruhrgebiet dringend gebraucht wurden. 1963 wurde dieser Betrieb aufgegeben. Nun nutzte ein Schrotthändler das Gelände und häufte riesige Mengen Schrott an. Die Gebäude verfielen. 1970 wurden sie unter Denkmalschutz* gestellt. Nun wurde vieles wieder hergestellt und erforscht. Im Jahr 2003 wurde das heutige Museum eröffnet.

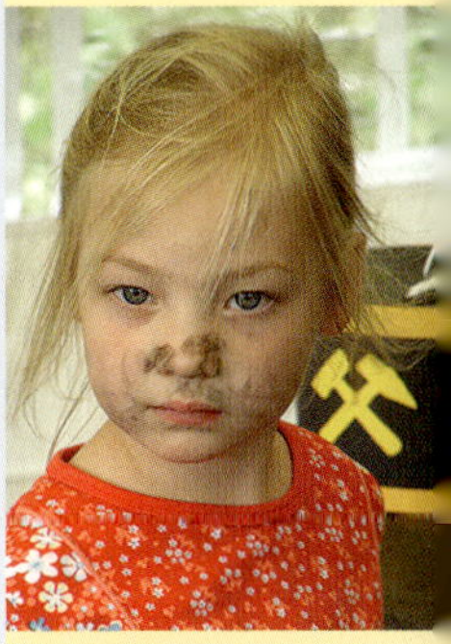

Prüfungsaufgabe für den Knappenbrief: Es darf kein Kohlestück von der Schaufel herunterfallen, wenn man den Knappenbrief bekommen will.

in den alten Stollen hineinging, gab die Führerin noch einige Informationen.

„Der Stollen im Hettberg ist hundertdreißig Meter lang. Er ist seit 1990 für Besucher geöffnet und wie ein echter Stollen ausgebaut. Zusätzlich gibt es eine Strecke, die im Kohleflöz* abzweigt. Sie erleben einen Streckenvortrieb* und den Abbaubetrieb und lernen die Arbeit mit dem Gezähe* kennen. Der Stollen zeigt, wie es früher im Bergbau zuging. Bitte dicht beieinanderbleiben und den Kopf einziehen, sonst stoßen sie oben an das Deckgebirge*."

Durchgescheuertes Arschleder in der Ausstellung der Zeche Zollern II/IV.

„Das Gezähe ist das Werkzeug des Bergmanns", flüsterte der Heinzel den anderen zu.

„Was ist das?", schrie der Teufel, der es nicht verstanden hatte.

„Das Werkzeug. Presslufthammer, Beil, Säge, Schlägel*, Eisen, Spitzhacke, Grubenlampe* und Arschleder."

„Aschschleder? Was ist das?", fragte der Teufel weiter.

„Arsch-leder. Für hinten, für den Popo. Das haben die Bergleute getragen, damit die Steine nicht so pieksten und der Hosenboden geschützt war."

„Aha, das war also für den Arsch", bestätigte der Teufel.

Dann ging es hinein in den dunklen Stollen. Zuerst brannte noch Licht. Aber dann wurde es dunkel wie die Nacht. Nur das Geleucht* der Führerin brannte.

„Jetzt verstehe ich das Bergmannslied mit dem Licht bei der Nacht. Hier ist es immer so dunkel wie in der Nacht, auch am Tag", sagte Emma zum Heinzel.

Alle mussten im langen Stollen hintereinandergehen, bis sie an eine Verzweigung kamen, an der mehr Platz war. Dort blieben sie stehen. Es war feucht, zugig und sehr unheimlich. Dann leuchtete die Führerin in den Streb* und alle erschraken. Zwischen dem Gestein lag ein zusammengekrümmter Bergmann mit einem Presslufthammer. Er löste die schwarz glänzende Kohle aus dem Kohleflöz. Aber bald waren alle erleichtert, denn da lag kein wirklicher Bergmann, sondern nur eine Puppe, die täuschend echt aussah.

Warum der Teufel einen Pferdefuß hat

Der Teufel trieb sich in einem Bergwerk in einem dunklen Stollen herum. Er war mal wieder auf der Suche nach einer armen Seele, die er in sein Höllenreich mitnehmen konnte. Aber es begegnete ihm niemand. Da hörte er aus der Ferne ein Klopfen und Hämmern. Es war der Bergmann Wilms, der gerade dabei war, frische Bohrlöcher mit Sprengstoff zu füllen. Der Teufel stellte sich zu ihm und sah ihm bei der Arbeit zu. „Was willst du denn hier unten im Pütt?“, fragte ihn der Bergmann, der sofort erkannt hatte, dass er es mit dem Teufel zu tun hatte. „Ich will dich holen. Deine Zeit ist um“, antwortete der Teufel. Der Bergmann Wilms hatte aber gar keine Lust, mit dem Teufel von dieser Welt zu scheiden, und dachte sich schnell eine List aus. Dabei rechnete er mit der Gier des Teufels. „Willst du nicht noch eine Seele mitnehmen?“, fragte er. „Hier in dieses Loch ist gerade eine Seele hineingekrochen. Setz mal den Fuß darauf, damit sie nicht wieder herauskommt. Inzwischen hole ich Werkzeug, mit dem wir sie da wieder herausholen können“, sagte er. Der Teufel gehorchte, denn er war habgierig. Der Bergmann ging einige Schritte zur Seite. Er holte aber kein Werkzeug, sondern zündete den Sprengstoff im Bohrloch. Es gab eine gewaltige Explosion, die dem Teufel den Fuß wegriss. Seit dieser Zeit hat der Teufel als Ersatz einen Pferdefuß und will sich auch keinen Bergmann mehr in sein höllisches Reich holen.*

„Acht Stunden lang war ein Arbeitstag unter Tage, in Lärm und Kohlestaub. Er wurde nur durch das Buttern unterbrochen. Dazu saßen die kohlenschwarzen Bergleute auf der Gezähekiste* und aßen ihr Butterbrot“, sagte die Führerin.

Alle waren sehr erleichtert, als sie wieder draußen im hellen Sonnenschein an der frischen Luft und in der grünen Natur des Muttentals waren. Der Besuch hatte nicht mal eine halbe Stunde gedauert.

Ganz in der Nähe hatte ein Schmied seine Werkstatt aufgebaut und führte vor, wie man mit dem schweren Schmiedehammer das Eisen formt, solange es heiß ist.

links: Der Schmied bei einer Vorführung auf der Zeche Nachtigall. Sprichwort: Man muss das Eisen schmieden, solange es heiß ist.

rechts: Kohlenzwerge oder Lilliput-Zechen wurden die Zechen genannt, in denen mit sehr einfachen Mitteln die Kohle aus der Erde geholt wurde. In der Notzeit nach dem Zweiten Weltkrieg wurden solche kleinen Zechen wieder in Betrieb genommen.*

Dann gingen sie in die Ausstellung „Der Weg in die Tiefe".

„Nimm mal den Presslufthammer in die Hand", sagte plötzlich ein älterer Mann zu Emma. Sie sah ihn misstrauisch von der Seite an. Aber dann packte sie den Hammer und zog ihn mit Mühe ein Stück nach oben.

„Jetzt stemm ihn mal nach hoch", sagte der Mann. Aber das war unmöglich. Sie konnte ihn noch nicht mal in der Höhe halten. Schnell legte sie ihn wieder auf den Boden. Dann nahm der Teufel ihn und tat so, als ob es ein Leichtes für ihn wäre, ihn in die Höhe zu stemmen. Aber er sackte mitsamt dem Presslufthammer zu Boden.

„Hätte ich nicht gedacht", sagte Emma.

„Damit haben die Bergleute früher acht Stunden am Tag gearbeitet", sagte der Mann noch und ging dann weiter.

„Die Zeche Nachtigall war die erste Zeche, die vom Stollenbergbau zum Tiefbau überging", sagte der Heinzel.

„Stollenbergbau*, Tiefbau*... Also weißt du was, ich möchte zuerst mal wissen, wie die Kohle überhaupt da unten in die Erde gekommen ist. Wie ist sie entstanden?", sagte Emma plötzlich. Der Heinzel holte tief Luft und begann.

Wie die Kohle entstanden ist

Vor etwa 300 Millionen Jahren war das Klima sehr warm und feucht. Es gab riesige Sumpfwälder mit Farnen, die so hoch wie Bäume waren, mit großen Schachtelhalmen und Schuppenbäumen. Wenn die Pflanzen und Bäume abstarben, fielen sie um und versanken im Sumpf. Weil sie dort von der Luft abgeschlossen waren, verfaulten sie nicht, sondern wurden zu einer torfartigen Schicht. Durch Kräfte im Innern der Erde senkte sich das Land und wurde von Wasser überspült. Das Wasser brachte Sand, Schlamm und Geröll mit und bedeckte die torfartige Schicht. Dann hob sich das Land wieder und auf den angeschwemmten Erdmassen entstanden neue Sumpfwälder. Durch das Gewicht der verschiedenen Erdschichten wurde der Torf zu Braunkohle gepresst. Das wiederholte sich jahrtausendelang immer und immer wieder. Es entstand ein Sumpfwald, der starb ab und im Sumpf ... und so weiter ... bis zu 150-mal. Durch den enormen Druck der Erdmassen auf die Schichten wurde aus der Braunkohle das Wasser herausgepresst. Unter dem Druck und der Hitze im Erdinnern verfestigte sich die Braunkohle zu Steinkohle. Die einzelnen Bodenschichten lagen zuerst waagerecht übereinander. Aber durch heftige Erdbewegungen verschoben sie sich gegeneinander und falteten sich auf. Deshalb liegen manche Steinkohleschichten sehr tief in der Erde und andere sehr dicht unter der Erdoberfläche.

Im Muttental, südlich der Ruhr, liegen die dunklen Kohlenflöze dicht unter der Erdoberfläche.*

Als der Heinzel mit seinem Vortrag über die Kohle geendet hatte, klatschten Emma, der Teufel und Mercur Beifall.

„Perfekt! Sehr gut! Ich bin beeindruckt“, sagte Mercur. „Könntest du uns jetzt auch noch erklären, wie die Kohle dann aus der Erde herausgeholt wurde?“

„Na klar“, rief der Heinzel und wurde aus Verlegenheit etwas rot in seinem Heinzelgesicht.

Wie die Kohle abgebaut wurde

Die Kohleflöze kamen an einigen Stellen bis an die Oberfläche. Da wurden sie auch entdeckt und ausgegraben. Wenn die Kohle tiefer lag, grub man Stollen* bis zu den Flözen. Später ging man dazu über, einen senkrechten Schacht tief in die Erde zu bauen. Von dort aus gingen dann in unterschiedlicher Tiefe die Sohlen ab, von denen man an die Kohleflöze kam.

Der Pütt, die Wiege des Ruhrbergbaus

Sie gingen ins Muttental. Der Heinzel erzählte vom ersten Kohleabbau*, von den Kohlengräbern, die zuerst nur an der Oberfläche nach Kohle gegraben hatten. Sie hoben große Gruben aus und holten mit dem Schlägel* und dem Spitzeisen* so lange Kohle heraus, bis das Grundwasser einsickerte und die Grube füllte. Diese Gruben, die auch an Brunnen erinnerten, nannte man Pütt. Lateinisch heißt Brunnen oder Grube *puteus*. Daraus wurde der Pütt. Diese Bezeichnung für Bergwerk hat sich bis heute im Ruhrgebiet erhalten.

Nachdem man neue Abbaumethoden kennen gelernt hatte, wurde die Kohle nun im Stollen* abgebaut. Er wurde vom Tal her leicht ansteigend in den Berg getrieben. So konnte das Grundwasser gut ablaufen. Die Arbeit im Bergwerk war hart und gefährlich. Es war nass und zugig. Acht bis zehn Stunden am Tag mussten die Männer auf den Knien oder im Liegen die Kohle mit dem schweren Werkzeug aus dem Flöz* heraushauen. Wenn die Brocken dann im Wagen lagen, schoben sie die Jüngsten, die fast noch Kinder waren, aus dem Stollen heraus. Viele wurden krank. Sie bekamen Rückenschmerzen, und durch die schlechte Luft, die mit Kohlestaub angefüllt war, wurde die Lunge so geschädigt, dass sie keine Luft mehr bekamen. Im Berg war es immer dunkel. Nur ein kleines Öllämpchen spendete ein wenig Licht. Dadurch bekamen die Bergleute Augenzittern. Oft fielen Gesteinsbrocken auf die Männer herunter und verletzten sie. Wenn ein ganzer Stollen einbrach, kamen viele zu Tode.

Die Steinkohle fand immer mehr Abnehmer. Sie wurde in Fabriken und Handwerksbetrieben gebraucht. Vor allem für die Schmiede war sie von Vorteil, denn die Glut in ihrem Schmiedeofen wurde viel heißer

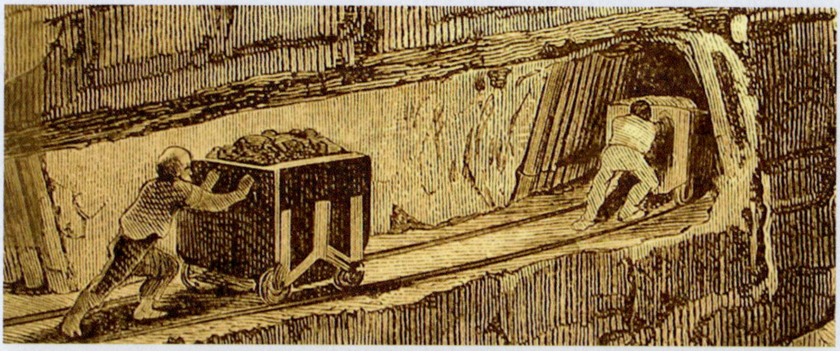

Junge Burschen mussten die Wagen mit der Kohle schieben.

Ein Kohlehauer bei der Arbeit.

als mit Braunkohle. Der Transport der Kohle war mühsam. Es gab keine Straßen, nur Wege und Pfade, die bei Regen aufgeweicht und nicht zu benutzen waren. Weil Wagenräder auf diesen Wegen zu Bruch gegangen wären, trugen Pferde und Esel die Kohlesäcke auf ihrem Rücken. Die Burschen führten die Tiere und trieben sie oft mit Stockschlägen voran. Erst später wurden befestigte Straßen gebaut, damit von Pferden gezogene Wagen darauf fahren konnten. Trotzdem war der Transport umständlich und dauerte viel zu lange. Erst als die Kohle mit Schiffen auf der Ruhr transportiert werden konnte, ging es schneller. Die Schiffe wurden hoch beladen und vom Uferweg aus mit langen Leinen gegen die Strömung gezogen. Bei Wind wurden auch Segel gesetzt. Jetzt konnte die Kohle auch in weiter entfernte Dörfer und Städte geliefert werden. Aber auch der Wasserweg war nicht der

Der 34 Meter lange und fünf Meter breite Ruhrnachen „Ludwig Henz“ wurde von Jugendlichen nachgebaut. Ludwig Henz war ein Wasserbaumeister. Er hat sich um 1840 Verdienste um die Ruhrschifffahrt erworben.

Die Kohle kam auf Schienen oder mit Tragetieren zum Lagerplatz an der Ruhr. Von hier aus wurde sie mit den Ruhrschiffen über Duisburg bis Holland und an den Oberrhein weiter befördert.

Beste. Wenn die Ruhr zu wenig Wasser hatte, konnten die Schiffe nicht fahren, und wenn Hochwasser war, auch nicht. Das änderte sich erst mit der Erfindung der Eisenbahn. Die Dampfeisenbahn brachte die Kohle viel schneller und sicherer in Fabriken und Betriebe. Mit dem Schiff dauerte die Strecke vom Muttental zum Hafen nach Ruhrort sechzehn Stunden, mit der Eisenbahn dagegen nur noch eineinhalb Stunden.

Das Bethaus der Bergleute im Muttental

Schließlich waren sie am Bethaus angelangt. Es war ein altes Haus, das aus Natursteinen gemauert war. Die Fenster waren mit grünen Fensterläden verschlossen. Aber die Türe war weit geöffnet und davor lud der Frosch Öli zur Besichtigung ein.

„Das Bethaus ist einmalig im gesamten Ruhrtal“, begann der Heinzel. „Wenn die Männer in aller Frühe ihren langen Weg zu Fuß hierher gelaufen waren, begrüßten sie sich mit ‚Glück auf!‘“

„Bethaus, tsss. Was soll ich mir denn da drunter vorstellen?“, meckerte der Teufel herum. „Sag nur, die Männer haben hier gebetet, tsss.“

„Natürlich haben sie gebetet. Lieber Gott, lass uns aus dem dunklen Berg wieder ans Tageslicht kommen. Lieber Gott, lass kein Unglück geschehen. Danach rief der Schichtmeister alle Namen auf. Dann wusste er, wer in dieser Schicht* in den Berg hineinging. Also musste er auch wieder herauskommen.“

„Und wenn nicht?“, fragte Emma.

„Dann war im Bergwerk was passiert“, antwortete der Heinzel. „Außerdem war hier im Haus die Schmiede. Der Schmied hatte viel zu tun, denn er stellte das Werkzeug her oder reparierte es.“

Sie betrachteten die großen Fotos im Bethaus und erfuhren, wie die Bergleute gewohnt hatten. Es waren meist Bauernsöhne, die in einem winzigen Kotten* wohnten und ein kleines Stück Land besaßen. Alles war ärmlich, denn viel gab der Boden nicht her. Sie waren froh, sich im Bergbau etwas dazuverdienen zu können. Wenn die Männer dann von der Arbeit nach Hause kamen, mussten sie noch auf dem Feld arbeiten. Die Frauen hatten ohnehin genug mit den vielen Kindern zu tun. Daneben mussten sie noch das Obst und Gemüse im

Im alten Bethaus der Bergleute erzählt der Frosch Öli den Kindern Geschichten aus dem Leben der Bergleute, die vor langer Zeit im Muttental nach Kohle gegraben haben.

Bergmannskotten vor 100 Jahren in Witten-Bommern.

Den Eingang in einen Stollen nennt man in der Sprache der Bergleute „Mundloch". Dieses Mundloch führte in die kleine Zeche Jupiter.

Garten pflanzen, ernten und für den Winter einkochen, bei der Feldarbeit helfen, das Vieh versorgen, Brot backen, Kleidung und Wäsche weben und nähen und vieles mehr. Das Leben war harte Arbeit – Freizeit gab es nicht und alt wurde man durch die mühevolle Arbeit auch nicht.

„Bin ich froh, dass ich nicht vor zweihundert Jahren gelebt habe", sagte Emma, als sie das Bethaus verließen und weiter ins Muttental wanderten. Als der Heinzel stehen blieb, zeigte er auf ein Gitter.

„Hier ist das Mundloch der Zeche Jupiter. Hier gingen die Bergleute in den Dickenberg und holten die Kohle heraus", erklärte er.

„Mundloch! Komischer Name", sagte Emma.

„Wieso? Ist doch ein guter Name. Der Mund ist doch eine Öffnung in den Körper. Und dieses Mundloch führt in den Berg."

„Hö, hö, hö ... hö, hö, hö ... hö, hö, hö .....", machte der Teufel. „Wenn es im Berg ein Mundloch gibt, muss es auch ein Pupsloch geben, hö, hö, hö ..., hö, hö, hö ...", rief er. „Und ein Nasenloch und ein Ohrloch."

„Hör doch mal auf damit", sagte Emma ärgerlich.

„So haben wir Römer auch schon gearbeitet. Aber wir haben keine Kohle aus dem Berg geholt, sondern Erze und Metalle. Es gibt noch Stellen, an denen man römische Mundlöcher sehen kann. Sogar einen römischen Stollen kann man begehen", erzählte Mercur.

„Bei euch haben bestimmt die Sklaven* diese schwere Arbeit gemacht", sagte Emma und Mercur stimmte ihr zu.

„Hat sich denn bei euch auch durch den Bergbau die Landschaft verändert?", fragte der Heinzel bei Mercur nach.

„Wie meinst du das?", fragte er zurück.

„Durch die Hohlräume im Berg sackte an manchen Stellen die Erde ab. Es ist vorgekommen, dass sich die Erde auftat und Menschen und

Der Bachlauf der Mutte führt durch das Muttental und mündet in der Ruhr.

Tiere in einem riesigen Loch versanken. Könnt ihr euch vorstellen, welche Ängste und Nöte die Menschen hatten, wenn solch ein Unglück geschah? Auch Häuser standen plötzlich schief, hatten bedrohliche Risse und drohten einzustürzen", erklärte der Heinzel.

„Finde ich prima", mischte sich der Teufel ein. „Plötzlich geht die Erde auf und die Menschen stürzen in ein riesiges Loch, hinab durch den Höllenschlund bis in die faulig stinkende und gigantisch heiße Hölle. Darin sitzen die Teufel mit aufgerissenen Mäulern und heraushängenden, glutroten Zungen auf der verbrannten Erde vor dem ewigen Höllenfeuer und warten auf die armen Verlorenen."

Ein Pferd zog etwa fünf bis sechs voll beladene Kohlewagen auf Holzschienen, die mit Bändern aus Eisen beschlagen waren, zur Kohlensammelstelle an der Straße nach Wuppertal.

„Jetzt hör doch mal auf, solche Schauergeschichten zu erzählen. Es gibt überhaupt keine Hölle", empörte sich Emma.

Der Heinzel hatte gar nicht auf das Geschwätz des Teufels gehört und war schon zum Bachlauf der Mutte weitergegangen. Die anderen folgten ihm. Zuletzt kam auch der Teufel angerannt.

Plötzlich stieß Emma einen Schrei aus, der allen das Blut in den Adern gefrieren ließ. Auf der Brombeerhecke, an der sie gerade vor-

Ein seltener Anblick – ein echter Leguan im Muttental.

übergingen, lag ein schuppiges Kriechtier in völliger Starre. Nachdem Emma sich beruhigt hatte, traute sie sich näher heran. Auch jetzt blieb das Tier wie versteinert. Nun kamen auch die anderen näher. Mit dieser Art Tiere kannte sich niemand von ihnen aus. Aber eines war sicher: Es war kein Tier, das hier lebte und im Muttental zu Hause war.

„Das ist bestimmt aus einem Terrarium entflohen", überlegte der Heinzel.

„Oder aus einem Zoo", meinte Emma.

„Ausgesetzt! Der Besitzer wollte dieses Schuppenkriechviech nicht mehr haben", rief der Teufel.

Nun blieben auch andere Spaziergänger stehen. Aber alle waren ratlos. Niemand wusste, um welche Tierart es sich handelte und was man jetzt machen sollte. Schließlich rief ein Mann die Polizei an.

„Aber vielleicht erwacht es aus der Starre und ist weg, wenn die Polizei da ist", sagte Emma.

„Dann kamma nix machen", sagte ein Mann. „Ich bleibe hier, bis die Polizei kommt."

Nach diesem Erlebnis gingen sie zurück zur Zeche Nachtigall. Hier war gerade die kleine Bahn angekommen, die Besucher vom Gruben- und Feldbahnmuseum Zeche Theresia zum Westfälischen Industriemuseum Zeche Nachtigall gebracht hatte. Nun stand nur noch Herr Kassebaum, der Schaffner, vor der Bahn.

links: Herr Kassebaum, der Schaffner der Muttenthalbahn.

rechts: Die Muttenthalbahn fährt vom Parkplatz Nachtigallenstraße bis auf das Gelände des Westfälischen Industriemuseums. Das Gruben- und Feldbahnmuseum zeigt 92 Lokomotiven und 200 Waggons.

„Kann ich euch helfen?", fragte er freundlich.

„Ich möchte meinen Freunden etwas über den Zusammenhang zwischen der Eisenbahn und der Entwicklung des Bergbaus erklären", antwortete der Heinzel.

„Oh! Das ist ein wichtiges Thema. Aber da kann ich dir nicht helfen. Ich interessiere mich nur für Lokomotiven, Triebwagen und Waggons. Vielleicht könnt ihr im Eisenbahnmuseum Bochum-Dahlhausen darüber etwas erfahren", antwortete er und wünschte einen schönen Tag. Sie machten sich auf dem Weg zum Schienenbus, denn dieser alte Schnaufer hielt am Eisenbahnmuseum.

Das Eisenbahnmuseum Dahlhausen

Diesmal fuhren auch Mercur und der Teufel mit im Schienenbus.

„Ist das allen klar, dass es einen Zusammenhang gibt zwischen der Erfindung der Dampfmaschine, der Dampfeisenbahn und der Entwicklung des Ruhrgebiets zum Kohlerevier?", fragte der Heinzel. „Oder soll ich euch noch was darüber erzählen?"

„Ich würde gerne mehr darüber erfahren. Erzähl uns mehr davon", ermunterte Mercur den Heinzel.

„Ich will kein einziges Wort darüber hören. Das ist überhaupt nicht interessant. Ich bin müde und will, dass jetzt keiner mehr etwas sagt.

Ihr sollt über gar nichts sprechen", regte sich der Teufel auf, fummelte an seinem Schwanz herum und bohrte sich mal wieder zwischen den Zähnen herum.

„Also zur Erfindung der Dampfmaschine ...", begann der Heinzel.

„Blöde Mampfmaschine", fiel ihm der Teufel ins Wort.

„Die Dampfmaschine war wirklich eine Mampfmaschine. Sie mampfte nämlich Kohlen und hatte immer Durst", sagte der Heinzel. „Ohne

Das Zeitalter der Eisenbahn

Die Eisenbahn veränderte das tägliche Leben der Menschen völlig. Alle konnten nun größere Entfernungen in kurzer Zeit zurücklegen. Am 15. Mai 1847 fuhr die erste Dampfeisenbahn durch das Ruhrgebiet. Die Köln-Mindener-Eisenbahn fuhr von Duisburg über Oberhausen, Altenessen, Gelsenkirchen, Herne und Dortmund nach Hamm. Dann folgten bald weitere Verbindungen. Nun konnten die Zechen die Kohle preiswert in andere Gebiete befördern. Um 1850 war das Eisenbahnnetz im Ruhrgebiet 170 Kilometer, um 1900 schon 922 Kilometer und 1926 schon 1 245 Kilometer lang. Die Dampflokomotiven beförderten aber nicht nur Kohle, sondern sie brauchten auch Kohle, um Dampf zu erzeugen und fahren zu können. Außerdem wurde Eisen benötigt, um Lokomotiven, Wagen, Waggons und Schienen anzufertigen. Um Eisen herzustellen, wurde die Kohle gebraucht. So sorgte die Eisenbahn dafür, dass immer mehr Kohle gefördert und mehr Eisen und Stahl produziert wurden. Es wurden auch immer mehr Menschen benötigt, die im Bergbau und der Eisen- und Stahlindustrie arbeiteten.

Die Erfindung der Dampfmaschine

Die Entwicklung der Dampfmaschine begann in England. Es brauchte fast 100 Jahre, bis James Watt sie so entwickelt hatte, dass man sie in Fabriken einsetzen konnte. Zum ersten Mal arbeitete sie 1785 in einer Spinnerei. Es dauerte aber noch viele Jahrzehnte, bis sie auch in Deutschland Verbreitung fand. Diese neuartige Maschine konnte auch eine starke Wasserpumpe antreiben. Nun war es möglich, die Stollen*, die in den tieferen Schichten zu den mächtigen Kohleflözen* führten, zu entwässern. Dazu kam, dass große Ventilatoren den Bergleuten durch einen zweiten Schacht* die nötige Frischluft zum Atmen zuführten. Außerdem wurde mithilfe der Dampfmaschine die Kohle aus dem Schacht ans Tageslicht befördert. Stellte man die Dampfmaschine auf Räder, wurde sie zur Dampflokomotive. Nun konnte man die Kohle in großen Mengen auf Schienen schnell und preiswert transportieren.

Zu Uropas und Opas Zeiten gab es kleine Spielzeugdampfmaschinen, mit denen sich vor allem die Jungen beschäftigten, um die Technik zu verstehen.

genügend Kohle und Wasser ging gar nichts. Mit der Kohle wurde das Wasser zum Kochen gebracht, bis es dampfte. Der Wasserdampf wurde in einen Dampfzylinder geleitet. Darin befand sich ein Kolben, der mit der Kraft des Dampfes von der einen zur anderen Seite hin- und hergeschoben wurde. Der Kolben war mit einer langen Stange verbunden, die ein großes Schwungrad antrieb. Wenn man Wasser aus dem Schacht pumpen wollte, musste man das Schwungrad und die Pumpe mit einem Antriebsriemen verbinden. Bei der Lokomotive treibt der Kolben mit der langen Stange die großen Antriebsräder an."

„Och nee, Heinzel. Nee, nee, nee. Das verstehe ich nun überhaupt nicht mehr. Das hört sich so trocken an, so langweilig. Ich höre auch nicht mehr zu", maulte Emma.

„Warte ab!", sagte der Heinzel. „Später zeige ich euch jede Menge Mampfmaschinen ... eh Dampfmaschinen und dann verstehst du das auch."

Bis zum Eisenbahnmuseum in Bochum-Dahlhausen waren es noch fünf Stationen. Der Heinzel schlief ein, Emma schaute aus dem Fenster, der Teufel beschäftigte sich wieder mit seinem Schwanz

Eine alte Spielzeugdampfmaschine begeistert Kinder auch heute noch.

Im Eisenbahnmuseum Bochum-Dahlhausen.

und pulte daran herum und Mercur richtete sich die Flügel am Hut und an den Füßen.

Als sie auf dem Gelände des Eisenbahnmuseums angelangt waren, suchte sich jeder sein Lieblingsfahrzeug aus. Es war eine Sammlung von über hundertachtzig Fahrzeugen aus hundert Jahren mit liebevoll gepflegten Lokomotiven, Triebwagen und Waggons.

Im größten Bergbaumuseum der Welt in Bochum

Sie hatten sich am Bergbau-Museum in Bochum verabredet. Emma und der Heinzel rannten zum Bus 345, der vom Eisenbahnmuseum bis zum Bochumer Rathaus fuhr. Dort mussten sie in die U-Bahn 35 in Richtung Herne und eine Station bis zum Deutschen Bergbau-Museum fahren.

„Wir brauchen viel Zeit“, sagte der Heinzel.

„Wozu?“, fragte Emma.

„Für das Deutsche Bergbau-Museum. Es zeigt die Entwicklung des Bergbaus von den ersten Anfängen bis heute. Besichtigung von zwölftausend Quadratmetern Ausstellungsfläche, Fahrt auf den Förderturm* hinauf und ins Besucherbergwerk hinunter. Zwei und einen halben Kilometer Strecke kann man da unten begehen. Die Besichtigung des größten Bergbaumuseums der Welt kann einen ganzen Tag dauern.“

„Was? Das ist doch viel zu viel. Das schaffen wir nie!“

„Mal sehen, wie der Teufel so drauf ist. Und Mercur. Und du. Wir brauchen auch nicht alles anzusehen, weil wir schon viel wissen. Soll ich dir was verraten? Unter Tage* kann man heiraten. In siebzehn Meter Tiefe. In der Steigerstube. Wenn man dann da unten ein Ehepaar geworden ist, kann man in Brautkleid und Anzug auf den einundsiebzig Meter hohen Förderturm fahren und Sekt trinken und auf das Ruhrgebiet gucken – toll, nicht?“

Bochum

Der Ursprung Bochums liegt lange zurück. Als Karl der Große von 775 bis 797 auf Kriegszug gegen die Sachsen war, ließ er am Hellweg Höfe errichten, die etwa eine Tagesreise auseinander lagen. Diese Höfe übernahmen die Versorgung des Königs und seiner Gefolgschaft und waren auch für die Sicherheit auf dem Hellweg zuständig. So war es auch in Bochum. Zum Hof gehörte eine Peter-und-Paul-Kirche aus Holz, die später durch einen Steinbau ersetzt wurde. So ist diese Kirche die älteste in Bochum und ihr hoher Turm ist zum Wahrzeichen der Stadt geworden. Bis vor 150 Jahren war Bochum ein kleines unbedeutendes Städtchen, in dem die Einwohner Landwirtschaft betrieben. Durch Kohle, Stahl und Eisen wurde Bochum zu einer bedeutenden Groß-

links: Die Jahrhunderthalle.

rechts: Das Denkmal in der Massenbergstraße erinnert an die Zeit, als in Bochum noch Landwirtschaft betrieben wurde. Der letzte Kuhhirte war Fritz Kortebusch mit seinem Hütehund. Wo heute der Stadtpark ist, ließ er von 1850 bis 1870 die Kühe weiden.

stadt. Deshalb musste auch ein großes Rathaus gebaut werden. 1965 wurde die Ruhr-Universität eröffnet. An die Zeit der Industrialisierung* erinnert heute noch die Jahrhunderthalle. Sie wurde 1903 erbaut und war die Gaskraftzentrale für die Stahlfabrik. Heute ist die große Halle ein interessanter Veranstaltungsort für Konzerte, Theater, Festessen und andere Veranstaltungen.

„Sehr schön!“, seufzte Emma und lächelte.

„Guck mal, wer da oben auf dem Förderturm steht“, rief der Heinzel erfreut, als sie auf das Deutsche Bergbau-Museum zugingen.

Mercur war dort oben gelandet. Er sah die beiden und winkte. Emma und der Heinzel setzten sich auf die Stufen, die zum Eingang führten und warteten. Mercur war bald bei ihnen, aber der Teufel kam nicht. Sie entschlossen sich, ohne ihn hineinzugehen.

links: Das Deutsche Bergbau-Museum in Bochum. Das Fördergerüst wurde 1973 hier aufgebaut. Es stammt von der Schachtanlage Germania in Dortmund.

rechts: In der Eingangshalle des Bergbau-Museums in Bochum wird man schon auf die Arbeit der Bergleute unter Tage eingestimmt. Wie in einer echten Kaue sind die persönlichen Sachen der Bergleute unter die Decke gezogen.*

In der Eingangshalle wurden sie mit „Glück auf" begrüßt. Von der hohen Decke herab baumelten Körbe mit Klamotten und Schuhen über den Köpfen der Besucher. Ein Wandbild zeigte die nackten Bergleute unter der Dusche.

An einer Seite der Eingangshalle war eine altmodische Lampenstube eingerichtet. Diese Lampen wurden noch mit Benzin gefüllt, damit sie hell leuchteten.

„Grubenfahrt mit Bergwerk oder Ausstellung? Womit fangen wir an?", fragte der Heinzel.

„Grubenfahrt mit Bergwerk", beschlossen Emma und Mercur einstimmig.

Zechen im Ruhrgebiet

Im Ruhrgebiet sind heute noch sieben Zechen mit etwa 30 000 Bergleuten in Betrieb. Ab 2018 soll in Deutschland keine Steinkohle mehr gefördert werden. Bis dahin sollen alle Zechen geschlossen sein. Das hat die Bundesregierung beschlossen. Ob es dabei bleibt?

„Müssen wir uns für die Grubenfahrt wie die Bergleute anziehen?", fragte Emma.

„Nein, wir arbeiten doch nicht da unten. Das ist ein Besucherbergwerk", sagte der Heinzel.

Dann gingen sie durch die große Halle zum Fahrstuhl, vor dem schon etliche andere Leute warteten. Plötzlich erschien der Teufel. Er trug einen gelben Helm mit Grubenlampe.

„Woher hast du den Helm?", fragte Emma, nachdem sie sich begrüßt hatten.

„Tsss ... Weiß ich nicht mehr. Aber du glaubst doch nicht, dass ich ohne Helm nach unten in das Bergwerk fahre. Das ist doch lebensge-

links: Nach der schweren Arbeit unter Tage gehen die Bergleute unter die Dusche.

Mitte: Lampenstube im Deutschen Bergbau-Museum in Bochum.

rechts: Über dem Fahrstuhl warten Bergleute an der Hängebank auf ihre Fahrt in den Schacht. Aber sie sind nicht echt. Es sind Puppen.*

unten: Blick in die Strecke.*

fährlich“, behauptete der Teufel und drängelte sich zwischen die Wartenden, denn gerade öffneten sich die Türen des Fahrstuhls.

„Wir fahren jetzt siebzehn Meter tief unter die Erde. Später geht es noch mal fünf Meter tiefer. Der Rundgang ist zweieinhalb Kilometer lang und durch Schilder gekennzeichnet“, sagte die Fahrstuhlführerin. Dann waren sie schon unten in der unbekannten Welt unter Tage und traten in den langen Tunnel mit Schienen auf dem Boden. In der Bergmannssprache heißt der Tunnel „Strecke“.

Alle trabten stumm hintereinander durch die Strecke*, guckten hier mal rechts und dort mal links. Sie sahen acht Kilogramm schwere Abbauhämmer von 1920, ein uraltes Grubenfahrrad und eine riesig große Streckenvortriebsmaschine* aus dem Jahr 1967. Der riesige Koloss wurde von einem einzigen Bergmann bedient. Der Schneidkopf mit fünf Fräsen bohrte sich durch den Berg und legte die Strecken an. Dann hörten sie ein Pferd wiehern und bald standen sie vor dem Stall des Grubenpferdes Tobias. Allerdings war Tobias nicht aus Fleisch und Blut, sondern künstlich. Auch das Wiehern kam aus einem Lautsprecher. Nun erzählte ihnen der Heinzel von den Grubenpferden, die früher in den Zechen viele Jahre unter Tage die schweren Wagen zogen. Emma war empört und bedauerte die armen Pferde. Sie beruhigte sich jedoch, als der Heinzel von den treuen Pferdeführern erzählte, die sogar ihr

Butterbrot mit ihrem vierbeinigen Kumpel* teilten.

„Das war eben früher so. Es gab noch keinen Strom und keine Motoren. Man nahm halt kräftige Arbeitspferde. Die wurden oft besser behandelt als Menschen. Heute fahren da unten elektrische Eisenbahnen", ergänzte der Heinzel.

links: Presslufthammer von 1920 im Deutschen Bergbau-Museum Bochum.

rechts: Denkmal für die Grubenpferde im Bergbau-Museum in Bochum. Das Grubenpferd Tobias schleppte zwölf Jahre voll beladene Kohlewagen in der Zeche General Blumenthal in Recklinghausen. 1966 durfte es für den Rest seines Lebens wieder ans Tageslicht auf die grüne Weide. Tobias war das letzte Grubenpferd auf einer Zeche.

Kumpel auf vier Beinen – die Grubenpferde

Die Grubenpferde wurden vor etwa 150 Jahren im Bergbau unter Tage eingesetzt. Ein gutes Grubenpferd musste ein ruhiges Gemüt haben und unbedingt gehorsam und intelligent sein. Dazu sollte der Knochenbau gut sein und die Hufe stark und fest. Diese Pferde waren kräftig und konnten viel mehr schleppen als ein Mensch. Sie konnten acht bis zehn voll beladene Wagen ziehen, ein Mensch dagegen nur einen einzigen. Die Pferde wurden von ihren Pferdeführern am Halfter durch die engen Stollen geführt. Sie trugen Kopf- und Ohrenschutz und eine Stirnkappe aus Leder, damit sie vor Verletzungen geschützt waren. Trotzdem bekamen sie immer wieder Schrammen und Risse im niedrigen, engen Schacht. Die meisten Pferde lebten etwa sechs bis sieben Jahre, manche auch zwölf Jahre und länger unter Tage*. Einige bekamen sogar Urlaub und durften auf die Weide ans Tageslicht. Bei schweren Verletzungen oder Krankheiten wurden sie über Tage in Krankenställe gebracht und gesund gepflegt. Im Ruhrgebiet waren um 1900 mehr als 8 000 Grubenpferde unter Tage im Einsatz.

Schwarze Tage im Bergbau – Grubenunglücke und Todesfälle

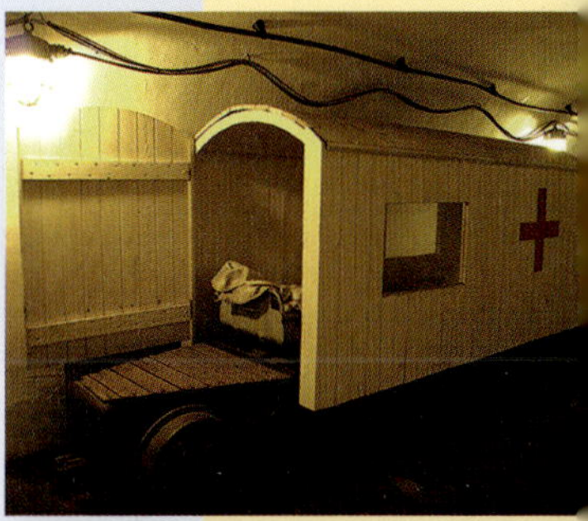

oben: Krankenwagen für verletzte Bergleute.

unten: Die torpedoförmige Rettungskapsel wird „Dahlbuschbombe“ genannt. Mit ihr können Eingeschlossene durch ein Bohrloch gerettet werden. Sie ist 2,50 Meter lang und hat einen Durchmesser von 38,5 Zentimetern.

Eben erst waren sie an einem Grubenkrankenwagen vorbeigekommen und jetzt blieb der Heinzel an einem merkwürdigen langen Behältnis mit einer Öffnung stehen.

„Das ist die Dahlbuschbombe, eine Rettungskapsel. Sie wurde 1955 auf der Zeche Dahlbusch entwickelt“, erklärte er. „Damit ließ man einen Retter durch ein Bohrloch zu den verunglückten Bergleuten hinunter. Er packte die Eingeschlossenen nacheinander in die Bombe. Dann wurde sie hochgezogen. Mit dieser Bombe konnten einmal elf eingeschlossene Bergleute noch nach vierzehn Tagen gerettet werden.“

„Und was war da passiert?“, erkundigte sich Mercur.

„Ein Wassereinbruch im Bergwerk. Hundertvierundzwanzig Bergleute waren unter der Erde eingeschlossen. Neunundsiebzig konnten sich über Bohrlöcher in Sicherheit bringen. Für die übrigen fünfundvierzig Eingeschlossen käme jede Hilfe zu spät, glaubte man. Aber die Rettungskräfte gaben die Hoffnung nicht auf und suchten weiter. Zum Glück, denn die Rettungsmannschaft bekam Kontakt zu elf Eingeschlossenen. Sie hatten in einer Luftblase vierzehn Tage überlebt und konnten alle gerettet werden. Das war ein besonders schlimmes Grubenunglück, aber nicht hier im Ruhrgebiet, sondern in Lengede bei Hannover. Die ganze Welt nahm Anteil an der schrecklichen Katastrophe.“

„Ist so was oft passiert?“, fragte der Teufel.

„Immer mal wieder. Der 12. November 1908 war auch so ein ‚schwarzer Tag‘ in der Geschichte des Bergbaus im Ruhrgebiet. Dreihundertneunundvierzig Bergleute kamen bei einer Explosion auf der Zeche Radbod in Hamm ums Leben. Das waren die Bergleute der gesamten Nachtschicht*.“

„Und was war da passiert?“, fragte der Teufel weiter.

„Wenn sich das Grubengas mit Luft vermischt, kann es explodieren. Es genügt nur ein Funke und das Gemisch entzündet sich. Auf Radbod hat vielleicht eine offene Benzin-Grubenlampe die Katastrophe ausgelöst. Oder das Grubengas ist bei einer Sprengung durch einen Funken entzündet worden. Man hat den toten Bergleuten von Radbod ein Denkmal gesetzt. Überall gibt es Denkmäler für tote Bergleute", erzählte der Heinzel.

„Gibt es die Zeche Radbod noch?", wollte der Teufel noch wissen.

„Nein. Sie wurde 1990 geschlossen und es ist kaum noch etwas davon zu sehen. Nach dem Unglück hat man viel über die Sicherheit im Bergbau gesprochen. Als Erstes wurden die Benzin-Grubenlampen* verboten und durch elektrische Lampen ersetzt. Früher haben die Bergleute einen Kanarienvogel mit unter Tage genommen. Wenn er nicht mehr gesungen und gepiept hat, war Gas im Stollen. Wenn er von der Stange fiel, war absolute Lebensgefahr und für die Bergleute hieß das: Nichts wie raus! Aber so ganz zuverlässig waren die Vögel auch nicht."

„Hat es bei den Katastrophen immer viele Tote gegeben?", fragte der Teufel weiter.

„Nein. Es gab auch immer wieder einzelne Unfälle. Zum Beispiel starb 1911 Andreas Kowalewsi durch Steine, die herunterfielen. Er war erst zwanzig Jahre alt. Oder 1913 Andreas Skudlarek. Er war Pferdetreiber und wurde zwischen zwei Förderwagen zerquetscht. Er war erst sechzehn Jahre alt. Oder der Hauer August Rattay. Er war dreißig Jahre alt und wollte einen bewusstlosen Kameraden retten. Dabei ist er abgestürzt."

Die Unglückszeche Radbod in Bockum-Hövel.

„Ist das heute auch noch so gefährlich?", fragte der Teufel immer noch weiter.

„Hier bei uns in Deutschland ist sehr viel für die Sicherheit getan worden. Aber anderswo auf der Welt passieren immer noch große Unglücke."

„Auch die Berufskrankheit der Bergleute, die Staublungenkrankheit oder die Silikose, machte den Bergleuten zu schaffen. Sie starben langsam daran. Durch das Einatmen des Staubs wurde die Lunge geschädigt. Die Bergleute bekamen nach und nach keine Luft mehr und mussten immer husten. Dann hatten sie ständig entzündete Atemwege und danach erstickten sie und waren tot, obwohl sie noch gar nicht alt waren."

„Ist das heute auch noch so?", wollte Emma wissen.

„Heute sorgt man mit Wasser und anderen Vorrichtungen dafür, dass nicht so viel feiner Staub unter Tage entsteht. Die Bergleute werden auch regelmäßig untersucht."

Die heilige Barbara im Besucherbergwerk des Deutschen Bergbau-Museums.

Der Glaube versetzt Berge

Sie kamen an einen Abzweig. Dort war eine Nische im schwarzen Kohlenflöz und auf einem Sockel stand eine fast schwarze Figur.

„Das ist die heilige Barbara. Die Schutzheilige der Bergleute", stellte der Heinzel fest. „Am 4. Dezember feiern die Bergleute seit 1998 in Bochum das Fest der heiligen Barbara mit einem großen Knappentag. Da kommen Hunderte von Knappen aus den Vereinen. Sie treffen sich hier und ziehen mit der heiligen Barbara auf einer Trage in einer Prozession durch die Straßen. Danach feiern sie einen Gottesdienst. Es gibt auch den Brauch der Barbarazweige. Wenn man Kirschzweige am 4. Dezember in die Vase stellt, sollen sie an Weihnachten blühen."

Die Legende der heiligen Barbara

Die heilige Barbara lebte im 3. oder 4. Jahrhundert in der Türkei in der Nähe von Istanbul. Damals hieß die Stadt Konstantinopel. Sie war die schöne Tochter des reichen Kaufmanns Dioskoros, der Heide war und nicht an Christus glaubte. Er liebte seine Tochter und erfüllte ihr viele Wünsche. Aber er tat auch alles, um sie vom Christentum abzuhalten. Als er einmal verreisen musste, sperrte er Barbara in einen Turm mit zwei Fenstern ein, damit sie nichts vom Christentum erfuhr. Aber es nutzte nichts. Als der Vater zurückkehrte, war Barbara eine getaufte Christin geworden und im Turm waren nun drei Fenster. Der Vater tobte. Aber Barbara erklärte ihm: „Ich glaube an Jesus Christus. Deshalb ist ein Fenster für den Vater, eines für den Sohn und eines für den Heiligen Geist." Daraufhin wollte der Vater sie mit dem Schwert töten. Aber Barbara gelang die Flucht. Der Vater verfolgte sie und als sie schon kaum einen Ausweg sah, öffnete sich plötzlich ein Felsen, der sie verbarg. Doch der Vater fand sie und ließ sie bis auf das rohe Fleisch prügeln. Niemand glaubte mehr, dass sie die Nacht überstehen werde. Doch wie durch ein Wunder waren alle Wunden am nächsten Tag verheilt. Nun wurde sie abermals ausgepeitscht und gequält und auf einen Berg geführt. Sie betete zu Gott, dass er all jenen beistehen solle, die einen plötzlichen Tod erleiden. Dann schlug der eigene Vater ihr das Haupt ab. Auf dem Rückweg vom Berg wurde der grausame Vater vom Blitz erschlagen.

Am 4. Dezember treffen sich die Knappen im Bergbau-Museum. Sie ziehen mit der Figur der heiligen Barbara durch die Straßen von Bochum und feiern einen Gottesdienst in der Kirche.

„Das ist interessant. Ich habe noch nie von diesem Mädchen gehört, obwohl es doch zu meiner Zeit in der Stadt Konstantins des Großen gelebt haben soll. Woher kommen die Verehrung und der Brauch?“, fragte Mercur.

„Das weiß man nicht. Aber der Legende nach hat sich bei ihrer Flucht vor ihrem mörderischen Vater ein Berg geöffnet und sie verborgen. Weil die Arbeit der Bergleute sehr gefährlich ist, müssen sie immer mit einem plötzlichen Tod rechnen und Barbara hat in ihrer Todesstunde für alle diejenigen gebetet, die plötzlich sterben. Auch heute beten die Kinder aus Herdorf:

‚Sankta Barbara, bei Tag und Nacht
fahr mit dem Vater in den Schacht!
Steh' du ihm bei in jeder Not!
Bewahr' ihn vor dem jähen Tod!‘“

oben: Wo die Kohle abgebaut wird, pressen hydraulische Stempel die Schilde gegen die Decke. Auf einer Länge von etwa 300 Metern steht Schild an Schild. So wird der Raum vor herabfallendem Gestein geschützt, und die Bergleute können sicher arbeiten. Früher mussten sie viele Holzstempel mühsam mit der Hand setzen, um die Decke abzustützen.*

unten: Kohlehobel im Deutschen Bergbau-Museum.

Wo die Kohle abgebaut wird

„Mir nach!“, bestimmte der Heinzel.

„Wohin gehen wir?“, fragte Emma.

„Zum Schildausbau*“.

„Das hier“, begann der Heinzel, „ist ein Stütz- und Schutzgerät auf Gleitkufen. Sein oberer Teil ist schildartig geschlossen. Er wird von hydraulischen Stempeln* dort gegen die Decke gepresst, wo die Kohle abgebaut wird. Dann kann ein großer zwanzig Tonnen schwerer Walzenschrämlader* die Kohle aus dem Flöz* herausschneiden. Damit das nicht so staubt, wird Wasser auf die Kohle gespritzt. Wenn der Kohleflöz nicht so mächtig* ist, also dünner, wird der Kohlehobel* eingesetzt. Das haben die Bergleute früher alles mit den Händen gemacht, mit Hammer und Schlägel.“

Die Arbeit des Bergmanns – ein Tagesablauf

In der Weißkaue ziehen die Bergleute ihre Straßenkleidung aus und hängen sie an einen Haken, der an einer Kette befestigt ist. Danach ziehen sie die Kette unter die Decke und sichern sie mit einem Schloss. Dann gehen sie nackt in die Schwarzkaue. Dort hängt die Arbeitskleidung für unter Tage*. Sie besteht aus:

Unterzeug
Arbeitshemd
Socken
Grubenanzug
Sicherheitsschuhe
Schienbein-Schützer aus hartem Plastik
Halstuch
Ledergürtel
Grubenhelm
Arbeitshandschuhe
Ohrenstöpsel
Sicherheitsbrille
Staubmaske
Knieschoner

Wenn sie ihre 14 Sachen am Körper haben, gehen sie in die Lampenstube. Dort holen sie sich das „Geleucht", die Lampe für unter Tage. Heute sind das elektrische Lampen, die am Grubenhelm befestigt werden. Den Akku tragen sie am Gürtel. Er hält zehn Stunden und muss nach jeder Schicht* aufgeladen werden. Auch der Filterselbstretter hängt am Gürtel. Das ist eine Metalldose mit einer Art Gasmaske. Damit kann man bis zum Schacht kommen, wenn Feuer ausbricht und Brandgase die Luft zum Atmen vergiften. Diese Maske kann Leben retten. Auf dem Weg zum Schacht müssen die Bergleute zuerst durch eine Zeitschranke, damit man weiß, wer einfährt. An der Hängebank* (oben) warten etwa 100 Männer auf den Förderkorb* mit mehreren Etagen, der dann mehr als 1 000 Meter in die Tiefe rast. Am Füllort* steigen sie aus. Das ist der Umschlagbahnhof für Menschen und Kohle. Hier sieht es ähnlich aus wie in einer modernen U-Bahn-Station. Das unterirdische Streckennetz ist etwa 90 Kilometer lang. Kleine Züge bringen nun Bergleute, Maschinen und Werkzeuge zu den kilometerweit entfernten Arbeitsplätzen. Bis sie vor Ort sind, wo die Kohle abgebaut wird, müssen sie noch einmal in den Förderkorb, um zum warmen, feuchten Streb* zu kommen, wo die Walzenschrämlader (Mitte) oder Kohlehobel* (unten) die schweren Kohlebrocken aus den Wänden brechen. Maschinen mit langen Greifarmen laden sie dann auf die langen Förderbänder. Im Streckenvortrieb* bohrt die Streckenvortriebsmaschine* mit Höllenlärm in das Gestein, um neue Strecken* anzulegen.

Die Schicht der Bergleute ist nach sechs Stunden harter Arbeit vor Ort zu Ende und die nächste Schicht beginnt. Dann fahren die Männer wieder aus. Sie sind mit schmierigem schwarzem Kohlestaub bedeckt und gehen zuerst in die Schwarzkaue, ziehen die Arbeitskleidung aus, gehen unter die Dusche und ziehen in der Weißkaue wieder ihre normale Kleidung an.

Zeit ist Geld. Das war der Wahlspruch der Unternehmer zur Zeit der Industrialisierung. Die Menschen sollten im Takt der Maschinen arbeiten und nicht mehr nach dem Gleichklang der Natur.

Der „Kohlenpott" zur Zeit der Urgroßeltern

„Früher, früher, früher. Du redest immer von früher. Wann war das, früher? Wie lange ist früher her?", fragte der Teufel den Heinzel ungeduldig.

„Hab' ich doch schon so oft gesagt. Vor etwa hundert bis hundertfünfzig Jahren fing das an. Als man durch die dicke Gesteinsschicht aus Ton und Kalk an die Kohle in fünfzig Meter Tiefe und noch tiefer gelangen konnte. Und als die Eisenbahn durch das Ruhrgebiet fuhr. Und als man die Kohle für die Metall- und Eisenindustrie brauchte und das Eisen zum Bauen von Schienen und Eisenbahnen. Als Deutschland ein Kaiserreich wurde. Zu dieser Zeit gab immer mehr Bergwerke*, die immer mehr Kohle förderten. Fast dreihundert Bergwerke gab es im Gebiet bis zur Emscher.

Man brauchte auch Männer für die schwere Arbeit unter Tage. Zuerst kamen viele vom Land aus der Umgebung. Aber es wurden viel mehr gebraucht, als in der Umgebung lebten. Deshalb suchte man sie im Osten von Deutschland und in Polen. Sie glaubten, im Ruhrgebiet ihr Glück zu finden und viel Geld zu verdienen. Manchmal kamen die Männer alleine, manchmal mit der ganzen Familie. Weil sie unter sich blieben, lernten viele die deutsche Sprache nicht und verstanden oft die Vorschriften für die Sicherheit nicht. Das war gefährlich und konnte zu Unfällen führen.

Bergarbeiter um 1870.

Die Unternehmer und Fabrikbesitzer hatten sich zuerst gar keine Gedanken darüber gemacht, wo die vielen Menschen wohnen sollten. Manchmal lebten mehr als zehn Personen in zwei winzigen Räumen. Manche Familien, die ohnehin sehr beengt mit ihren vielen Kindern wohnten, nahmen zusätzlich noch Schlafburschen auf. Gegen Geld durften sie im Bett des Vaters schlafen, wenn er auf der Arbeit war, oder im Bett der Kinder, wenn sie in der Schule waren. Das Klo war auf dem Hof und Wasser musste vom Brunnen geholt werden. Die Behausungen waren eng, dunkel, kalt, schmutzig und ungesund. Deshalb gab es auch viele ansteckende Krankheiten. Weil die Arbeiter da arbeiteten, wo sie am meisten Lohn bekamen, wechselten sie oft die Stelle. Das gab Probleme bei der Arbeit. Immer wieder mussten neue Kräfte angelernt werden, die

am Anfang natürlich auch Fehler machten. Das kostete die Unternehmer und Fabrikbesitzer Zeit und Geld. Deshalb bauten sie für ihre Beschäftigten Siedlungen, die man auch Kolonien nannte, direkt bei den Zechen und Werken. Überall entstanden solche Wohngebiete, in denen die Beschäftigten eines Werks oder einer Zeche zusammenlebten. Nun blieben sie ihrem Arbeitgeber eher treu, denn der Wechsel der Arbeitsstelle hatte zur Folge, dass sie auch die Wohnung verlassen mussten. Um 1850 lebten im Ruhrgebiet etwa dreihundertfünfundsiebzigtausend Menschen. 1925 waren es fast drei Komma acht Millionen."

Wie die Bergleute lebten und wohnten

„Die älteste Zechensiedlung im Ruhrgebiet ist Eisenheim in Oberhausen", fuhr der Heinzel fort. „Sie wurde ab 1844 von der ‚Gutehoffnungshütte' für ihre Bergleute errichtet. Sie wohnten mit ihrer Familie, zu der viele Kinder gehörten, in Eisenheim. Die Männer waren es gewohnt, bei der schweren Arbeit unter Tage* zusammenzuhalten. Deshalb fiel ihnen auch das Zusammenleben in der Siedlung nicht schwer. Man half sich gegenseitig und achtete sich. Es war auch nicht wichtig, wo man herkam, denn die meisten waren nicht hier geboren.

Viele Häuser waren gleich. Vier Familienwohnungen waren unter einem Dach, aber alle hatten einen eigenen Eingang, wie bei einem eigenen Haus. Unten war die Wohnküche. Das war der wichtigste Raum. Hier stand der große, blank geputzte Herd, auf dem gekocht wurde. Darüber hing oft Wäsche. Sie musste schnell trocknen, denn viel zum Anziehen hatten die Familien mit den vielen Kindern nicht. Die Küche war der einzige warme Raum im Haus. Hier wurde gegessen, für die Schule gelernt, gespielt, geflickt, genäht, gefeiert, gewaschen und auch gebadet. Das Wasser musste draußen an der Pumpe geholt werden. In der Küche war nur ein Ausguss, um das Schmutzwasser hineinzuschütten. Ein Badezimmer und eine Toilette gab es nicht im Haus. Neben der Küche war die ‚gute Stube' oder die ‚kalte Pracht'. Dieser Raum wurde fast nur zu Geburtstagen der Eltern, zu Weihnachten oder zu einer Hochzeitsfeier benutzt. Hier standen die besten Möbel: ein gepolstertes Sofa, einige Stühle, ein schöner Tisch und ein Schrank aus dunklem Holz mit Verzierungen. Manchmal lag ein Teppich auf dem Boden. An der Wand hingen die Uhr und Hochzeits- und Erinnerungsfotos der

links: In der Siedlung Eisenheim hatte jede Familie hatte einen eigenen Hauseingang. Vor den Häusern war viel Platz zum Spielen.

Mitte: Im Stall waren das Plumpsklo, die Tiere und Geräte untergebracht. Auch hier hatte jede Familie ihren eigenen Eingang.

Verwandtschaft. Auf dem Sofa standen steife, bestickte Kissen und auf dem Tisch lagen gehäkelte Deckchen. Das Zimmer war der ganze Stolz der Bewohner, aber es sah fast wie in einem Museum aus und Spielen war hier streng verboten.

Unter dem schrägen Dach waren zwei Schlafzimmer mit Betten und Schränken. Oft schliefen die Kinder zusammen in einem Bett: zwei am Kopfende und zwei am Fußende.

Zu jedem Haus gehörte auch ein Stall. Darin war das Plumpsklo. Daneben war das Vieh untergebracht. Neben Hühnern, Kaninchen und Schweinen gab es besonders viele Ziegen. Weil sie viel Milch gaben, wurden sie auch die ‚Bergmannskühe' genannt. Vor Feiertagen hatte jeder etwas zu schlachten. Selbst die Knochen der Tiere wurden noch verwertet. Sie kamen in die Knochenmühle und wurden an die Hühner verfüttert. Jede Familie hatte auch einen eigenen großen Garten, in dem sie Kartoffeln, Gemüse und Obst anbauen konnte. Das war sehr viel Arbeit, bei der auch die Kinder helfen mussten. Trotzdem reichten der Lohn, die Erzeugnisse aus dem Garten und das Vieh nicht aus, alle satt zu machen, denn die Familien waren groß. Fünf bis sechs Kinder waren normal.

Die fünfzig Familien, die hier wohnten, pflegten eine gute Nachbarschaft. Wenn man bei der vielen Arbeit in Haus und Garten noch Zeit hatte, traf man sich vor dem Haus zum Plausch, setzte sich vor die Türe, putzte Gemüse oder flickte die Wäsche. Die Kinder hatten draußen vor den Häusern immer jemand zum Spielen und durften auch Krach machen. Geschimpft wurde selten.

Der Opa arbeitet noch in seinem Gemüsegarten. Viele Gärten in Eisenheim sind heute keine Nutzgärten mehr. Es sind Gärten zum Ausruhen mit Wiesen, Blumen, Lauben und Spielgeräten.

Ganz in der Nähe gab es den Bäcker, den Metzger und einen ‚Konsum', in dem man alles kaufen konnte. Es gab auch viele Gastwirtschaften an den Straßenecken. Sie hatten schon morgens um fünf oder sechs Uhr geöffnet und wenn die Männer von der Nachtschicht* aus der Zeche kamen, kehrten sie dort ein und tranken einen Schnaps. Samstagnachmittags wurden die Kinder gebadet. Alle stiegen nacheinander in die große Zinkwanne* mit Wasser, das beim Letzten kalt und dreckig war. Nach dem Baden durften die Kinder nicht mehr auf die Straße zum Spielen. Sie wurden ins Bett gesteckt, denn um acht Uhr gingen die Eltern aus und kamen erst morgens früh um fünf Uhr nach Hause. So hat es jedenfalls eine Bewohnerin von Eisenheim erzählt.

Im Jahr 1968 wollte man die kleinen Häuser in Eisenheim abreißen und moderne Hochhäuser bauen. Aber die Bewohner protestierten und demonstrierten und setzten sich mit allen Mitteln zur Wehr. Sie wollten ihre Häuser erhalten und hatten Erfolg. Die Siedlung wurde unter Denkmalschutz* gestellt und modernisiert. Im ehemaligen Waschhaus der Siedlung Eisenheim richtete man ein Museum ein, in dem man heute all die Dinge sehen kann, die einmal für die Bewohner von großer Bedeutung in ihrem Leben waren.

So ähnlich ging es auch in allen anderen Bergarbeitersiedlungen bei den Zechen zu, die später gebaut wurden. Daneben gab es aber auch Siedlungen für die höheren Angestellten. Zum Beispiel die Siedlung Grafenbusch in Oberhausen. Direktoren und Fabrikbesitzer wohnten in großen schlossähnlichen Villen, die in einem Park lagen."

Die Rennpferde des kleinen Mannes und andere Hobbys

In Castrop-Rauxel ist den Taubenzüchtern sogar ein Denkmal aus Bronze gesetzt worden. Hier steht der „Taubenvatta" mit dem Reisekorb, in dem er seine Lieblinge transportiert. Der Taubenschlag ist am Haus hinter dem Denkmal angebracht.*

Der Heinzel machte ein Pause und atmete tief ein. Als er sah, dass die anderen gespannt darauf warteten, dass er noch mehr von damals erzählte, holte er Luft und fuhr genüsslich fort:

„Nach Feierabend traf man sich bei schönem Wetter um sieben oder acht Uhr auf dem Hof. Wenn einer mit dem Akkordeon kam und Musik machte, ließen sich alle aus den Häusern locken und es wurde gesungen und getanzt. Die Jungen spielten Fußball. Entweder auf dem Hof, auf einer Wiese oder im Verein. Viele Fußballvereine wie Schalke 04, Borussia Dortmund 09 oder Rot-Weiss Essen entstanden schon vor hundert Jahren und die Spieler waren oft Bergleute. Noch heute werden die Fußballfans des VfL Bochum im Stadion mit ‚Glück auf!' begrüßt. Es gab auch Sportvereine für Turnen, Ringen und Boxen. Viele Bergleute waren Mitglied in einem Knappenverein, einem Bergmannschor oder spielten in einer Musikkapelle mit.

Viele Bergleute verbrachten ihre Freizeit mit dem Züchten von Tauben. Das war ein beliebtes Hobby und man sagte, dass die Tauben das ‚Rennpferd des kleinen Mannes' sind. Der ‚Taubenvatta' tat alles dafür, mit seinen Tauben Urkunden und Pokale zu gewinnen. Zu den Wettbewerben wurden alle Tauben aus einer Region zu einem bestimmten Standort gebracht und gleichzeitig freigelassen. Dann flog jede Taube in ihren Taubenschlag zurück. Die Zeit war entscheidend. Wenn die Wege für die Tauben unterschiedlich weit waren, bekamen sie Zeit angerechnet. Auch aus achthundert Kilometer Entfernung flogen Brieftauben sicher in ihren Schlag zurück. Wenn eine Taube nicht wiederkam, hatte sie vielleicht der Sperber geholt, der große Greifvogel aus der Familie der Habichte. Man musste die Tauben sehr lieben und jeden Tag viel Zeit für sie aufbringen, wenn man Erfolg als Taubenvatta haben wollte und die Tauben gesund bleiben sollen. Sie wurden gehegt und gepflegt und mit besonderem Futter verwöhnt. Ihre Käfige wurden am Tag oft mehrmals gereinigt. Weibchen und Männchen leben getrennt. Sie dürfen nur für

kurze Zeit zusammen sein, damit sie sehr verliebt bleiben. Nur dann fliegen sie schnell wieder in ihren heimatlichen Schlag zurück. ‚Eine gute Taube muss in der Hand liegen wie ein Brötchen. Ohne Tauben kann ich nicht leben. Taubensport ist was fürs Herz und für die Seele', hat einmal ein Bergmann gesagt.

Warum die Taubenzucht gerade bei Bergleuten so beliebt war? Vielleicht waren sie froh, wenn sie nach der Arbeit in Enge, Staub und Dunkelheit an der frischen Luft waren und ihren weißen Tauben hinterherschauen konnten, wie sie weit in den Himmel flogen."

Heinzels Entdeckung im Deutschen Bergbau-Museum

Sie waren sehr lange unten im Besucherbergwerk, denn der Heinzel erzählte und erzählte und erzählte und keiner merkte, wie die Zeit verging. Endlich gingen sie zum Fahrstuhl.

„Wir fahren jetzt auf das Fördergerüst Germania von 1944", sagte die freundliche Fahrstuhlführerin. „Es ist 1973 hier im Deutschen Bergbau-Museum wieder aufgebaut worden. Auf der oberen Plattform in über sechzig Metern Höhe hält der Fahrstuhl. Von hier aus haben Sie eine schöne Aussicht über Bochum und das Ruhrgebiet. Viel Vergnügen!"

„Nein!", sagte Emma. „Das geht nicht. Wir müssen beim Museum aussteigen."

„Kein Problem", entgegnete sie. Beim Aussteigen flüsterte Emma ihr „Höhenangst" zu und deutete zum Teufel. Die Fahrstuhlführerin lächelte und nickte.

Im Museum ging wieder jeder seiner Wege. Emma und Mercur blieben im Erdgeschoss, Teufel und Heinzel gingen ins Obergeschoss. Als sie sich später in der Halle wiedertrafen, waren alle begeistert vom Deutschen Bergbau-Museum. Mercur erzählte vom Schachtbau und der Seilfahrt in den Schacht.

„Es war sehr interessant zu sehen, was die Menschen sich in Jahrhunderten ausgedacht haben, um in die Tiefe zu kommen. Sie hingen an Seilen und Ketten, klemmten in Schlingen und saßen auf Knebeln, standen in Tonnen und Körben oder stiegen auf Treppen und Leitern in die Tiefe. Jede Art der Seilfahrt war in einem Modell ausgestellt. Und die Modelle der Dampfmaschinen ...", schwärmte Mercur. „Ich hätte mir stundenlang alles besehen können."

„Ich habe mich mit den Mineralien und Fossilien beschäftigt. Ich habe Abdrücke von Pflanzen und Schnecken und Muscheln und Insekten aus der Zeit der Entstehung der Kohle gesehen. Diese Karbonzeit, wie man die Zeit vor dreihundertsechzig bis zweihundertneunzig Millionen Jahren nennt, ist ein sehr spannendes und interessantes Kapitel", berichtete der Teufel.

„Ich habe noch was viel Interessanteres gesehen. Ich habe auf einer Karte des Ruhrgebiets gesehen, wo früher überall Bergwerke waren. Da steckten Fähnchen drinnen. Die große Übersicht war voller Fähnchen. Bestimmt zwei- oder auch dreihundert", erzählte Emma.

„Heute brauchst du nur noch sieben Fähnchen, weil es nur noch sieben Zechen gibt", bemerkte der Heinzel.

Wühlbert, die Museumsmaus im Deutschen Bergbau-Museum in Bochum.

„Und dann habe ich noch ein Modell gesehen", fuhr Emma fort. „Es zeigt, wie es unter der Erde des Ruhrgebiets aussieht. Alles ausgehöhlt. Kilometerlange Strecken*. Manche sind mehr als hundert Kilometer lang. Dann bin ich noch Wühlbert begegnet. Wo der auftaucht, gibt es spannende Informationen für Kinder."

„Ich war beim Geleucht* des Bergmanns", berichtete nun der Heinzel. „Von den einfachen Öllampen bis zu den elektrischen Grubenlampen* war da alles ausgestellt. Und dann habe ich noch was Witziges gesehen."

„Was?", fragte der Teufel.

„Ich zeige es euch!", rief der Heinzel und lief los. Die anderen folgten ihm.

Dann standen alle vor einer großen Abbildung an der Wand. Auf ihr sah man, wie kleine Bergleute mit dem Geleucht in der Hand hintereinander in das Mundloch* eines Berges einmarschierten. Sie waren sehr klein und trugen Zipfelmützen. Alle mussten grinsen und schielten zum Heinzel hinüber.

„Früher haben in den Gruben* wirklich nur kleine Menschen gearbeitet, weil die Schächte sehr eng waren. Oder glaubt ihr das etwa nicht?"

„Willst du den Helm nicht mal langsam zurückbringen?", fragte Emma den Teufel.

„Das geht dich nichts an. Misch dich nicht in meine Angelegenheiten", gab er ihr zur Antwort und marschierte zum Fahrstuhl, wo die

Kobolde im Bergwerk?

Im Bergwerk* gibt es Kobolde. Das behauptete vor 500 Jahren der angesehene Wissenschaftler Georg Agricola. Die guten Geister kichern und tun so, als ob sie wichtige Dinge erledigen. Aber in Wirklichkeit tun sie nichts. Die Bergmännchen haben die Gestalt von Zwergen. Sie sind nicht größer als vierjährige Kinder, aber sie sehen uralt aus. Sie sind mit einem Kittel und einer Schürze aus Leder bekleidet, genau wie die Bergleute. Sie treiben sich in Schächten und Stollen* herum und graben Gänge. Sie tun den Bergleuten nichts zuleide und sind fröhlichen Mutes, wenn sie nicht ausgelacht oder beschimpft werden.

Dann soll es auch noch böse Geister geben, die den Bergleuten feindlich gesinnt sind und wild und schreckenerregend aussehen. Aber Beweise für Kobolde und böse Geister im Bergwerk hat es natürlich nie gegeben.

Kleine Bergarbeiter, Berggeister oder Heinzelmännchen? Fantasie oder Wirklichkeit?

nächsten Besucher schon warteten. Dann nahm er den Helm von seinem Teufelshaupt und warf ihn mit Schwung über den Fahrstuhl, wo die Bergmannspuppen standen. Alle rissen die Augen nach oben. Der Helm landete tatsächlich genau auf der Bergmannspuppe, der der Teufel den Helm abgenommen hatte. Dann ging er erhobenen Hauptes zum Ausgang.

Zur Himmelsleiter auf der Halde Rheinelbe

„Jetzt fahren wir mal an die Grenze von Wattenscheid und Gelsenkirchen", sagte der Heinzel. „Da zeige ich euch mal, was man aus den Halden gemacht hat."

„Wattenscheiß?", wunderte sich der Teufel. „Was sollen wir denn da?"

„Wattenscheid", berichtigte Emma.

„Dann eben Wattenschweiß."

„Du Flachpfeife", mischte sich der Heinzel ein. „Hör doch zu, was Emma sagt."

Die Halde Rheinelbe ist 85 Meter hoch.

„Du Erdmänneken. Du hältst dich mal da raus“, erwiderte der Teufel und gab dem Heinzel einen kräftigen Schubs.

„Du Trockenfurzer hast mir gar nichts zu sagen und wenn du mich nicht in Ruhe lässt, krisste eine reingewemmst. Aber wie! Das schwör ich dir.“

Als Emma dazwischenging, wollte der Teufel sich rubbeldiekatz davonmachen.

„Wir sehen uns in Wattenscheid“, sagte er.

„Nein! Nicht da. An der Himmelsleiter auf der Halde Rheinelbe, das ist ganz in der Nähe“, sagte Emma.

„Waaaaaaaaaas? Himmelsleiter? Ich bin der Teufel, verdammt und verkackemadullt. Was soll ich auf der Himmelsleiter? Da will ich nicht hin“, schrie der Teufel völlig aufgeregt, drehte sich um und war rubbeldiekatz verschwunden.

„Dieses Teufelsgewächs benimmt sich unmöglich. Gewöhnlich und verletzend. Ich überlege mir, ob ich die Reise nicht hier beende. Oder besser an der Himmelsleiter. Von dort aus habe ich es nicht mehr weit zu meinem Götterhimmel“, sagte Mercur und rückte sich den Hut mit den Flügeln zurecht. Emma fand das Benehmen des Teufels auch nicht gut und der Heinzel strich über seinen Bart und zupfte sich am Ohr.

„Sollen wir denn mal zur Himmelleiter aufbrechen?“, sagte er dann. Mercur schwang sich in die Luft und Emma und der Heinzel mussten nun sehen, wie sie zur Halde Rheinelbe und zur Himmelsleiter kamen. Das war nicht ganz einfach, aber schließlich fanden sie doch die Hal-

Halden

Beim Abbau* von Kohle wird auch Gestein über Tage befördert. Das Gestein kann man aber nicht gebrauchen. Deshalb wird es in der Kohlenwäsche* von der Kohle getrennt. Weil es viel zu viel Arbeit machen würde, das Gestein wieder in die Stollen* zu füllen, wird es auf Halden gekippt. So sind im Ruhrgebiet unzählige künstlichen Berge entstanden, die Halden. Heute sind viele Halden zu besonderen Aussichtspunkten und Sehenswürdigkeiten geworden und auf den Gipfeln stehen einmalige Kunstwerke.

Die Himmelsleiter auf der Halde Rheinelbe vom Künstler Herman Prigann.

Bottrop – Tetraeder

Auf einer Halde in Bottrop an der Beckstraße steht eine ganz besondere Sehenswürdigkeit. Dort ist das Tetraeder aufgebaut, ein Körper mit vier dreieckigen Seitenflächen. Diese ungewöhnliche Pyramide aus Stahl ist 50 Meter hoch und ruht auf vier Säulen über dem Boden. Wenn man schwindelfrei ist, kann man über 200 Stufen zur Aussichtsplattform nach oben gehen und ringsum die Aussicht genießen. Oben ist es zugig und windig. In 17 und in 37 Meter Höhe kann man überlegen, ob man weitergehen will, denn die gesamte Konstruktion schwebt und gerät bei Wind in leichte Bewegung. Nachts wird die Spitze zu einem Lichtpunkt, mit gelben und grünen Lichtbahnen. Schon von Ferne kann man das Bottroper Tetraeder von der Autobahn aus sehen.

oben: Der Malakowturm der Zeche Holland ist heute noch erhalten.

unten: Beim Malakowturm der Zeche Holland gibt es einen schönen Kinderspielplatz und die Zeche Knirps. Hier können Jungen und Mädchen spielerisch den Betriebsablauf einer Zeche kennenlernen. Man kommt aber nur ans Ziel, wenn man zusammenhält.

de. Sie gingen den Spiralberg hinauf und standen bald vor der Treppe, die zum Kunstwerk führte. Fünfunddreißig mächtige Betonstücke, die aus einer Dortmunder Zeche stammten, waren zehn Meter hoch aufgetürmt.

„Guck mal ganz nach oben, auf den fünfunddreißigsten Betonklotz“, sagte der Heinzel und als Emma nach oben blickte, sah sie Mercur. Er wirkte wie eine Statue, die dort oben schon immer ihren Platz hat. Aber im nächsten Augenblick war er verschwunden und landete wieder bei ihnen.

Oben auf dem Gipfel der Halde wurden sie belohnt. Sie konnten weit über das Ruhrgebiet blicken. Im Westen sahen sie den Förderturm* und die Kokerei der Zeche Zollverein in Essen und den Gasometer in Oberhausen. Im Norden die Veltins-Arena „AufSchalke“ in Gelsenkirchen. Im Osten das Bergbau-Museum in Bochum und im Süden das erhaltene Fördergerüst der stillgelegten Zeche Holland in Wattenscheid und den Malakowturm* der Zeche Hannover in Bochum.

Dann waren sie verwirrt, weil in den Himmel dicke weiße Wolken stiegen, die aus mächtigen runden Türmen quollen. Sie gehörten zum Bergwerk Prosper Haniel in Bottrop, in dem noch gearbeitet wird.

Bergwerk Prosper Haniel in Bottrop

Prosper Haniel ist eines der wenigen Bergwerke, in denen heute noch gearbeitet wird. Es ist die größte Zeche Deutschlands mit mehr als 4 000 Beschäftigten. Hier werden fast vier Millionen Tonnen Kohle mehr als 1 200 Meter tief aus der Erde geholt. Das Grubenfeld ist 165 Quadratkilometer groß, deshalb ist das Streckennetz unter Tage* 125 Kilometer lang. Auch in der Kokerei wird noch mit 164 Beschäftigten gearbeitet.

Die Zeche Prosper Haniel in Bottrop ist eine der wenigen Zechen im Ruhrgebiet, die heute noch in Betrieb ist. Unter dem grünen Dach im Vordergrund befindet sich die längste Skihalle der Welt: Die Piste ist 640 Meter lang und 30 Meter breit.

Sie stiegen die Himmelstreppe wieder hinunter. Der Heinzel blieb immer wieder stehen und besah sich das dunkle Gestein neben der Treppe. Dann hob er etliche Kohlestückchen auf, bis seine Hand so voll war, dass sie wieder herabfielen. Unten, am Fuß der Halde, wartete schon der Teufel.

Besuch bei Franz

„Jetzt gehen wir noch den Franz besuchen“, verkündete der Heinzel.

„Ich besuche keine Leute, die ich nicht kenne“, plapperte der Teufel sofort los.

„Ich mache euch mit ihm bekannt.“

„Und wer ist dieser Franz?“, fragte Emma neugierig.

„Der ist Berglehrling auf der Zeche Zollern II/IV. Der kennt sich aus und begleitet uns beim Rundgang.“

„Auf welchem Rundgang? Ich kann nicht rund gehen. Dabei wird mir schwindelig. Ich kann nur geradeaus gehen“, sagte der Teufel.

„Wohin willst du jetzt?“, fragte Mercur.

„Ich will mit euch zur Zeche Zollern II/IV in Dortmund-Bövinghausen gehen.“

„Von hier nach Dortmund gehen? Ich glaube, du bist verrückt. Da laufe ich mir ja Plattfüße. Ich glaube, du hast vergessen, wer ich bin. Ich bin der Teufel und komme rubbeldiekatz überall hin“, und dann war er wirklich rubbeldiekatz verschwunden.

„Zollern II/IV ist ein Denkmal, ein Schloss. Aber kein gewöhnliches Schloss, sondern ein Schloss der Arbeit.“

Das Schloss der Arbeit – Zeche Zollern II/IV

Emma und der Heinzel gingen die Schlossallee entlang zum „Schloss der Arbeit“ und begegneten Franz. Er war kein leibhaftiger Franz, sondern die Leitfigur von Zollern II/IV für Kinder. Da stand er nun mit einem Kaninchen im Arm und einer Möhre in der Hand. Neben ihm war ein Text abgedruckt.

Nach der Arbeit bin ich meistens todmüde und würde mich gerne mal auf die faule Haut legen. Aber bei uns ist immer viel zu tun. Viel Zeit zum Spielen bleibt da nicht. Wie wir Kinder hier in der Zechensiedlung leben, kannst du auf den Fotos sehen.

Dann konnte man noch fünf Schübe mit Fotos von damals herausziehen.

„Und von welcher Zeit erzählt Franz?“, fragte Emma.

„Von der Zeit vor hundert Jahren. Da war das Schloss der Arbeit fertig. Genau gesagt: 1905“, antwortete der Heinzel.

„Das sieht wirklich aus wie ein Schlosshof“, sagte Emma, als sie auf den Eingang zugingen. Am Torhaus auf der rechten Seite warteten schon der Teufel und Mercur.

„Ich habe deinen blöden Franz gesehen“, empfing sie der Teufel und wollte direkt Streit anfangen, aber der Heinzel achtete gar nicht auf ihn.

„Hier war die Markenstube, und auf der anderen Seite waren die Verbandsstube und der Leichenraum“, sagte er.

„War der Raum wirklich für Leichen?“, fragte Emma.

„Ja natürlich. Wenn da unten im Bergwerk ein Bergmann zu Tode kam, musste er doch irgendwo hingebracht werden. Ich habe euch doch schon von den Unglücken im Bergbau erzählt“, antwortete der Heinzel. „Wir gehen mal in die Markenstube, da musste jeder Bergmann durch. Er bekam bei Schichtbeginn* seine Marke, die er beim Verlassen des Gebäudes wieder abgeben musste. So war alles unter Kontrolle.“

Franz der Berglehrling ist die Leitfigur auf der Zeche Zollern II/IV.

An der Kasse trafen sie Franz wieder. Er hat natürlich nicht gesprochen, aber er hätte viel erzählen können. Vor hundert Jahren war für die meisten Jungen und auch Mädchen mit vierzehn oder fünfzehn Jahren die Schule endgültig vorbei. Sie mussten ins Berufsleben und Geld verdienen. Auf der Zeche wurden sie zuerst mit Hilfsarbeiten beschäftigt.

In der Markenstube bekam der Bergmann zu Beginn der Arbeit seine Marke. Am Ende musste er sie wieder abgeben. Wenn sie fehlte, war er im schlimmsten Fall verunglückt und musste gesucht werden.

Sie arbeiteten beim Meister in der Markenstube oder beim Lampenmeister und halfen bei der Ausgabe und Reinigung der Lampen. Sie mussten auch die Kaue* wischen, den Zechenbahnhof fegen, Botengänge machen und alles, was der Meister anordnete.

„Vom Eingang aus gingen die höheren Angestellten den Weg zwischen den mit Bäumen bepflanzten Rasenflächen entlang in das Verwaltungsgebäude. Dieses Gebäude sollte Macht und Herrschaft ausstrahlen. Die Bauweise mit den Zinnen hat sich der Architekt von Schlössern und Gebäuden aus dem Mittelalter* abgeguckt", erklärte der Heinzel und marschierte vorneweg. Und dann geriet er mal wieder außer sich vor Freude.

„Guckt mal! Ein Brautpaar. Hier kann man heiraten", rief er so laut, dass alle Hochzeitsgäste sich nach ihm umsahen.

Sie wagten einen Blick durch die Türe in das Innere des Verwaltungsgebäudes. Es war festlich geschmückt für die Hochzeit. Dann gingen sie zur Lohnhalle, die zwischen der Waschkaue und dem Vorratshaus lag.

„Das ist eine Kirche", behauptete der Teufel. „Da gehe ich nicht rein!"

„Das ist keine Kirche. Das ist die Lohnhalle. Hier bekamen die Arbeiter jede Woche ihren Lohn ausgezahlt. In einer Tüte, in der Lohntüte. Da war ein Zettel drin, auf dem genau aufgelistet war, wie lange man gearbeitet hatte. Und für diese Arbeitszeit war auch das Geld in der Tüte", erklärte der Heinzel.

links: Heiraten wie auf einem Schloss im Verwaltungsgebäude auf Zeche Zollern II/IV.

rechts: Das Verwaltungsgebäude der Zeche.

„Das sieht aber aus wie eine Kirche", beharrte der Teufel. Diese beiden Türme mit den zwiebelförmigen Hauben zum Beispiel. Oder das große runde Fenster in der Mitte und die anderen Fenster und überhaupt die ganze Vorderseite. Das sieht doch jeder Blinde, dass das eine Kirche ist."

„Es ist keine Kirche. Hier auf dem Zechengelände haben die doch keine Kirchen gebaut. Die sollten hier arbeiten, verstehst du. Es ist die Lohnhalle. Da bekam man sein Geld", sagte der Heinzel entnervt. Erst als sie im Innern waren, war der Teufel überzeugt. Es gab keinen Altar, kein Kreuz und auch keine Heiligenfiguren. Die Halle war leer und sehr hoch.

„Aber trotzdem habe ich das Gefühl, in einer Kirche zu sein", bestand der Teufel weiter hartnäckig auf seinem Eindruck.

„Ja. Ich gebe es zu. Das haben die mit Absicht so gebaut, damit die Arbeiter beeindruckt waren, sich klein fühlten und an die Industrie, den Fortschritt und die Arbeit glaubten."

In der Lohnhalle wurde den Arbeitern der Lohn in einer Tüte ausgezahlt. Auf einem Zettel war genau verzeichnet, wie viel sie gearbeitet hatten.

„Was ist das für ein Geschrei und Gequietsche und Gejohle?" Sie folgten dem Lärm und gelangten in den Kinderkeller.

„Das ist nur für Kinder. Ich darf da reingehen und der Heinzel", sagte Emma. „Ihr könnt da auf der Bank auf uns warten." Dann waren die beiden in der Welt unter Tage mit verschlungenen Gängen, Nischen und Höhlen verschwunden. Dem Teufel wurde es langweilig und er pirschte sich an die glatte, schnelle Rutsche heran. Plötzlich quoll ein Haufen Kindern aus dem Innern auf die Rutsche, unter ihnen auch Emma und der Heinzel.

„Was habt ihr da drinnen gemacht?", wollte der Teufel sofort wissen. Aber die beiden verrieten nichts. Sie ließen den Teufel zappeln und gingen voran in die Waschkaue. Dort war eine große Ausstellung, die sich mit dem Leben und der Arbeit der Bergleute beschäftigte. Sie schauten einiges an und gingen dann durch die Lampenstube nach draußen.

Der riesigen Holzkasten im Kinderkeller auf Zollern II/IV bietet Erlebnisse für alle fünf Sinne – aber nur für Kinder.

Auf dem Gelände stürmte eine Gruppe Kinder an ihnen vorüber. Es war eine Geburtstagsgesellschaft. Alle trugen einen Helm mit Grubenlampe* und ein blau-weiß gestreiftes Bergarbeiterhemd mit einem Gürtel. Daran war der Akku für die Lampe befestigt. Zielstrebig gingen sie am Förderturm* vorbei und stiegen mit der Museumsführerin die Treppen zur Schachthalle hinauf. Hier waren die Lesebänder. Darauf landeten die grö-

links: Kindergeburtstag auf der Zeche Zollern II/IV.

rechts: In der Kaue kleideten sich die Bergleute um. Ihre Sachen zogen sie an einer Kette unter die Decke.

ßeren Kohlestücke, die von hier aus direkt durch einen Trichter nach unten in die Eisenbahnwaggons fielen. Auf dem Leseband lag aber nicht nur Kohle, sondern auch anderes Gestein. Das musste aussortiert werden und flog in die leeren Wagen.

Nun stand die Geburtstagsgesellschaft am Leseband in der Schachthalle. Es war etwas Besonderes und machte Spaß, im Kohledreck zu stehen. Das war früher anders. Die Jungen von vierzehn bis fünfzehn Jahren standen hier jeden Tag am Band. Es lief immer weiter und hielt nur an, damit die Jungen mal ihr Butterbrot aus der Blechdose essen konnten. Mit sechzehn Jahren durften sie unter Tage* arbeiten. Wenn die Kohle aus den Wagen auf das Leseband fiele, machte das ein ungeheuerliches Getöse. Dazu kam der Lärm der anderen Wagen und Maschinen. Die Luft war angefüllt mit Kohlestaub, der sich auf die Lunge legte. So standen die Jungen Stunde um Stunde, acht Stunden am Tag in Staub und Lärm und klaubten die Steine heraus. Tag für Tag, Monat für Monat, ein Jahr lang und manchmal zwei. So lange, bis sie unter Tage durften.

Die Kinder waren froh, als es weiterging. Sie liefen die Treppen hinunter und stürmten auf Franz zu, der neben einem Glaskasten stand, in dem man ein Modell in Bewegung setzen konnte. Darauf stand:

Unter Tage kommt man so richtig ins Schwitzen. Denn je tiefer man kommt, um so wärmer wird es. Deshalb braucht man einen zweiten Schacht. Den nennen wir Wetterschacht. Hier wird die verbrauchte warme Luft nach oben abgesaugt. Dadurch strömt immer frische Luft durch den ersten Schacht nach unten.*

Bei Franz stand: *Siehst du die Drahtseile zwischen dem Fördergerüst und der Maschinenhalle?*

„Die Maschinenhalle ist die Kraftzentrale der Zeche gewesen. Ohne Strom und Druckluft wäre gar nichts gegangen. Hier erzeugten dampfbetriebene Generatoren* Strom für den Betrieb über und unter Tage und für den ganzen Stadtteil Bövinghausen", sagte der Heinzel.

„Kann man die Generatoren noch sehen?", fragte der Teufel.

„Nein. Aber die älteste elektrische Hauptschachtfördermaschine* des deutschen Bergbaus von 1902/03. Sie sieht aus wie ein riesiges Ungetüm aus der Dinozeit."

„Können wir mal reingehen?", fragte Emma.

„Nein. Da drinnen ist alles verpackt. Die ganze Halle wird restauriert*. Da kann jetzt keiner rein. In ein paar Jahren erst wieder."

„Funktioniert diese Haupt...dingsbums...maschine denn noch?

„Ja. Wieder. Der Herr Mellin hat sie nach vierzig Jahren Stillstand wieder ans Laufen gebracht. Er war Ingenieur* und musste sie mal hegen und pflegen, als damit noch gearbeitet wurde. Deshalb kannte er sein altes Schätzchen wie seine Westentasche. Nach tausend Stunden Arbeitszeit mit seinen Kumpeln* war es geschafft. Der Motor der ältesten Hauptschachtfördermaschine summte wieder."

„Schade", sagte Emma. „Hätte ich gerne mal gesehen."

links: Aller Anfang ist schwer. Die Geburtstagsgäste am Leseband der Zeche Zollen II/IV.

rechts: Blick von der Schachthalle auf die Gleise. Die Kohle fiel direkt in die bereitstehenden Eisenbahnwaggons und konnte zum nächsten Bahnhof abtransportiert werden.

unten: Fast wie echte Bergleute ...

links: Umlagerung des Schachtmodells.

rechts: Blick in die Maschinenhalle der Zeche Zollern II/IV. Von der Schalttafel aus wurde die Anlage von einem Tafelwärter geschaltet und überwacht. Er saß auf einem erhöhten Podest, damit er einen guten Überblick hatte (rechts im Bild).

„Der schöne Eingang passt eigentlich gar nicht zu einer Maschinenhalle“, stellte Emma fest. „Der passt besser zu einem Hotel oder einem alten Schwimmbad.“

„Eben. Deshalb ist die Maschinenhalle auch erhalten geblieben. Dieser Eingang ist im Jugendstil* gestaltet, einem besonderen Kunststil, der zur Bauzeit der Halle gerade modern war. Er ist ganz anders als der Historismus* der übrigen Gebäude auf Zollern, der alte Bauformen wieder aufgreift.“

„Hat der Franz noch was zu erzählen?“, fragte der Teufel den Heinzel.

„Ja, ja, der Franz. Der hat noch viel zu erzählen. Als er endlich sechzehn Jahre alt war und nicht mehr diese eintönige Arbeit am Leseband machen musste, durfte er mit seinen Kumpels im Förderkorb* in die Grube unter Tage fahren.“

„Und was hat er da gemacht?“

Die Zeche Zollern II/IV

Die Zeche Zollern II/IV entstand zwischen 1898 und 1904 als Musterzeche und Vorbild für andere Zechenbauten. Die Gelsenkirchener Bergwerks AG wollte mit dieser besonderen Zechenanlage und der Zechensiedlung auch ihre wirtschaftliche Kraft und Macht als Nummer Eins im Bergbau zeigen. Die Bauten der Zeche sollten sowohl zweckmäßig als auch sehr eindrucksvoll gestaltet sein.
Heute ist die Zeche Zollern II/IV die einzige Zechenanlage aus der Zeit vor etwa 100 Jahren, die noch fast vollständig erhalten ist. Die Zeche wurde 1966 stillgelegt und die Gebäude sollten abgerissen werden, weil eine Schnellstraße durch das Gelände geplant war. Das Fördergerüst über dem zweiten Schacht* und ein Kühlturm lagen eine Zeit nach der Schließung schon in Schutt und Asche. Als auch die Maschinenhalle verschwinden sollte, protestierten die Bürger heftig und erreichten, dass sie unter Denkmalschutz* gestellt wurde. Nach und nach wurde alles restauriert* und im Lohnhallentrakt das Museum für Sozial- und Kulturgeschichte des Ruhrbergbaus eröffnet.

„Da war er zuerst Pferdejunge. Oder er hat als Bremser die Geschwindigkeit der Kohlewagen kontrolliert und sie gebremst, wenn sie zu schnell waren. Dann wurde er Schlepper. Er musste die herumliegende abgehauene Kohle in die Förderwagen aus Eisen füllen und sie auf den Schienen weiter zu anderen Wagen schieben. Sie wurden dann zu einem Zug zusammengestellt. Davor wurde ein Pferd gespannt, das den Zug zum Hauptschacht schleppte."

Der Eingang der Maschinenhalle ist im Jugendstil, mit Blumenmotiven und geschwungenen Formen, gestaltet.

„Schöne Arbeit!", sagte der Teufel nachdenklich. „Schwerste Höllenarbeit war das. Hätte ich nicht gemacht, da unten in dem dunklen Schacht."

„Bei uns war das Sklavenarbeit*. Ein ordentlicher Römer hätte so etwas gar nicht gemacht. Nie!", empörte sich Mercur.

„Franz hat das im Akkord gemacht. Je mehr Wagen er geschleppt hatte, desto mehr Lohn bekam er. So war das. Und trotzdem war der Franz froh, dass er Arbeit hatte und dass er mit den älteren Kumpels zusammen arbeiten durfte und von ihnen lernen konnte. Dann kam er auch zu den Hauern und lernte bei ihnen, wie man die Gruben mit den Holzstempeln ausbaut* und dann mit ganzer Kraft die Kohle abhaut. Als der Franz das drei Jahre gemacht hatte, durfte er sich Hauer nennen. Eine Prüfung brauchte er nicht zu machen. Die Arbeit war schwer, aber sie wurde gut bezahlt. So ein junger Mensch war auch noch kräftig genug und konnte viel leisten. Auch die Nachtschichten machten ihm noch nicht viel aus."

Schlepper in den Bergwerken waren meist junge Burschen.

„Und was ist dann aus Franz geworden?", fragte Emma.

„Na ja, so genau weiß ich das auch nicht. Bestimmt das Übliche. Er hat vielleicht in der Freizeit Fußball gespielt oder geboxt, war im Turnverein oder beim Radsport. Oder er hat Musik gemacht im Knappenchor oder in der Blaskapelle. Vielleicht war er auch ein Naturfreund. Oder er hat für Gerechtigkeit gekämpft. Für besseren Lohn und bessere Arbeitsbedingungen. Gegen die Ausbeutung der Arbeiter durch die Fabrik- und Grubenbesitzer. Dann hat er vielleicht geheiratet und eine Wohnung in der Zechensiedlung bekommen. Seine Frau hat seine schmutzige Arbeitskleidung gewaschen, das Essen gekocht und für die vielen Kinder gesorgt. Er hat im Garten gearbeitet und Tauben gezüchtet und dann ist er vielleicht früh gestorben. An Staublunge. Vielleicht mit fünfzig Jahren oder etwas später", erzählte der Heinzel. „So war das eben."

links: Rast beim ehemaligen Pferdestall vor dem Wetterschacht mit den Ventilatoren. Hinter dem Pferdestall ist heute ein schöner Spielplatz.*

rechts: Wagenhalle, Pferdestall und eines der beiden Fördergerüste.

„Sollen wir mal weitergehen? Hier ist doch noch mehr zu gucken“, schlug Emma vor und sie gingen an der Restaurierungswerkstatt* vorbei auf die andere Seite der Maschinenhalle und dann weiter zum ehemaligen Pferdestall. Dort war jetzt ein Restaurant.

Erinnerung an den Kindergeburtstag auf der Zeche Zollern II/IV.

Sie setzten sich auf die Wiese gegenüber dem Gebäude, in dem früher die Werkstätten untergebracht waren. Von dort aus hatten sie auch eine gute Sicht auf die Torhäuschen. Dann legte sich der Heinzel flach ins Gras und begann augenblicklich zu schnarchen. Emma reckte und streckte und drehte sich, blieb dann auf dem Bauch liegen und gab keinen Mucks mehr von sich. Auch der göttliche Mercur lag mit geschlossenen Augen auf seinem schönen Umhang auf der Wiese. Den Heroldsstab* und den Geldbeutel hatte er fest in der Hand. Selbst der Teufel war müde und sagte eine Zeit lang kein Wort mehr. Aber es wurde ihm nach einer Weile langweilig. Er kitzelte Emma mit einem Grashalm so lange an der Nase, bis sie hellwach war. Dann öffnete auch Mercur seine schönen Götteraugen. Nun mussten sie nur noch den Heinzel wecken.

Auf Städtetour: Die Großen am Hellweg

Der Dortmunder Goldschatz

„Ich erzähle euch was von Dortmund. Das hat mit dem uralten Hellweg zu tun", sagte Emma. „Das ist sehr interessant. Also, es beginnt im Jahr 1907. Da fanden Bauarbeiter vor dem Westentor, auf dem Gelände, auf dem später die Union-Brauerei gebaut wurde, etwas in der Erde. Was hatten sie gefunden? Einen Schatz. Einen unglaublichen Schatz. Den zweitgrößten Goldmünzenschatz der Römerzeit."

„Das ist nicht wahr. Das kann ich nicht glauben." Mercur schüttelte den Kopf.

„Doch. Das stimmt. Der Schatz bestand aus vierhundertvierundvierzig gut erhaltenen Goldmünzen, sechzehn zerbrochenen Silbermünzen und drei verschieden großen goldenen Halsreifen. Die Münzen befanden sich in einem kleinen Gefäß. Die drei Halsreifen waren darumgelegt.

„Warum gerade vierhundertvierundvierzig?", fragte der Teufel. „War das eine magische Zahl?"

„Weiß ich nicht. Glaube ich nicht. Ist bestimmt Zufall."

„Sind die wertvoll?", fragte der Heinzel.

„Natürlich", antwortete Emma.

„Aus welcher Zeit?", wollte Mercur wissen.

„Aus der Zeit von 335 bis 411 nach Christus", antwortete Emma.

„Aha. Dann sind das *Solidi*. Spätrömische *Solidi*. Dann ist da ein ungeheures Vermögen in der Erde vergraben worden."

„Dann hat der Schatz über tausendfünfhundert Jahre in der Erde gelegen", rechnete der Heinzel schnell.

„Wie viel wäre das heute wohl wert?", fragte der Teufel neugierig.

„Von einem *Solidus* konnte man in spätrömischer Zeit ein Jahr lang leben. Es war zwar nicht viel, aber man verhungerte nicht. Legionäre*, also Krieger oder Soldaten, bekamen im Jahr vier *Solidi*. Das war kein schlechter Verdienst. Jetzt könnt ihr mal rechnen. Von vierhundertvier-

Der römische Goldschatz besteht aus 444 gut erhaltenen Goldmünzen, 16 Silbermünzen und drei goldenen Halsreifen.

undvierzig Goldmünzen hätte man einen Legionär einhundertelf Jahre lang bezahlen können."

„Aber es wird doch keiner einhundertelf Jahre alt", warf der Heinzel ein.

„Eben. Aber daran kannst du sehen, wie viel Geld das war."

„Wie viel?", wiederholte der Teufel.

„Ich schätze eine, zwei oder auch drei Millionen Euro", antwortete Emma. „Aber vielleicht stimmt das auch nicht."

„Und wieso war der Schatz in der Erde beim Westentor?", wollte der Heinzel wissen.

„Weil jemand ihn dort vergraben hat", sagte Mercur. „Irgendjemand hat das Gold in der Nähe des Hellwegs in Sicherheit gebracht."

„Und warum?", fragte der Heinzel weiter.

„Das kann viele Gründe haben. Vielleicht war es geraubt. Oder es drohte ein Überfall."

„Und warum hat der Jemand, der den Schatz vergraben hat, ihn nicht wiedergeholt?", machte sich der Teufel Gedanken.

„Vielleicht war er gestorben, dieser Jemand, und niemand wusste, wo er ihn vergraben hatte, weil er niemandem etwas von seinem Schatz gesagt hatte", überlegte Mercur.

„Wo ist der Schatz jetzt?", fragte der Heinzel.

„Im Museum. Im Museum für Kunst und Kulturgeschichte in Dortmund. Aber auch die Wissenschaftler wissen nicht weiter", sagte Emma.

Sie rätselten noch eine Weile herum, aber sie fanden auch keine Lösung.

Die Toten von Asseln

„Jetzt ist mal Schluss mit dem Römerschatz. Dortmund hat gar keine römische Geschichte. Die Römer haben doch nicht die Stadt Dortmund gegründet", sagte der Teufel empört, knallte mit seinem Pferdefuß auf und spuckte zur Seite.

„Du verstehst gar nichts. Du hast noch nicht einmal verstanden, dass zur römischen Zeit, verstehst du, zur römischen Zeit, die Germanen hier gelebt haben. Und diese Germanen haben mit uns Römern ge-

Der Hellweg

Der Hellweg ist etwa 200 Kilometer lang und führt von Duisburg im Westen bis Höxter im Osten durch das heutige Ruhrgebiet. In der Verlängerung aber reichte er noch viel weiter – bis in die Niederlande im Westen und nach Russland im Osten. Der Hellweg war schon zur Zeit der Römer und Germanen eine wichtige Handelsstraße von West nach Ost. Im Mittelalter* waren auf diesem Weg Kaiser und Könige mit ihrem Gefolge unterwegs. Kaiser Karl der Große zog mit seinem Heer auf dem Hellweg gen Osten, um Sachsen zu erobern. Damit das Heer versorgt werden konnte, gründete er im Abstand von einem Tagesmarsch, das waren etwa 14 bis 18 Kilometer, kleinere Ansiedlungen. Etwa alle 50 Kilometer entstand ein Königshof, so in Duisburg, Bochum und Dortmund. Auch Kaufleute zogen mit ihren Waren den Hellweg entlang. Ob der Hellweg vom Salz, das früher *hal* genannt wurde, seinen Namen bekommen hat, ist nicht sicher. *Helwech* kann auch lichter, breiter Weg bedeuten, der als Fernhandelsweg immer gut in Ordnung gehalten werden musste. Der alte Hellweg ist bis heute eine wichtige Verbindung von West nach Ost geblieben. Die Bundesstraße 1 und die Autobahn 40, die auch Ruhrschnellweg genannt wird, folgen ihm bis nach Dortmund und von dort aus weiter in den Osten über die Elbe.

handelt. Wir haben Waren ausgetauscht. Und der Hellweg war schon zur Römerzeit ein wichtiger Handelsweg. Verstehst du!", regte Mercur sich auf.

„Ja, ja. Ich bin doch nicht blöd. Ich weiß, dass der Hellweg eine uralte Handelsstraße ist." Der Teufel verdrehte die Augen. Dann fuhr er fort:

„Ich erzähle jetzt mal, was man in Dortmund-Asseln am Hellweg gefunden hat. Das ist genau so spannend wie der blöde Münzschatz. Tote aus der Frankenzeit*. Zuerst hat man bei einer Grabung drei Gräber entdeckt. Zwei von Kriegern und ein Kindergrab. In mühevoller Kleinarbeit wurden sie freigelegt. Und als man Jahre später noch einmal eine große archäologische* Untersuchung gemacht hat, fand man noch weitere fünfundzwanzig Gräber. Besonders interessant waren die Gräber von einem Jugendlichen, einem jungen Mädchen und dem Kind im Körbchen, alle mit Beigaben, wie zum Beispiel Ketten, Gürtel, Messer, eine Tasche mit Nähnadel, Schuhschnallen aus Eisen, einen Topf und ein besonders kostbares Schmuckstück: eine Scheibenfibel mit roten Halbedelsteinen."

„Scheibenzwiebel? Was ist das denn?", fragte der Heinzel. Aber der Teufel hörte gar nicht auf seine Frage.

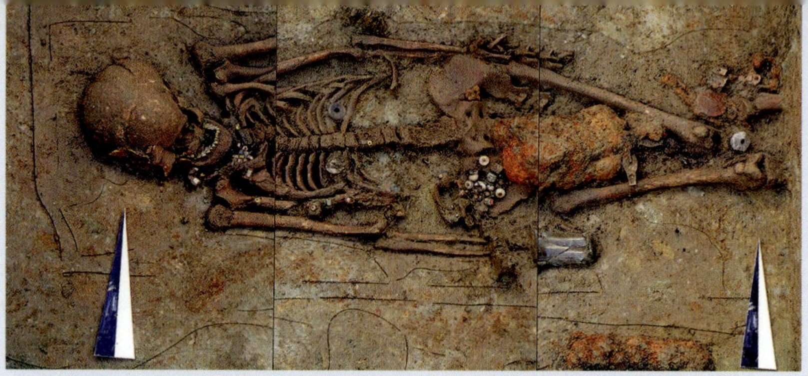

Die Tote von Asseln.

„Zur Frankenzeit kannte man noch keine Knöpfe oder Reißverschlüsse. Die Franken benutzten Fibeln, eine Art Brosche. Damit haben sie ihre Kleidungsstücke zusammengehalten. Sie lag bei einer Frau unter dem Kinn."

„Warum dort?", fragte Emma erstaunt.

„Damit hatte sie ihren Umhang oben zusammengehalten. Aber zu der Zeit, als die Frau hier begraben wurde, kannten die Franken diese Mode hier noch nicht. Das war die Mode in Italien. Nur italienische Frauen haben ihr Kleidungsstück oben unter dem Kinn mit einer Fibel zusammengesteckt. Die Frau musste also in Italien gewesen sein. Von dort ist sie wohl nach Asseln gekommen."

„Aber wie? Und warum?", interessierte sich der Heinzel.

„Die Wissenschaftler vermuten, dass sie mit einem Mann hierher gekommen ist, der im Dienst des Königs bei Raub- und Feldzügen in Oberitalien gewesen war. Und der hat diese Frau vielleicht geraubt und mitgenommen", erzählte der Teufel.

„Sie kann aber auch aus Liebe zu diesem Mann mitgegangen sein. Vielleicht waren sie ein Liebespaar", überlegte der Heinzel.

Der Tote im Adlerturm

„Jetzt erzähle ich noch einen anderen Fall aus dem Mittelalter*. Vom Toten im Adlerturm. Kennt ihr diesen Turm? Einer von den sechzehn Wehrtürmen der Stadtmauer. Um 1300 gebaut. Dort fanden Archäologen* im Boden Münzen, Steinkugeln, Kämme aus Knochen, Gürtelschnallen, Schmuck und etliches andere. Und wisst ihr, was die noch gefunden haben? – Das Skelett eines Mannes mit einem zertrümmerten Schädel. Er war wohl vor etwa sechshundert Jahren im Adlerturm verscharrt worden."

Der Adlerturm wurde um 1300 an die Stadtmauer angebaut. Er war einer von 16 Wachtürmen der Stadt Dortmund. Später verfiel er und wurde abgetragen. 1992 hat man ihn nachgebaut. Er ist mit seinen 30 Metern ein Meter höher als der Rathausturm.

„Mord?“, fragte Emma sofort.

„Bestimmt“, sagte der Heinzel.

„Kein Mord. Der Mann war fünfundsechzig bis siebzig Jahre alt und ist ganz normal gestorben. Aber er lag ganz verdreht in der Erde.“

„Aber warum hatte er einen zertrümmerten Schädel und warum wurde er im Adlerturm verscharrt?“, fragte Emma, aber der Teufel konnte auch keine Antwort darauf geben. Keiner von ihnen wusste es.

„Und jetzt kommt das Allergruseligste. In der Nähe des Skeletts lag eine abgetrennte Hand.“

„Abgehackt? Wegen Glücksspiel oder wegen Diebstahl?“, fragte Emma, die von solchen Dingen schon mal etwas gehört hatte.

„Eher Glücksspiel, weil man da auch Würfel gefunden hat.“

„Sollen wir da mal hingehen?“, fragte Emma.

Alle waren dafür, nur der Heinzel nicht. Aber er ging trotzdem mit. In der Ausstellung im Adlerturm sahen sie tatsächlich das Skelett mit dem zertrümmerten Schädel.

Das Skelett mit dem zertrümmerten Schädel wurde im Adlerturm gefunden.

„Auf den Schädel ist bestimmt einmal ein Stein gefallen“, stellte Mercur fest.

„Wer weiß, was damals wirklich passiert ist“, sagte der Teufel. Auf einer großen Stadtansicht aus dem Jahr 1610 suchten sie den Adlerturm. Aber sie fanden ihn nicht. Plötzlich tauchte ein älterer Herr hinter ihnen auf und der wusste Bescheid. Er zeigte ihnen den Turm. Dann regte er sich auf und erzählte, dass der Adlerturm nicht der alte Turm ist, sondern ein nachgebauter Turm. Nur die Fundamente in der Erde wären alt und keiner könnte überhaupt wissen, wie der Turm über der Erde ausgesehen hat. Es gäbe nämlich nur eine einzige Darstellung des Turmes hier auf diesem Plan und die wäre gerade mal zwei Zentimeter groß. Der Turm, in dem wir jetzt sind, ist überhaupt nicht der mittelalterliche Adlerturm. Es ist nur ein schnöder Nachbau“, schimpfte er.

Sie standen ratlos herum, während der Opa noch murmelte, man könne ja alles so nachbauen wie im Disneyland. Sie verabschiedeten sich höflich und verließen den Adlerturm.

Stadtansicht von Detmar Mulher von 1610.

Aus der Geschichte der Stadt Dortmund

Dortmund ist an der Kreuzung von zwei Handelswegen entstanden. Der eine Weg kam aus dem Süden und führte von Köln durch das Bergische Land über die Ruhr und die Lippe nach Norden. Der andere Weg war der Hellweg, der wahrscheinlich schon seit der Bronzezeit (1800–750 v. Chr.) existierte. Er führte von Westen nach Osten, vom Rhein an die Weser. Die beiden Wege kreuzten sich bei der Reinoldikirche. Im Jahr 775 n. Chr. eroberte Karl der Große die Sigiburg, die heutige Hohensyburg. Dabei erkannte er die günstige Lage der Kreuzung, die für vielerlei vorteilhaft war, und beschloss, eine Befestigung zu errichten. So wird Karl der Große als Gründer Dortmunds angesehen. Zu dieser Zeit wurde der Ort *Tremonia* genannt. Aber auch *Throtmani* oder *Trutmunia* waren Namen für Dortmund, wie auch *Trutmenni, Dorpmunde* oder westfälisch *Düörpm*. Was der Name bedeutet, weiß man nicht.
Als Herzog Heinrich aus Sachsen 919 zum König gewählt worden war, wurde seine Heimat im Osten zum Mittelpunkt des Reiches. Wenn er und die nachfolgenden

Die Stadt Dortmund von 1647. Kupferstich von Matthäus Merian.

Könige und Kaiser ihr großes Reich im Westen bereisten, zogen sie auf dem Hellweg dorthin und machten in den Orten am Hellweg Station, auch in Dortmund. Aus der Befestigung wurde eine Pfalz*, von der aus die Könige ihre Aufgaben erledigten, bevor sie weiterzogen. Aus der Pfalz entstand die spätere Stadt. Weil im frühen und hohen Mittelalter* Könige und Kaiser die Pfalz häufig besuchten, gewann die Stadt an Bedeutung und Ansehen, sodass sie zu einer der reichsten Reichs- und Hansestädte im Norden Deutschlands wurde. Um 1200 wurde die 3,3 Kilometer lange Stadtmauer mit Toren und Türmen errichtet. Die Stadt war schon so groß, wie sie die nächsten 600 Jahre bleiben sollte. Der Kaiser hatte Dortmund zur Freien Stadt des Reiches erklärt. Damit besaß sie besondere Rechte. Die Bürger regierten ihre Stadt und hielten Gerichtsverhandlungen ab. Sie mussten keinem Fürsten oder Kirchenherrn gehorchen. Etliche Fürsten in der Umgebung waren darauf neidisch und zettelten Fehden* an. Die Hauptfeinde der Stadt waren der Erzbischof von Köln und der Graf von der Mark, die von 40 Landesfürsten und 20 Städten unterstützt wurden. Sie erklärten der Stadt 1388 den Krieg. Aber die Bürger wehrten sich mit aller Kraft und hielten der Belagerung dank der Stadtmauer stand. Die Angreifer mussten aufgeben. Das Umland war verwüstet, aber die Stadt behielt die Freiheit. *So fast as düörpm*, so fest wie Dortmund, hieß es von nun an.

Schacht 7 der Zeche „Minister Stein", der eine Endteufe von 730 Metern hatte.*

1803 verlor die Stadt die Reichsfreiheit. Doch nur für kurze Zeit verlor Dortmund seine Bedeutung. Schon bald wurde Dortmund zur Stadt von Bergbau, Eisenindustrie und Eisenbahnen und 1847 zum Verkehrsknotenpunkt des Ruhrgebiets. Die Bevölkerung nahm stetig zu. Als das Jahrhundert zu Ende ging, war Dortmund eine Großstadt geworden, 20 Jahre später zählte sie mehr als eine halbe Million Einwohner. Die Stadt war bekannt für Kohle, Stahl und Bier – das Dortmunder „Helle" wurde in der ganzen Welt getrunken. Die Zerstörungen des Zweiten Weltkriegs* haben die Stadt sehr verändert, denn fast die gesamte Innenstadt lag in Schutt und Asche. Nach dem Krieg wurde die Stadt durch Kohle und Stahl schnell wieder zu einer bedeutenden Industriestadt. Heute hat sich alles verändert. Der Bergbau ist aus der Stadt verschwunden. Die letzte Zeche mit Namen „Minister Stein" wurde 1987 geschlossen und der letzte Hochofen im Jahr 2001.

Agnes von der Vierbecke, die Verräterin von Dortmund

Agnes Sundermann war eine hübsche, angesehene Witwe und lebte in Dortmund. Sie war noch zu jung, um immer alleine zu bleiben, und als der Graf Dietrich von Dinslaken ihr schöne Augen machte, ließ sie sich verführen. Aber der Graf hatte noch etwas anderes im Sinn. Agnes sollte ihm helfen, einen hinterhältigen Plan auszuführen. Er hatte sich mit anderen Rittern verbündet und der Stadt die Fehde angesagt. Nun wollte er Dortmund in die Hand bekommen. Im Morgengrauen des 3. Oktober 1378 rumpelten zwei Karren vor das Wißstraßentor. Auf dem ersten saß Agnes. Er war schwer mit Holz beladen und fuhr bis unter das Tor und hielt dieses offen. Der zweite war hoch mit Heu und Stroh beladen. Der Torwächter Hermann Rübenkamp kannte Agnes gut und als sie ihn um einen Gefallen bat, verließ er seinen Posten. Er sollte ihr beim Fleischer auf dem Fleischmarkt Pfefferpotthast holen und für sich selbst auch noch ein Töpfchen mitbringen. Während Hermann Rübenkamp nun zum Fleischmarkt lief, stieg Agnes auf den Turm und winkte mit einem weißen Tuch. Das war das Zeichen für die Angreifer. Dann zog sie das Fallgitter an den Ketten hoch. Nun sprangen die Soldaten des Grafen Dietrich mit lautem Geschrei aus dem Heu und Stroh und stürmten unter dem Fallgitter hindurch. Auch aus dem Hinterhalt kamen die Soldaten. Doch Agnes hatte vergessen, das zweite Fallgitter hochzuziehen und so waren die Angreifer gefangen. Nun rückte die Bürgerwehr von Dortmund an und machte kurzen Prozess mit ihnen. Noch am selben Abend wurden die Mitwisser des Plans auf dem Marktplatz mit dem Schwert geköpft. Agnes wurde auf den Holzwagen gebunden und verbrannt.*

Der misslungene Angriff wurde mit einem großen Pfefferpotthastessen gefeiert. Auch heute noch wird an besonderen Festen der Stadt der Pfefferpotthast serviert. In vielen Kochbüchern oder im Internet findet man das Rezepte für das leckere Gericht.

Pfefferpotthast

Der Pfefferpotthast ist ein Gericht, das zum ersten Mal 1378 erwähnt wurde. Es besteht aus Rindfleisch, das mit Zwiebeln in Schmalz angebraten und dann mit Gewürzen versehen geköchelt wird. Mit *Hast* ist wohl das Stück Rindfleisch gemeint. *Pott* steht für den einen Topf, den man dazu braucht, und mit *Pfeffer* sind vielleicht die Gewürze gemeint. In Dortmund wird jedes Jahr im Herbst das Pfefferpotthastfest auf dem Alten Markt gefeiert.

„Wir gehen auf der Kleppingstraße zum Ostenhellweg", bestimmte der Teufel, als sie den Adlerturm verlassen hatten. Er rannte, ohne auf die Ampel zu achten, bei Rot über die Straße. Im selben Moment quietschten die Reifen der Autos, die mit hohem Tempo den Südwall entlang fuhren. Dann standen sie kreuz und quer auf der breiten Straße, und die Fahrer riefen durch die geöffneten Fenster die übelsten Beschimpfungen. Mercur war das höchst peinlich und er machte sich schnell durch die Luft auf die andere Seite davon. Nun standen nur noch Emma und der Heinzel da und warteten auf Grün. Als sie drüben waren, tat der Teufel so, als sei gar nichts gewesen, und ging schnurstracks zum alten Stadthaus und zeigte an dem Gebäude auf eine Darstellung des alten Dortmunder Rathauses.

„Das war ein schönes mittelalterliches Rathaus aus Stein. Da haben Könige und Kaiser gespeist und getanzt. Es wurde abgerissen. Heute erinnert nur noch eine Gedenktafel daran.

Dortmund musste sich immer wehren und Belagerungen überstehen. Zum Beispiel 1388, als Graf Engelbert III. und der Kölner Erzbischof sich mit vierzig Landesherren zusammengeschlossen hatten, um die Stadt einzunehmen. Nachdem die Fehdebriefe eingetroffen waren, wurde die Stadt beschossen. In den ersten fünf Monaten wurden genau zweihundertachtunddreißig Steinkugeln gegen die Stadtmauer geschleudert. Aber außer einer Kuh und zwei Schweinen kam niemand zu Schaden. Die Dortmunder wehrten sich und schossen mit einer gewaltigen Kanone zurück. Das erschreckte die Feinde, sie bekamen Angst und zogen sich zurück. Und sie gaben die Belagerung auf. Nun gingen die Dortmunder zum Gegenangriff über. Sie brannten die Dörfer nieder, in denen die Feinde sich verstecken konnten. Sie raubten das Vieh und vernichteten die Ernte, damit die feindlichen Truppen nichts zu essen

Das alte Stadthaus wurde zwischen 1892 und 1899 gebaut. Rechts und links neben den Balkonen weisen zwei weibliche Figuren auf die Geschichte Dortmunds hin. Die linke Dame steht für das Mittelalter, als Dortmund eine Freie Reichsstadt und eine blühende Hansestadt war. Sie trägt ein Schwert, das Modell des alten Rathauses und eine Hansekogge*. Die Dame rechts steht für die Industrie. Darauf weist der Dampfhammer hin.*

Das Alte Rathaus auf einem Gemälde um 1920. Der Saal für die Ratssitzung lag im Obergeschoss. Hier wurden auch das Ratssilber und wichtige Dokumente aufbewahrt. In der Vorhalle tagte das Marktgericht und sprach bei Streitigkeiten Recht. Im kühlen Keller lagerte der Wein für die Ratsherren. Aber auch Gefangene mussten hier bei Wasser und Brot in feuchten Zellen ihre Strafe verbüßen.

hatten. Die armen Bauern mussten darunter leiden, obwohl sie gar nichts mit dem Krieg zu tun hatten. Nach einundzwanzig Monaten war der Spuk vorüber und Dortmund noch immer eine Freie Stadt."

Der Turm an der Ardeystraße

In der Nähe der U-Bahn-Station Westfalenhalle steht der steinerne Turm, der etwa vor 700 Jahren als Wachturm weit vor der Stadt errichtet wurde. Er gehörte zu einer Befestigungsanlage, die das noch zur Stadt gehörende Gebiet außerhalb der Stadtmauer sichern sollte. Auf einem Wall waren Büsche und Bäume so eng miteinander verflochten, dass man sie kaum durchdringen konnte. Nur an bestimmten Stellen konnte man Schlagbäume passieren, um in die Stadt zu gelangen. In den vier Himmelsrichtungen gab es Beobachtungstürme, die mit einem Wächter besetzt waren, der die Grenze sicherte und kontrollierte. Er gab ein Zeichen mit dem Horn, wenn er etwas Verdächtiges beobachtete. Der Turm an der Ardeystraße hatte wohl eine besondere Bedeutung. Deshalb wurde er nicht wie die meisten Wachtürme aus Holz, sondern aus Stein errichtet.

Dann gingen sie zum Ostenhellweg.

„Oh, eine schöne große Einkaufsstraße", stellte Mercur fest. „Hier kann ich bestimmt im Luxus schwelgen. Teure Uhren, Goldschmuck und Brillanten und Parfüm, Parfüm, Parfüm. Ich liebe die Düfte ... Ich gehe jetzt. Ihr müsst die Stadtbesichtigung alleine weitermachen. Wir sehen uns", sagte er und schwebte davon. Seinen Heroldsstab* hielt er in der ausgestreckten rechten Hand.

„Auf mich müsst ihr auch verzichten. Da drüben ist ein Kirchturm. Ich kann das Wort schon nicht aussprechen. Ich kriege Rütteln und Schütteln und heftige Anfälle", sagte der Teufel und war rubbeldiekatz verschwunden.

„Sollen wir mal in die Reinoldikirche gehen?", fragte Emma den Heinzel.

Die Reinoldikirche

„Ich habe noch nie was vom heiligen Reinold gehört“, sagte der Heinzel, als sie durch die Glastüre gegangen waren.

„Ich auch nicht“, antwortete Emma.

Der heilige Reinold von Montalban

Graf Haimon hatte mit seiner Frau Aya vier Söhne. Sie wurden die vier Haimonskinder genannt. Einer der vier war Reinold. Der Graf war ein treuer Gefolgsmann von Karl dem Großen. Bei einem Fest am Kaiserhof geriet Reinold in Streit mit dem Neffen seines Onkels Karl dem Großen und tötete ihn. Nun flüchteten die Haimonskinder auf dem riesenhaften Wunderpferd mit dem Namen Bayard. Aber Karl der Große verfolgte sie voller Hass. Sie dienten verschiedenen Königen, kämpften gegen Ungläubige und errichteten die uneinnehmbare Festung Montauban in Spanien. Von dieser Festung aus flüchtete Reinold auf seine Burg in Tremonia, also nach Dortmund. Karl der Große belagerte auch diese Burg.

Der heilige Reinold, von Conrad von Soest auf einen Tragaltar des Dortmunder Patriziers Segebodo Berswordt gemalt. München, Bayrische Staatliche Gemäldesammlung.

Dann aber versagten ihm die Ritter die Gefolgschaft. Nun mussten Reinold und Karl der Große Frieden schließen. Der Friedensschluss sah vor, dass Reinold das Wunderpferd Bayard an Karl übergeben sollte. Es sollte ertränkt werden, entkam aber auf wundersame Weise. Aus Trauer über den Verlust von Bayard brach Reinold zu einer Pilgerreise ins Heilige Land auf.
Nach seiner Heimkehr ging er nach Köln und arbeitete als Steinträger fleißig beim Bau des Kölner Doms für wenig Lohn. Darüber gerieten die anderen Arbeiter in Wut und schlugen ihn mit einem Hammer tot. Dann warfen sie ihn in den Rhein. Nun geschahen Wunder: Engelsgesang ertönte und der Leichnam stieg leuchtend an die Wasseroberfläche. Man barg den Toten und legte ihn auf einen Karren. Der setzte sich von alleine in Bewegung und rollte mit dem Leichnam bis nach Dortmund. Dort begannen die Glocken von selbst zu läuten. Bei ihrem Geläut wurden die Kranken augenblicklich geheilt. Von nun an verehrten die Dortmunder Reinold als ihren Stadtheiligen.

„Das ist eine evangelische Kirche“, stellte Emma fest, als sie sich am Informationsstand bei den Heften, Programmzetteln und Postkarten umsahen.

„Aber als sie gebaut wurde, war sie bestimmt katholisch“, vermutete der Heinzel.

„Das glaube ich auch. Die ist doch schon alt. Aus dem Mittelalter*. Das sieht man doch. Bestimmt stand vor dieser Kirche schon eine andere hier an dieser Stelle. Das ist doch bei den meisten alten Kirchen so“, sagte Emma.

Die Reinoldikirche

Im Jahr 1944 zerstörten die Bomben des Zweiten Weltkriegs fast die gesamte Reinoldikirche. Bis 1957 wurde sie wieder aufgebaut. Der Turm bekam eine Wetterfahne mit der Aufschrift „885 Tremonia“ und „1954 Dortmund“. 885 wurde Dortmund zum ersten Mal unter dem Namen *Tremonia* schriftlich erwähnt.

„Hör mal zu!“, sagte Emma, die in einem kleinen Informationsheftchen las. „Hier sind riesige Figuren aus Holz von Karl dem Großen und vom heiligen Reinold. Und ein Altaraufsatz* und ein Reliquienhaus* und ein Chorgestühl* und ein kostbares Pult aus Bronze*. Komm, wir gehen uns das mal ansehen.“

Karl der Große in der Reinoldikirche in Dortmund. Er trägt eine Ritterrüstung, wie sie um 1470 üblich war. Das Gewand über der Rüstung ist sehr eng und mit Pelz besetzt. Auch durch seinen langen Umhang, der mit einer Fibel geschlossen ist, wirkt der Kaiser würdevoll und stolz. Die drei Zeichen des Kaisertums, Krone, Zepter und Reichsapfel, sind besonders groß dargestellt. Karl trägt keine normale Königskrone, sondern die Bügelkrone, die nur Kaisern zustand.

Sie blieben zuerst vor der großen Holzfigur Kaiser Karls des Großen stehen. Die Dortmunder führen die Gründung der Stadt auf diesen großen Kaiser zurück. Sie bekamen als Stadt auch das Recht, sich selbst zu regieren und Recht zu sprechen. Dortmund war eine „Freie Reichsstadt“, die nur dem Kaiser unterstand.

„Das ist aber ein alter Mann mit einer zerfurchten Stirn“, bemerkte der Heinzel.

Dann gingen sie zur gegenüberliegenden Seite. Dort stand die Holzskulptur* des heiligen Reinold.

„Der steht so steif da. Und die Locken sehen aus wie Tannenzapfen!“, bemerkte Emma.

„Aber er hält das Schwert so, als wollte er die Stadt verteidigen. Der Löwe auf dem Schild ist bestimmt sein Wappentier“, überlegte der Heinzel.

Am Säulenkopf waren Löwe und Adler dargestellt. Beide sind Zeichen für Herrschaft und Macht, Standhaftigkeit und Mut. Sie stehen für das Königreich Karls des Großen und das Gottesreich des heiligen Reinold.

„Die beiden sehen so nackig aus. So hölzern“, sagte der Heinzel.

„Die waren früher bestimmt mit bunten Farben und Gold bemalt. Das schwöre ich. Da konnte man bestimmt die prachtvolle Rüstung und die Kleidungsstücke viel besser erkennen“, meinte Emma.

„Da kannst du recht haben.“

Dann setzten sie sich in eine Bank und schauten in den Chor auf den besonders schönen Altaraufsatz.

Der heilige Reinold in der Reinoldikirche in Dortmund.

„Ich kann gar nicht richtig erkennen, was alles darauf zu sehen ist. Der ist viel zu weit weg“, sagte der Heinzel, und auch Emma konnte nur ahnen, dass dieser Aufsatz sehr alt und sehr kostbar war. Im Chor befand sich auch das Reliquienhaus* aus Stein, in dem im Mittelalter die Gebeine des heiligen Reinold aufbewahrt wurden. Aber heute besitzt die Kirche keine Reliquie* ihres Stadtpatrons mehr. Eine sehr kleine wird noch in der Probsteikirche in Dortmund aufbewahrt. Der größte Teil befindet sich in der spanischen Stadt Toledo. Der wertvollste Teil, der Schädel des heiligen Reinold, ist einfach verschwunden.

Blick in den Chor der Reinoldikirche mit dem prächtigen Altaraufsatz.

Im Chor stehen Sitzbänke aus Holz. Sie sind über und über prächtig mit Figuren, ungeheuren Tieren, Monstern und anderen Wunderwesen verziert. Das ist das Chorgestühl* für die wichtigen Leute der Stadt. Auf der linken Seite saß der Rat der Stadt, auf der rechten Seite die Männer der Kirche.

Der Bläserbrunnen am Alten Markt. Der Zwiebelturm der Reinoldikirche ist am linken Bildrand gerade noch zu sehen.

„Ich sitze gerne in Kirchen", flüsterte Emma dem Heinzel zu. „Es ist so ruhig hier und es gibt viel Schönes zum Gucken. Die bunten hohen Fenster, das große Kreuz und die vielen anderen Kunstwerke", sagte sie zum Heinzel. Aber der war mal wieder in der Bank eingeschlafen.

Wenn der gleich anfängt zu schnarchen, wackelt die ganze Kirche und die Fensterscheiben zittern, dachte Emma und weckte ihn auf. Dann verließen sie schnell die Reinoldikirche, gingen zum Alten Markt und setzten sich auf den Brunnenrand des Bläserbrunnens.

„Sollen wir jetzt noch in die anderen Kirchen aus dem Mittelalter gehen?", fragte Emma.

„In welche?"

„In die Marienkirche und in die Petrikirche."

„Was? Noch zwei Kirchen. Ach, nö! Ich hab jetzt genug von Kirchen", antwortete ihr der Heinzel.

Pommes rot-weiß und Currywurst

Während Emma und der Heinzel in der schönen Reinoldikirche waren und Karl den Großen und den heiligen Reinold bestaunten, suchte der Teufel eine Kneipe.

Wollen die mich hier verkackeiern?, sagte er zu sich selbst. „Gibt es in der Bierstadt kein Bier – oder was?", raunzte er herum und lief um tausend Ecken und von einer Straße zur anderen. Dann sah er das neun Meter hohe U beim Hauptbahnhof hoch oben auf dem alten Gebäude. Es war einmal das Gär- und Lagerhaus der Union-Brauerei. Aha, dachte er, U steht für Bier. Also nichts wie hin. – Aber in dem Gebäude gab es kein Bier zu trinken. Es war eine „Um-Baustelle". Dann versuchte er es hinter dem Hauptbahnhof, im Bahnhofsviertel.

Bei der Suche geriet er auch in die Steinstraße und kam an einem großen Gebäude vorbei. Daran hing ein Schild: „Mahn- und Gedenk-

Das Wahrzeichen der Dortmunder Union-Brauerei ist das U.

stätte Steinwache“ stand darauf. Er war unentschlossen, ob er hineingehen sollte. Er kannte solche Stätten schon von Köln und Düsseldorf.

Hier wird es nicht viel anders sein, dachte er, denn überall im Deutschen Reich herrschten von 1933 bis 1945 die Nationalsozialisten*. Diese Schreckensherrschaft verschonte keine Stadt und kein Dorf, keine Männer, Frauen und Kinder. Die Gedenkstätten erinnerten an die Macht der Nationalsozialisten. An die Verfolgung und Tötung der Juden* und Andersdenkenden, an die Opfer und Täter, an Verbrechen und Zerstörung, an Krieg und Tote, an Not und Elend.

Die Steinwache – Mahn- und Gedenkstätte hinter dem Dortmunder Hauptbahnhof

Die Steinwache war ein Polizeirevier, zu dem auch ein Gefängnis für etwa 126 Gefangene gehörte, das als sehr modern und vorbildlich galt. Als die Nationalsozialisten* 1933 an die Macht kamen, wurden in der Steinwache Räume eingerichtet, in denen Gegner und Andersdenkende gefoltert und Geständnisse erpresst wurden. Diese Zellen wurden später als „Verhörzelle“, „Fertigmachzelle“ oder „Mordzelle“ bezeichnet. Die Steinwache war im ganzen Land als schlimme Folterstätte bekannt. Deshalb gab man ihr den Namen „Hölle Westdeutschlands“. In den zwölf Jahren der nationalsozialistischen Herrschaft wurden hier 65 000 Frauen und Männer in Haft genommen. Sie wurden in der Steinwache verhört, misshandelt und festgehalten. Manche nur für wenige Tage und Wochen, andere für Monate und Jahre. Viele wurden von hier aus in Konzentrationslager* deportiert*. Heute wird in der Steinwache auf fünf Stockwerken die Ausstellung „Widerstand und Verfolgung in Dortmund 1922–1945“ mit 2 000 originalen Objekten gezeigt.

Zu Pommes mit Mayonnaise und Ketchup sagt man im Ruhrgebiet „Pommes Schranke" oder „Pommes rot-weiß".

Dann war der Teufel schließlich doch noch in einer Kneipe gelandet und saß an der Theke. Er stützte den Kopf mit der Pranke ab und ließ das Bier in sich hineinlaufen. Nach dem zweiten Glas rülpste er so laut, dass sein Nachbar sich umdrehte und zu ihm hin sah. Aber bald redete er mit seinen beiden Kumpeln weiter und drehte dem Teufel wieder den Rücken zu. Dann bestellten die drei Currywurst und Pommes rotweiß. Dem Teufel fielen fast die Augen aus dem Kopf und das Wasser lief ihm im Mund zusammen, als die Teller auf der Theke standen. Er nahm noch einen Schluck Bier und griff dann blitzschnell mit seiner Pranke in die Pommes. Dann schaute er unschuldig in sein Bierglas. Aber der Nachbar musste irgendwas gemerkt haben.

„Boh ey, wat war dattenn? Fottfinger weg!", sagte er erbost und guckte den Teufel warnend an. Dann drehte er sich wieder seinen Kumpeln zu. Erst jetzt stopfte der Teufel sich die Pommes in den Mund. Die drei Freunde wurden immer lauter und vergaßen zwischendurch das Essen, weil sie heftig über Borussia Dortmund diskutierten. „Dat war kein Spiel. Dat war ne Krankheit", hörte der Teufel und „Dat is kein Fußballverein, dat is ne Schweinebande" und „Dat asselige Dusseldier lässt den Ball innet Tor".

Vom Bier bekam der Teufel noch mehr Hunger und als sein Blick wieder auf das Essen fiel, grapschte er sich ein Stück Currywurst mit Soße vom Teller. Gerade als er es mit seinen verschmierten Fingern in den Mund stopfte und ihm die Soße aus dem Maul tropfte, drehte der Kerl sich zu ihm um.

„Mein lieber Kokoschinski, hasse dat gesehen?", sagte er.

„Wat?", fragte der Kumpel.

„Kumma hier! Der klaut sich Stückskes von die Currywurst. Von meine Currywurst."

Jetzt blickten alle drei den Teufel an.

„Samma, wat geht hier ab? Wat is mit dich? Hasse nich mehr alle aufe Pfanne?“, sagte der eine.

„Hömma du! Wenze dat nich sein lässt, krisse eine aufe Zwölf. Da siehse Sternkes. Is dat klar?“, sagte der andere. Aber der Teufel zischte nur durch seine Zähne, machte „Tsssss“ und nahm seinen Schwanz in die Pranke.

„Mamma en Abfluch“, sagte der Dritte. Aber der Teufel reizte weiter, er machte wieder „Tsss, tsss, tsss“ und ließ seinen Schwanz kreisen. Aber bevor es zu einer Schlägerei kam, machte er sich rubbeldiekatz im Schweinsgalopp davon.

Der Heinzel war auf dem Brunnenrand des Bläserbrunnens sofort eingeschlafen und Emma döste vor sich hin. Plötzlich stand Mercur vor den beiden.

Die Krügerpassage am Westenhellweg in Dortmund ist die älteste Passage der Stadt. Sie wurde 1912 erbaut.

„Schnuppert mal an mir. Dufte ich nicht göttlich? Ich war in der Krügerpassage und habe an über hundert Parfümflaschen gerochen. Mit den edelsten Düften habe ich mich dann eingesprüht. Hmm, vielleicht dufte ich jetzt etwas übertrieben?“

„Das kann man so sagen. Man kann aber auch sagen: Du stinkst“, antwortete Emma. „Das ist kein Duft mehr! Das ist eine Stinkwolke, die du mitbringst. Das ist Luftverschmutzung. Duft ist was anderes. Duft ist zart wie ein Hauch. Aber bei deinem Geruch bekommt man keine Luft mehr. Man erstickt.“

„Das tut mir leid. Das haben sie im Juwelengeschäft auch gesagt. Und auch im Uhrengeschäft. Wohl deswegen sind mir die Besucher in der Krüger-Passage auch aus dem Weg gegangen und haben sich die Nase zugehalten“, erzählte Mercur erstaunt und seufzte, „aber diese Düfte sind unwiderstehlich für mich.“

„Was? Welche Düfte? Höllengestank? Schwefelgeruch? Stinkbomben? Pippi, Kacka, Teufelsfürze? Oder meinst du vielleicht Pommesduft und Currywurst?“, lallte plötzlich der Teufel. Er schwankte auf den Brunnenrand zu und ließ sich mit einem Plumps fallen.

„Hier in Dortmund sind die nicht nett. Die werden sofort wütend. Dabei habe ich gar nichts gemacht“, jammerte der Teufel und rieb sich den Kopf.

„Hä? Was ist los?“, fragte der Heinzel, der gerade ein Auge aufgemacht hatte.

„Nichts ist los. Um mich kümmert sich ja keiner. Euch ist alles egal“, jammerte der Teufel weiter.

„Hör auf jetzt!“, sagte Emma streng. „Wir gehen jetzt in den Westfalenpark. Da ist frische Luft. Die kannst du mal in dein Gehirn ‘reinlassen.“ Sie stand auf und machte sich auf den Weg. Der Heinzel trottete verschlafen hinter ihr her. Hinter ihm ging Mercur und zum Schluss der Teufel.

„Du stinkst“, sagte der Heinzel zu Mercur, der sich nicht aus der Ruhe bringen ließ und an sich herumschnupperte. Der Teufel spuckte mal rechts und mal links und hielt seinen Schwanz in der Hand. Von Weitem sahen sie schon den „Florian“, das Glanzstück im Westfalenpark.

Florian

Der Fernsehturm Florian ist ein besonderer Anziehungspunkt im Westfalenpark und schon von Weitem zu sehen. Er ist 220 Meter hoch und wurde 1959 gebaut. In 138 Meter Höhe befindet sich ein Restaurant, das sich zweimal in einer Stunde dreht. Zu ihm führen 738 Stufen nach oben. Man kann sich aber auch mit dem Fahrstuhl in weniger als einer Minute nach oben befördern lassen und von dort die Aussicht genießen.

„Wir fahren mal nach oben und gucken über Dortmund und das Ruhrgebiet. Aber du bleibst unten. Das ist zu hoch für Teufel mit Höhenangst“, bestimmte Emma. Aber der Teufel machte ein solches Theater, dass nichts daraus wurde. Also gingen sie zusammen in den Westfalenpark. Der Heinzel legte sich auf die Wiese und schlief sofort ein. Als Mercur vom Rosarium hörte, wollte er sofort dorthin und Rosenduft schnuppern.

„Hast du immer noch nicht genug davon. Du musst doch Kopfschmerzen haben von den Gerüchen. Deine Nase muss doch völlig verstopft und durcheinander sein. Du musst doch erst mal alle Parfüms herausniesen“, sagte Emma.

Der Westfalenpark

Der Westfalenpark ist ein sehr großer Park mit sechs Eingängen mitten in Dortmund. Er ist ein beliebtes Ausflugs- und Erholungsziel. Auf dem Gelände fand 1959, 1969 und 1991 die Bundesgartenschau statt. Der 70 Hektar große Park bietet für jeden Geschmack etwas: Im Rosarium wachsen mehr als 300 verschiedene Rosensorten. Auf der Seebühne oder am Sonnensegel finden viele Konzerte und Veranstaltungen statt. Besonders beliebt sind das an frühere Zeiten erinnernde Puppentheater und das Polizei-Puppentheater. Einmalig sind das Kochbuchmuseum im Park und das Naturschutzhaus, in dem auch Kinder die Natur erforschen können. Im Spielebogen gibt es Spielplätze und man kann nach Herzenslust spielen, bauen und klettern. Zum Angebot gehören auch ein Bouleplatz, die Parkeisenbahn und ein Sessellift, mit dem 720 Personen in der Stunde fahren können.

„Ich liebe Rosen. Nicht nur den Duft, sondern auch ihre Blütenblätter und die Farben. Über dreihundert verschiedene Rosensorten wachsen im Rosarium! Welche Pracht!“

Der Teufel wollte mit der Parkeisenbahn fahren und sich in der Spiellandschaft umsehen.

„Ich kann mir schon denken, was du da willst. Kleine Kinder ärgern, bis sie weinen. Das hast du in Düsseldorf auch gemacht. Aber pass auf, dass du nicht wieder den Kürzeren ziehst und von einem Vater verprügelt wirst“, sagte Mercur, bevor sie auseinandergingen.

Der Heinzel war bald wieder wach, weil die Hunde auf der Wiese an ihm schnupperten und leckten. Das konnte er überhaupt nicht leiden. Er beschloss, zum Puppentheater zu gehen. Das war im ehemaligen Steinmetzhaus untergebracht. Er war begeistert, als er den Eingang sah. Ein schöner großer Engel saß auf dem Dach des Kassenhäuschens. Natürlich kein lebendiger. Innen war es genauso, wie man sich ein

Puppentheater vorstellt. Mit einer kleinen Bühne, einem roten Vorhang und an den Wänden Sterne, Spiegel und Marionetten. Sogar ein kleines Museum war im Gebäude untergebracht. Bis zur Vorstellung war noch Zeit. Deshalb ging der Heinzel wieder nach draußen zu den Märchenspielen. Er hatte Glück, denn gerade hatte ein Vater einen Euro eingeworfen und schon ging es los mit dem „Märchen vom tapferen Schneiderlein", zu dem sich eine Figur bewegte. Das gefiel dem Heinzel. Dann ging er in das Märchenspiel von der kleinen Hexe. Er war begeistert und zum Schluss klatschte er laut Beifall. Er war vollkommen glücklich und zufrieden.

Sie hatten sich am Florian verabredet und der Teufel war schon da, als der Heinzel ankam. Doch nach dem schönen Puppentheater hatte der Heinzel keine Lust, sich die Horrorgeschichten vom Teufel anzuhören. Er war froh, als Emma und Mercur kamen.

„Ich hab jetzt genug von Dooatmund und von Städten", sagte er.

Sie beschlossen, die Hohensyburg zu besuchen und wie immer waren der Teufel und Mercur sofort weg und der Heinzel und Emma konnten sehen, wie sie dorthin kamen.

„Wir kommen überall hin", sagte Emma und packte den Heinzel an der Hand.

Auf der Hohensyburg

„Du hast gar nicht gesagt, dass die Hohensyburg die Ruine einer Ritterburg ist", beschwerte sich der Heinzel beim Teufel, als sie oben auf dem Syberg angekommen waren.

„Ja und?", sagte der und fuhr fort: „Hier, am Zusammenfluss von Ruhr und Lenne hatten die Sachsen eine Burg errichtet, die Sigiburg. Ihr könnt euch denken, warum gerade hier. Von hier aus hatten sie einen weiten Blick über das Ruhrtal und konnten das ganze Land kontrollieren. Diese Burg hat Karl der Große 775 erobert. Er wollte das gesamte Sachsenland beherrschen und aus den Heiden sollten Christen werden. Die Sachsen sollten getauft werden. Aber sie waren widerspenstig. Ein Jahr später versuchten sie, ihre Burg wieder zurückzuerobern. Aber es gelang ihnen nicht. Die Legende erzählt, dass den Soldaten über der Peterskirche ein flammendes Lichtzeichen erschien. Es hatte die Form eines Schildes. Die Angreifer erschraken fürchterlich und bekamen es

Die Burgruine Hohensyburg mit dem Vincketurm auf dem 240 Meter hohen Syberg.

mit der Angst zu tun. Sie drehten sich um und wollten zurück. Aber sie rannten direkt in die Spieße ihrer eigenen Leute, die hinter ihnen marschierten. So brachten sie sich selbst um, und die Sigiburg blieb in den Händen Karls des Großen. So war das!"

„Sieht man diese Reste der Sigiburg noch?", fragte Emma.

„Hier auf dem Syberg kann man die Reste von drei Burgen aus dem Mittelalter* sehen. Aber frag mich ja nicht aus, welche Reste zu welcher Burg und zu welcher Zeit gehören – keine Ahnung", antwortete der Teufel.

„Ist auch egal. Sieht jedenfalls romantisch aus", meinte der Heinzel. Sie stapften in der Ruine herum und blieben auch an der Gedenkstätte für gefallene Soldaten stehen. Dann gingen sie zum Vincke-Turm, der zwanzig Meter hoch ist und direkt neben der Ruine steht. Vor mehr als hundertfünfzig Jahren wurde er als Aussichtsturm erbaut und nach dem Oberpräsidenten Ludwig Freiherr von Vincke benannt.

„Ich möchte mal gerne auf die Ruhr und die Lenne blicken. Ist das wohl möglich. Oder versperren Bäume und Büsche die Sicht in das weite Land?", fragte Mercur. Aber sein Wunsch konnte erfüllt werden, und sie gingen zur Aussichtsplattform, auf der auch ein Denkmal zu Ehren Kaiser Wilhelms I., mit Nebenstandbildern von Otto von Bismark und Graf von Moltke stand.

„Damals in der Kaiserzeit wurden überall Denkmäler für Wilhelm I. errichtet. Sie zeigten den Kaiser mal auf dem Pferd reitend, mal im Ste-

Blick von der Hohensyburg auf den Zusammenfluss von Ruhr und Lenne.

hen, mal im Sitzen und mal als Büste, das heißt nur den Kopf bis zur Brust. Aber dieses Denkmal hat früher mal anders ausgesehen. Viel gewaltiger.“ Dann gingen sie den Weg wieder zurück und blieben vor einem Wegeplan stehen.

Anblick des Denkmals zu Ehren Kaiser Wilhelms I. vor etwa 70 Jahren.

„Hier gibt es auch einen Minigolfplatz und ein Spielcasino. Da möchte ich mal hin. Zuerst zum Minigolfplatz und danach ins Spielcasino“, sagte der Heinzel. Die anderen hatten nichts dagegen. Aber der Minigolfplatz war geschlossen und so gingen sie zum Spielcasino.

„Ich bin ein Glückspilz. Ich gewinne immer“, sagte der Heinzel und freute sich.

„Glücksspieler landen meistens in der Hölle. Die können nicht aufhören. Sie finden kein Ende. Sie verspielen alles. Sie machen Schulden. Sie machen sich unglücklich und andere auch. Sie sind süchtig“, sagte der Teufel warnend.

„Quatsch. Ich bin nicht süchtig. Ich will nur mal sehen, ob ich immer noch ein Glückspilz bin. Also komm, sei kein Spielverderber“,

überredete der Heinzel den Teufel und die anderen. Aber es wurde nichts daraus. Sie wurden gar nicht hineingelassen. „Vorschriften“, sagte der Mann an der Türe. „Hier muss man ordentlich gekleidet sein. Für Herren sind Hemd, Krawatte und Jackett vorgeschrieben, und Eintritt erst ab achtzehn Jahren. Tut mir leid.“ Dabei guckte er ziemlich von oben herab und sehr eingebildet auf Mercur, den Teufel und den Heinzel. Alle waren enttäuscht. So verließen sie die Hohensyburg, das beliebte Ausflugsziel der Dortmunder.

Die Burgruine Hohensyburg mit dem Kriegerdenkmal für die Toten des Ersten Weltkrieges.*

links: Das Besondere an Schloss Bodelschwingh ist, dass es bis heute noch im privaten Besitz ist. Erbaut wurde es vor etwa 700 Jahren. Im Laufe der vielen Jahrhunderte ist es oft umgebaut worden.

Der Dortmunder Hafen – der größte Binnenhafen Europas

Der Heinzel wollte jetzt unbedingt in den Dortmunder Hafen. „Das ist der größte Binnenhafen Europas“, sagte er.

„Und an welchem Fluss oder Meer soll der Dortmunder Hafen liegen? Hier fließt kein Fluss und hier ist kein Meer“, platzte Mercur aus der Haut. „Ich kenne große Hafenstädte. Ich kenne Genua, Livorno und Neapel in Italien. Ich kenne Marseille in Frankreich und Barcelona in Spanien. Ich kenne London in Großbritannien. Aber vom Dortmunder Hafen habe ich noch nie, nie, nie etwas gehört.“

„Ich auch nicht“, bestätigte Emma. „Ich kenne Hamburg und Bremen an der Nordsee. Und Wismar und Rostock an der Ostsee. Und Amsterdam in den Niederlanden und Antwerpen in Belgien. Aber Dortmund? Nie gehört.“

„Dortmund liegt nicht am Meer wie die anderen Städte. Und trotzdem ist Dortmund durch den Dortmund-Ems-Kanal mit der Nordsee

Haus Dellwig ist das Wasserschloss in Dortmund, das am besten erhalten ist. Seine Grundmauern sind vor 600 bis 700 Jahren entstanden. Früher war es in Besitz der Herren von Dellwig und verschiedener anderer Adelsfamilien. Heute gehört es der Stadt Dortmund.

verbunden und der Dortmunder Hafen ist Ausgangspunkt und Endpunkt des Schifffahrtsweges", klärte der Heinzel auf.

„Wovon redet ihr?", fragte der Teufel. Er langweilte sich. Deshalb fummelte er mal wieder an seinem Schwanz herum, bohrte sich mit den dicken Fingern in den Ohren und in der Nase herum und kratzte sich am Hinterteil.

„Machen wir eine Hafenrundfahrt?", fragte Mercur.

„Nein! In Dortmund gibt es keine Hafenrundfahrten", fauchte der Heinzel gereizt.

„Das glaube ich nicht", mischte sich Emma ein. „In jeder Hafenstadt gibt es auch vernünftige Hafenrundfahrten."

Der Dortmunder Hafen

Der Hafen in Dortmund wurde am 11. August 1899 von Kaiser Wilhelm II. eröffnet. Von hier aus wurden Kohle und Stahl auf dem Dortmund-Ems-Kanal in die ganze Welt geliefert. Bis heute hat sich im Hafen viel verändert. 1989 wurde der Containerhafen eröffnet. Diese Behälter für den Transport haben den Vorteil, dass man sie mit dem Schiff auf Kanälen und Flüssen, mit der Eisenbahn auf der Schiene und mit Lastwagen auf der Straße transportieren kann. Deshalb ist der Dortmunder Hafen heute an das Eisenbahnnetz und an das Straßennetz angeschlossen. Der Hafen ist über alle drei Verkehrswege mit den anderen großen Häfen an der Nordsee verbunden: mit Amsterdam, Rotterdam und Antwerpen. Von Dortmund aus werden Kohle aus anderen Ländern, Baustoffe, Mineralöle*, Eisen, Stahl, Schrott, Zellstoff*, Papier und Container voller Waren in alle Welt geliefert. Im Hafengebiet arbeiten etwa 5 000 Menschen in etwa 160 Firmen. Die Ufer der zehn Hafenbecken sind elf Kilometer lang.

Die Abbildung rechts oben zeigt den westlichen Teil des Dortmunder Hafens.

„Rutsch mir den Buckel runter. Aber ich will keine Hafenrundfahrt machen. Da sieht man nur Schrottberge, Stahl und Baustoffe, Ölfässer und Container. Ist das vielleicht schön? Wir gehen jetzt zum Hafenamt. Zum Alten Hafenamt! Das Gebäude mit dem hohen Turm, der Zeitkugel und der Lanze drauf kann man schon von Weitem erkennen“, bestimmte der Heinzel.

Emma sah das Gebäude zuerst.

„Das sieht aus wie ein Rathaus“, sagte sie.

„Nein“, widersprach der Heinzel. „Rathäuser haben andere Türme. Dieser Turm soll an einen Leuchtturm erinnern, der die einfahrenden Schiffer begrüßt.“

Das Segelschiff „Gorch Fock“ als Modell im Alten Hafenamt.

„Leuchtturm? Habt ihr einmal vom Leuchtturm von Alexandrien gehört? Das war der erste Leuchtturm überhaupt. Der gehörte zu den sieben Weltwundern der Antike. Der war hundertvierunddreißig Meter hoch. Wie hoch ist der Turm vom Alten Hafenamt?“, fragte Mercur.

„Hmm“, grummelte der Heinzel, „ich glaube, ich glaube, ich glaube so etwa, ungefähr ...“

Waschbecken im Alten Hafenamt.

„Du weißt es gar nicht, gib es doch zu“, fuhr der Teufel den Heinzel an.

„Ist das wichtig?“, fragte Emma, die einen Streit zwischen den beiden vermeiden wollte. „Ich schätze, er ist nicht höher als fünfzig Meter. Aber mit Zeitkugel und Fahnenmast.“

„Können wir hineingehen?“, fragte Mercur.

Es war geöffnet und der Eintritt war frei. Sie schritten durch ein schönes farbiges Glasportal und gingen über den Mosaikfußboden mit der Darstellung einer mittelalterlichen Hansekogge* zur Treppe. In der ersten Etage war ein großes Modell des Segelschiffs „Gorch Fock“ ausgestellt.

In einem Raum stand ein riesiges Modell des großen Kanalhafens. Dann blieben sie vor einem altmodischen Handwaschbecken stehen. Darüber war ein Foto mit einer Beschriftung.

Das Alte Hafenamt stammt aus der Zeit Kaiser Wilhelms II. Fast alle Gebäude aus dieser Zeit wurden im Zweiten Weltkrieg zerstört. Deshalb ist das Alte Hafenamt ein besonderes Schmuckstück von Dortmund. Über dem Eingangsportal wacht der römische Gott Neptun, der Gott der Meere und fließenden Gewässer. Unter dem großen Fenster des Turms tragen Delfine die Wappen der Städte Dortmund und Emden.*

„Das Kaiserzimmer zeigt noch heute die alte Einrichtung. Das Waschbecken war in einem Nebenraum installiert", las Emma vor.

Sie wollten nun das Kaiserzimmer sehen. Aber es war für Besucher geschlossen, sagte ihnen der Wärter. „Aber wenn ihr mal heiraten wollt, wird das Zimmer aufgeschlossen."

„Wie schön! Hier heiraten bestimmt die Schiffer ihre Liebste", schwärmte der Heinzel.

„Aber jetzt erzähle ich euch mal eine Geschichte und die hat die Überschrift: ‚Hurra, hurra, der Kaiser, der ist da'. Sie spielt vor etwa hundert Jahren, als es noch einen Kaiser Wilhelm gab. Es war der zweite Kaiser mit dem Namen Wilhelm."

Hurra, hurra, der Kaiser, der ist da …

Im Mittelalter kamen öfter Könige und Kaiser nach Dortmund. Aber die Zeit der bedeutenden Freien Reichs- und Hansestadt* war längst vorüber. Deshalb waren alle stolz, dass Kaiser Wilhelm II. zu Besuch kam.*

Es war am 11. August 1899. Mit einem großen Fest sollten der Dortmund-Ems-Kanal und der Dortmunder Hafen eingeweiht werden. Aus Anlass der Feierlichkeiten wurde das Rathaus renoviert und mit neuen Möbeln ausgestattet. Auch ein Prunkgeschirr für den festlich gedeckten Tisch sollte angeschafft werden. Ein Gästebuch aus Silber, ein vergoldetes Tintenfass mit Federhalter, ein vergoldeter Becher für den Kaiser, weitere vergoldete Becher und Kerzenleuchter kamen für den Empfang hinzu. Es sollte alles so festlich sein, wie bei den Kaiserbesuchen im Mittelalter. Die Stadt wurde mit Blumen und Tannengirlanden geschmückt. Unansehnliche Gebäude verkleidete man mit Brettern und Stoff. Für den Kaiser wurde ein Zelt aufgestellt. Der Besuch war bis auf die Minute geplant und sollte nicht mehr als fünfundvierzig Minuten dauern. Als Wilhelm II. kam, war strahlendes „Kaiserwetter". Die Musik spielte, die Menschen jubelten, winkten mit Blumensträußen und sangen das Lied „Heil Dir im Siegerkranz". Dann sprach der Kaiser: „Heute ist es soweit, die Bauzeit von sieben Jahren ist zu Ende gegangen und das Reich verfügt über eine neue Wasserstraße, deren Bedeutung nicht in Worte zu fassen ist … Dieser neue Kanal eröffnet uns den Weg zur Nordsee, von wo wir unseren Stahl in die ganze Welt verschiffen können …" Danach marschierte der Kaiser mit seinem Gefolge an den fünfundzwanzigtausend Schulkindern vorüber, die die Straßen säumten und jubeln mussten. Das Kaiserzimmer im Hafenamt hatte er gar nicht betreten. Es war ihm zu warm. Bei der Besichtigung der verschiedenen

Fabrikanlagen gefielen ihm die Brückenbauanstalt und die Eisenbahnwaggonfabrik besonders gut. Anschließend wurde er durch die Stadt zum Rathaus gefahren und dort mit Jubel empfangen. Nachdem er noch den Kaiser-Wilhelm-Hain, den Vorläufer des Westfalenparks, besucht hatte, war der Kaiser wieder weg. Er saß im Zug nach Essen und wurde von der Familie Krupp erwartet.

Diese fünfundvierzig Minuten Kaiserbesuch hatten die Stadt einhundertsechzigtausend Mark gekostet. Zu dieser Zeit verdiente ein Bergarbeiter etwa hundert Mark im Monat.
Der Kaiser förderte den Kanalbau. Er war der Überzeugung: „Die Zukunft Deutschlands liegt auf dem Wasser."

„Ich habe die Geschichte gar nicht richtig verstanden", sagte Emma. „Das mit dem Hafen und diesem Dortmund-Ems-Kanal bis zur Nordsee. Das musst du uns mal erklären."

„Ich weiß. Ich erkläre es, wenn wir unsere Fahrt auf Seen, Flüssen und Kanälen machen. Versprochen ist versprochen", antwortete der Heinzel.

„Jetzt muss es aber mal weiter gehen. Ich habe genug vom Dortmunder Hafen. Jetzt ist die nächste Stadt am Hellweg dran und das ist Essen. Verstanden? – Essen wie Trinken!", bestimmte der Teufel.

Mit der Straßenbahn durch Essen

„Wir machen das jetzt mal anders. Wir fahren mit der Kulturlinie 107 vom grünen Essener Süden durch ganz Essen bis nach Gelsenkirchen", sagte Emma. „Wir können an jeder Haltestelle aussteigen und uns was ansehen."

„Das finde ich blöd. Ich komme doch sowieso überall hin. Ich brauche das nicht. Was ist das überhaupt – Kültürlinie?", meckerte der Teufel.

„Emma hat Kultur gesagt. Kulturlinie“, verbesserte Mercur.

„Das Gegenteil von Natür“, sagte Emma.

„Ja, schön! Aber ich weiß jetzt immer noch nicht, was Kultur ist“, beharrte der Teufel.

Die Kulturlinie 107 fährt vom Essener Süden bis nach Gelsenkirchen.

„Natur kommt von *nasci*, das heißt entstehen oder geboren werden. Natur ist eben alles das, was nicht von Menschen geschaffen wurde. Und Kultur ist eben das, was der Mensch hervorbringt, was er gestaltet“, erklärte Mercur.

„Ist Kultür wichtig? Braucht man die?“, fragte der Heinzel.

„Was? So etwas fragst *du*? Der Mensch lebt doch nicht nur von Essen und Trinken und von der Arbeit“, empörte sich Mercur. „Der Mensch braucht auch Musik, Theater, Tanz, Malerei und Bildhauerei und Bücher und alles das.“

„Gerade das Ruhrgebiet setzt auf Kultür. Erneuerung durch Kultür. Das Ruhrgebiet und Essen: Hauptstadt der Kultür 2010. Paletti? Und Essen als Mittelpunkt und Zeichen dafür.“ Emma schnaubte. „Wir machen das jetzt. Wir treffen uns in Essen-Bredeney und steigen beim Kruppwald in die Linie 107 ein. Dann fahren wir eine Station bis Frankstraße und gehen uns die Villa Hügel ansehen. Dann steigen wir wieder ein und fahren weiter bis zur Endhaltestelle in Gelsenkirchen.“

Ein Einfamilienhaus mit 220 Zimmern – die Villa Hügel

Von der Frankstraße gingen sie den Berg hinauf zur Villa, die wunderschön in einem riesigen Park über dem Baldeneysee lag.

„An dieser Villa Hügel von Alfred Krupp kann man sehen, wie reich man im Ruhrgebiet werden konnte“, sagte der Heinzel auf dem Weg. „Die Villa ist ein Einfamilienhaus mit einer Klingel und auf dem Namensschild darunter steht Krupp. Sie hat zweihundertzwanzig Zimmer. Aber ich habe sie natürlich noch nicht gezählt. Im Park vor der Villa steht der Erfinder und Fabrikbesitzer Alfred Krupp in Bronze* gegossen. Er hat von 1812 bis 1887 gelebt. Er wollte ein großes Wohnhaus im Grünen, mit dem er alle be-eindrucken und zeigen konnte, wie viel Macht und Geld er besaß. Vom Keller bis zum Dach hat er alles selbst entworfen.

Alfred Krupp war sehr eigenwillig. Dauernd mischte er sich in die Bauarbeiten ein und brachte die Architekten zur Verzweiflung. Jeden Tag wollte er genauestens wissen, wie die Arbeiten vorangingen. Weil er Angst vor Feuer hatte, musste alles aus nicht brennbarem Material und nach dem neuesten Stand der damaligen Technik gebaut werden. Auch die Heizung. In sein Haus wurde die erste Warmluftheizung der Welt eingebaut. Alfred und seine Familie zogen 1873 in die Villa ein. Die Bauarbeiten sollten schon eineinhalb Jahre früher fertig sein, aber alles hatte sich verzögert, weil er dauernd Sonderwünsche gehabt hatte.

Auch die erste Warmluftheizung der Welt funktionierte nicht richtig. Auf der einen Seite der Villa war es so kalt, dass die Familie dauernd krank war. Im Erdgeschoss aber war es so heiß, dass sich der Holzfußboden wölbte. Mit der Familie waren auch die Bediensteten eingezogen. Zuerst sechsundsechzig Angestellte, später bis zu sechshundertachtundvierzig Mitarbeiter, die für die unterschiedlichsten Aufgaben zuständig waren. Alfred Krupp war streng. Er verlangte von seinen Angestellten Pünktlichkeit, Gehorsam und Bescheidenheit, Reinlichkeit, Ordnungssinn und Verschwiegenheit. Wenn Alfred Krupp mit ihnen zufrieden war, bezahlte er sie gut – wenn nicht, schmiss er sie raus."

Alfred Krupp, der Bauherr der Villa Hügel, lebte von 1812 bis 1887.

Villa Hügel in Essen

Alfred Krupp hat die Villa Hügel als „Stammschloss" für seine Familie von 1870 bis 1873 nach seinen eigenen Entwürfen aus Stahl, Stein und Glas bauen lassen. Er hat sie als „Einfamilienhaus mit 220 Zimmern" eintragen lassen. Die Villa zeugt von Reichtum, aber auch von der wirtschaftlichen Bedeutung der Kruppwerke in der Zeit der Industrialisierung*. Hier empfing Alfred Krupp Könige und Kaiser und alle, die Macht hatten. Die Villa ist mit wertvollen Wandbehängen, reich verzierten Zimmerdecken aus Holz und einer großen Bibliothek ausgestattet. Heute ist die Villa nicht mehr in Familienbesitz. Hier finden regelmäßig Konzerte und Kunstausstellungen statt. Im kleineren Teil der Villa, dem Gästehaus, ist eine Ausstellung über Alfred, seine Familie und die Entwicklung der Firma Krupp zu sehen.

„Dem hätte ich es mal gezeigt. Der baut sich so eine Villa und verlangt von seinen Angestellten Bescheidenheit", regte der Teufel sich auf und spuckte vor der Villa auf den Rasen. „Ich hätte einen stinkenden Teufelsfurz abgelassen, eine wahnsinnige Stinkbombe, so dass die Villa nachher unbewohnbar gewesen wäre. Und dann hätte ich in alle Ecken und auf den feinen Fußboden und die kostbaren Teppiche gespuckt. So hätte ich das gemacht. Und dann hätte ich ‚Auf Wiederseh'n, Herr Krupp' gesagt und hätte mit meinem Schwanz gedroht und wäre ganz stolz an ihm vorbeigegangen."

„Ja, ja", beschwichtigte ihn der Heinzel. „Wir wissen, dass du dir nichts gefallen lässt. Wir gehen jetzt in das ehemalige Gästehaus der Villa und sehen uns die Ausstellung zur Geschichte der Familie und der Firma an. Es wäre nett, wenn du da nicht spucken und auch keine Teufelsfürze loslassen würdest."

In der Ausstellung hörten und sahen sie nichts mehr von ihm, denn jeder sah sich an, was ihm gefiel. Aber bald kam der Teufel angerannt.

„Habt ihr das riesige Gemälde gesehen?", fragte er, aber keiner wusste, was er meinte.

„Im Treppenhaus. Das Bild mit den Teufeln. Das soll die Hölle darstellen. Aber nicht meine Hölle. Damit ist das Stahlwerk von Krupp gemeint. Das ist für die Arbeiter die Hölle, weil sie in dieser fürchterlichen Hitze arbeiten und das glühende Eisen schmieden müssen. So ist das

Alfred Krupp war der Bauherr der Villa Hügel in Essen. Sie ist das „Stammschloss" der Familie Krupp.

Alfred Krupp (1812–1887)

Alfred Krupp wurde 1812 in Essen geboren und ist im Alter von 75 Jahren auch hier gestorben. Alfred Krupp war Fabrikbesitzer und Erfinder. Seinem Vater gehörte eine Fabrik, die einen besonderen Stahl herstellte. Als er starb, war Alfred erst 14 Jahre alt. Er führte die Fabrik weiter, aber ohne großen Erfolg. Erst als in Europa die Eisenbahn entwickelt wurde und überall Lokomotiven gebaut und Schienen verlegt wurden, änderte sich das. Nun wurden schon 60 Männer in der Fabrik gebraucht. Alfreds Leidenschaft waren Waffen und er arbeitete unermüdlich daran, Schusswaffen aus Stahl herzustellen. Aber niemand glaubte so recht daran, dass sie besser als die alten Waffen aus Bronze* seien.

Dann gelang ihm die Erfindung seines Lebens! Er erfand den nahtlosen Radreifen für Eisenbahnräder. Dieser Reifen konnte auch bei hoher Geschwindigkeit nicht mehr brechen. Weil überall in Europa und in Amerika Eisenbahnen gebaut wurden, wollten alle diesen Reifen, der aus einem Stück geschmiedet und gewalzt wurde, haben. Die Nachfrage war riesig. Deshalb beschäftigte die Firma Krupp bald 1 000 Arbeiter im Werk. Alfreds nächste Erfindung war die Hinterlader-Kanone. Aber man traute ihr nicht. Als er dann die Vorderlader-Kanone aus Stahl entwickelte, verkaufte er auf Anhieb 312 Stück. Nun blühte das Geschäft mit den Waffen und Krupp musste sie an viele mächtige Staaten in Europa liefern. Die Kanonen von Krupp waren den anderen überlegen, weil sie doppelt so weit schießen konnten – ein Vorteil, der im Krieg zum Sieg führen konnte. Essen wurde nun auch die „Kanonenstadt“ oder „Waffenschmiede des Reiches“ genannt.

Die nahtlosen Eisenbahnreifen wurden zum Firmenzeichen von Krupp.

Bald wurde die Firma das größte Industrieunternehmen in Europa. Mehr als 10 000 Einwohner von Essen arbeiteten bei Krupp. Alfred Krupp baute Wohnungen für seine Arbeiter und versicherte sie gegen Krankheit. Er gewährte denjenigen, die ihr langes Leben bei Krupp beschäftigt gewesen waren, auch eine Rente. Das war neu. Aber mehr als den Arbeitern war das für Alfred Krupp nützlich, denn die Arbeiter blieben ihm treu und nahmen vieles hin. Nach und nach verlegte sich die Firma Krupp immer mehr auf die Herstellung von Waffen. Im Ersten Weltkrieg* wurden sie massenhaft eingesetzt und führten zu Elend, Not und Verzweiflung. Als Alfred Krupp 1887 starb, hatte seine Firma 20 000 Beschäftigte.

Wie eine eigene Stadt – die Kruppwerke in Essen.

Die Kruppschen Teufel, Gemälde von Heinrich Kley 1911/14. Im Schmelzbau der Gussstahlfabrik veranstalten vier riesenhafte Teufel und zwei Satyrn (ohne Hörner) ein Trinkgelage und berauschen sich dabei mit glühend heißem flüssigen Stahl.*

gemeint. Bei Krupp zu arbeiten war wie die Hölle, hat der Maler sich gedacht. Glaub' ich, denk' ich."

„Das glaube ich nicht. Die Künstler fanden das bestimmt toll, so ein gigantisches Feuer und glühendes Eisen zu malen. Das war doch neu. So was gab's doch früher nicht", entgegnete Emma.

Als sie die Familiengeschichte studiert hatten, verließen sie die Ausstellung und gingen ins Haupthaus. Es waren viele Besucher da. Im vorderen Bereich stand das Wachpersonal. Es achtete darauf, dass die Vorschriften eingehalten wurden. Taschen, Schirme und Fotoapparate mussten abgegeben werden und Hunde durften auch nicht herein. Sie durften noch nicht mal mit in den Park.

„Wir haben keinen Hund", sagte der Teufel zu einem sehr dünnen Wachmann mit langer Nase. „Wir haben auch keinen Fotoapparat und keinen Schirm." Der Wachmann betrachtete ihn erstaunt. Dann ging der

Teufel an ihm vorbei in die Halle. Die anderen kamen hinterher. Plötzlich polterte der Teufel los: „Du hast uns was Falsches gesagt, Heinzel. Ich glaube dir kein Wort mehr. Hier ist alles aus Holz. Die Decke, der Boden, die Wände, die Treppen! Du hast gesagt, Alfred Krupp hätte Angst vor Feuer, ja geradezu Panik davor gehabt und nur mit Stein, Stahl und Glas gebaut. Und jetzt ist hier alles aus Holz!"

Eingangshalle der Villa Hügel.

„Bitte schrei nicht so. Ich erkläre dir alles", versuchte Emma ihn zu beruhigen. „Die schweren Holzdecken und die Wandvertäfelung und das andere sind erst später hier hereingekommen. Da war Alfred Krupp schon längst tot."

Dem langnasigen Wachmann war der Teufel nicht geheuer. Er kam sofort angerannt und sagte: „Schreien ist hier auch nicht erlaubt. Bitte unterlassen sie das, sonst muss ich sie bitten, die Villa zu verlassen."

Das brachte den Teufel in Wut und Emma ahnte schon, dass er kurz davor war auszuflippen. Deshalb nahm sie seine Teufelspranke, zog ihn neben sich her in Richtung Ausgang und sagte zum Wachmann: „Wir haben es uns anders überlegt. Wir gehen lieber im Park spazieren."

„Aber ohne Hund", sagte der Langnasige und stierte dem Teufel hinterher, der es nicht lassen konnte, ihm seine glutrote Zunge herauszustrecken und mit seinem Schwanz zu drohen. Den Park fanden sie nicht sehr interessant und den Baldeneysee konnte man von hier aus auch nicht sehen. Sie stiegen wieder in die Linie 107 und fuhren weiter.

„Mir hat die Villa Krupp nicht gefallen. Für mich ist sie ein klotziger, protziger Koloss. Ohne Leichtigkeit und Eleganz. So etwas hätten wir Römer nicht gebaut“, bemerkte Mercur abschließend. Aber so richtig hörte ihm keiner zu.

„Die Linie 107 hat von Anfang bis Ende zweiundzwanzig Stationen“, sagte Emma.

„Sollen wir etwa an jeder Station aussteigen?“, fragte der Heinzel völlig verschlafen. „Ich hab jetzt erst mal genug von Häusern und von Parks.“

„Aber die nächste Station ist die Florastraße. Da sind der Gruga-Park und die Gruga-Halle“, sagte Emma und guckte auf dem Plan herum. Bis sie sich einig waren, ob sie aussteigen sollten oder nicht, war die Bahn schon weitergefahren.

Gruga-Park Essen

Vor etwa 80 Jahren wurde aus einem Gelände mit Sümpfen, Baustoffgruben, Kohle- und Kartoffellagern und Polizeibaracken einer der schönsten und größten Parks Europas. 1929 wurde er als Große Ruhrländische Gartenschau eröffnet. Daher auch der Name Gruga. Die Ausstellung wurde zu einem großen Erfolg und von zwei Millionen Menschen besucht. Die Gartenausstellung sollte nicht nur eine Zeit lang zu sehen sein, sondern zu einem neuen Volkspark für die Bevölkerung der Stadt werden. Heute bietet der Park so viele Attraktionen, dass man sie gar nicht alle aufzählen kann. Ob Natur-, Pflanzen- oder Kunstliebhaber, Tier- oder Sportsfreund, der Park hat für alle etwas zu bieten. Besonders für die Kinder. Es gibt Spielplätze und ein Partyhaus und man kann reiten, klettern, Rollschuh fahren, am Bogenschießen teilnehmen und vieles mehr.

„Was ist jetzt?“, fragte Emma. „Die nächste Station ist Margarethenhöhe. Da gibt es eine schöne Gartenstadt zu besichtigen.“ Aber der Heinzel schlief, der Teufel pulte an seinem Schwanz und bohrte sich in Ohren und Zähnen herum und Mercur zuckte nur die Schultern, weil er sich unter einer Gartenstadt nichts vorstellen konnte.

Die Gartenstadt Margarethenhöhe

Schon Alfred Krupp wollte, dass seine Arbeiter und Angestellten menschenwürdig wohnten. Er sagte: „Kein Arbeiter soll in so einer Enge leben wie ich als Kind in dem Aufseherhäuschen neben der Fabrikhalle.“ Die Gartenstadt Margarethenhöhe ist nach Margarethe Krupp benannt, der Gattin von Friedrich Alfred Krupp. Als ihre Tochter Bertha heiratete, fasste sie den Entschluss, die „Margarethe-Krupp-Stiftung für Wohnungsfürsorge“ zu gründen. Ihr lagen die Menschen am Herzen, die in den Fabriken von Krupp schwer arbeiten mussten. Die Arbeiter und Angestellten sollten in guten, hellen Wohnungen und einer schönen grünen und gesunden Umgebung leben. Margarethe kaufte ein riesiges Stück Land und stiftete dazu noch viel Geld, um Häuser darauf zu bauen. Der junge Architekt Georg Metzendorf entwarf die Gartenstadt.

Nach seinen Vorstellungen sollten die Häuser nicht alle gleich aussehen. Jedes Haus einzeln zu planen und zu bauen war aber sehr teuer. Deshalb arbeitete er mit einem Trick. Er dachte sich einen Baukasten mit verschiedenen Hausteilen aus, zum Beispiel Gauben, Balkone, Eingänge, Fenster und Dachformen. Diese Teile setzte er unterschiedlich zusammen, sodass jedes Haus sein eigenes Gesicht bekam. Der Mittelpunkt der Siedlung war ein großer Marktplatz. Von 1906 bis 1938 wurden 935 Häuser mit 3 092 Wohnungen gebaut. Dann war die erste deutsche Gartenstadt für menschenfreundliches Wohnen fertig. Noch heute lieben die Bewohner ihre Gartenstadt Margarethenhöhe und hegen und pflegen sie. Es darf auch nichts verändert oder abgerissen werden, denn alles steht unter Denkmalschutz*.

Als der Heinzel aufwachte und zu blinzeln begann, machte Emma ihm Vorwürfe.

„Du wärest besser ausgestiegen und hättest dir die Margarethenhöhe angesehen. Das hätte dir gefallen. Alles blitzeblank sauber, schöne Gärten, einen Marktplatz. Alle halten zusammen, die Kinder können noch auf der Straße spielen – genau das Richtige für Heinzel Männer."

„Wie meinst du das?", fragte der Heinzel.

„Ach, vergiss es", antwortete Emma.

„An der nächsten Haltestelle steigen wir aus", sagte der Teufel plötzlich. Aber als er gefragt wurde, wusste er überhaupt nicht, was es dort zu sehen gab.

„Blödmann", beschimpfte der Heinzel ihn. Doch bevor es zum Streit kam, vertiefte sich Emma in ihren Plan, dann fragte sie den Teufel schnell: „Die Haltestelle heißt Rüttenscheider Stern und da ist das Museum Folkwang. Willst du da hin?"

„Weiß ich doch nicht. Ich weiß doch nicht, was Volkszwang ist", sagte er und spuckte mitten auf die Fensterscheibe.

„Mach das weg!", regte Emma sich auf und der Heinzel beschimpfte ihn: „Altes Teufelsschwein! So was macht man nicht."

Mercur drehte sich angewidert weg und murmelte: „Teufelsbraten, ekeliger, wie kann man nur so schlecht erzogen sein ..."

„Also, Museum – oder nicht", wiederholte Emma.

Die Göttin Freya fährt mit ihrem Karren, der von Katzen gezogen wird. Der Künstler Nils Blommér hat das Gemälde 1852 gemalt.

„Heißt das Museum wirklich Folkwang? Dann hat es nämlich mit der schönsten nordgermanischen Göttin der Liebenden und der Fruchtbarkeit Freya zu tun. Sie ähnelt der Venus des römischen Götterhimmels. Der Hof der Freya wird *Fólkwangr* genannt", überlegte Mercur seufzend.

„Kann man diese schönste Göttin der Liebenden in dem Museum sehen?", fragte der Heinzel interessiert.

„Nein", sagte Emma, „das ist doch ein Museum für moderne Kunst mit einer bedeutenden Kunstsammlung. Da werden Werke von Vincent van Gogh, August Macke und Pablo Picasso und vielen anderen ausgestellt."

Museum Folkwang

Der Gründer des Museum Folkwang ist Karl Ernst Osthaus. Als junger Mann machte er eine große Erbschaft und weil er die Malerei und die Werke der Bildhauer liebte, kaufte er Kunstwerke. Bald hatte er viele Werke von bedeutenden Künstlern in seinem Besitz. Deshalb gründete er 1902 das Folkwang-Museum. Kunstbegeisterte Essener Bürger hatten sich im Folkwang-Museumsverein zusammengeschlossen. Nach dem Tode von Karl Ernst Ostheim kauften sie die Sammlung für die Stadt Essen. Schon bald wurde das Essener Museum zu einem wichtigen Kunstmuseum. Es zeigt in seiner Ausstellung Werke von Cézanne, Gauguin, Kandinsky und Matisse. Sie waren die Wegbereiter zur modernen Kunst.

Daneben sammelt das Museum heute auch zeitgenössische Kunst, Fotografie und Plakate. Weil hier auch große Ausstellungen stattfinden, reicht der Platz nicht mehr aus. Deshalb wird das Museum erweitert.

„Diese ganze Kunst und Wunst will ich überhaupt nicht sehen. Ich steige nicht aus", meckerte der Teufel. Die anderen konnten sich nicht entscheiden und dann war es zu spät, die Bahn fuhr schon wieder an.

„Bei der nächsten Haltestelle brauchen wir gar nicht auszusteigen", sagte Emma. „Die Philharmonie ist noch zu. Das Konzerthaus macht frühestens am Nachmittag auf."

„Schade, gerade da wäre ich jetzt gerne hingegangen. Musik ist doch was Schönes", sagte der Heinzel und summte vor sich hin: „La, la, lalala, lallalallalala und mmmmmmmmm mmm mmmmmm."

„Lass das sein. Du kannst überhaupt nicht singen. Das hört sich schrecklich an", regte sich der Teufel auf.

„Ich liebe aber trotzdem die Musik und singe gerne", entgegnete der Heinzel und machte weiter: „Tärä, tärä, tärätätä, täratäratäratä. Tä, tä, tätätä, tadamtadamtadadam."

Als der Heinzel nicht aufhörte, trat der Teufel ihn mit seinem Pferdefuß vor das Schienbein. Jetzt sang der Heinzel nicht mehr, sondern jammerte. „Auuuuuaua, auaauuuuuuuuuuuuuuua", dröhnte es durch die Bahn. Der Teufel verdrückte sich in den hinteren Teil und blieb an der Türe stehen. Als sie sich an der Haltestelle Bahnhofsvorplatz öffnete, sprang er heraus und war im Nu verschwunden. Die anderen blieben bis zur übernächsten Haltestelle sitzen. Der Heinzel krempelte sich das Hosenbein hoch und untersuchte die Verletzung. Die Haut war abgeschürft und die Wunde brannte. Tapfer schluckte er die Tränen herunter.

Am Porscheplatz stiegen sie aus, so hatte es Emma bestimmt.

„Gut, dass der Teufel weg ist. Der wäre bestimmt nicht mit zur Münsterkirche und in die Schatzkammer gegangen, obwohl er so genau über die mittelalterliche* Geschichte Bescheid weiß", sagte sie, als sie sich vom Bahnhof aus auf den Weg zum Münster an der Kettwiger Straße machten.

Aus der mittelalterlichen Geschichte der Stadt Essen

Die Geschichte der Stadt Essen beginnt damit, dass der Bischof Alfried von Hildesheim um das Jahr 845 ein Stift* für adelige Damen gründete. Von Geburt an waren die Töchter von hohen Adeligen an einen besonders vornehmen Lebensstil gewöhnt. Im Stift lebten sie nun nach bestimmten religiösen Vorstellungen, wurden nach christlichem Glauben erzogen, beteten zusammen und besuchten die heilige Messe. Sie durften das Stift auch wieder verlassen, wenn sie etwa heiraten wollten. Schon bald wurde mit dem Bau einer Kirche begonnen, die 870 vollendet war. Auf ihren Grundmauern wurde der Essener Dom auf dem Burgplatz errichtet.
Durch die gute Lage an der Kreuzung der wichtigen Handelsstraße Hellweg und der Straße nach Köln siedelten sich Bauern, Handwerker und Händler an. Aus dieser Siedlung mit dem Namen *Astnithi* bildete sich nach und nach die spätere Stadt, die 1244 ein eigenes Siegel führen durfte. Im Jahr 1377 verlieh Kaiser Karl IV. der Stadt Essen die Reichsunmittelbarkeit. Das bedeutete, dass sie nur dem Kaiser unterstand und keinem Landesherrn. Die Äbtissinnen* waren die Vorsteherinnen des Stifts. Sie regierten die Stadt und das Stift viele Jahrhunderte (9.–19. Jahrhundert). Sie waren nicht nur fromme Frauen, sondern auch mächtig und reich.

Die Essener Münsterkirche

„Was ist eine Münsterkirche?“, fragte Emma.

„Münster leitet sich vom lateinischen Wort *monasterium* für ein Kloster ab. Ein Münster war ursprünglich eine Kirche, die als Teil eines Klosters gebaut wurde“, erklärte Mercur.

„Das sind Cosmas und Damian“, stellte er fest, als sie vor dem Südportal standen. Er zeigte auf die zwei Figuren. „Sie wurden von uns Römern enthauptet, weil sie Christen waren und auch andere zum Christentum bekehrt hatten. Christen wurden zu dieser Zeit verfolgt und mussten immer mit dem Tode rechnen. Die beiden waren sehr erfolgreiche Ärzte. Deshalb halten sie auch eine Arzneibüchse und ein medizinisches Gerät in den Händen“, erklärte Mercur und wies auf die Erkennungszeichen der Heiligen. Dann durchschritten sie das Portal und standen im Atrium* der Münsterkirche.

Die Legende von Cosmas und Damian

Die Zwillingsbrüder Cosmas und Damian waren Christen und lebten in Kleinasien. Sie waren besonders gute Ärzte und im ganzen Land bekannt. Für ihre Behandlung verlangten sie kein Geld, weil sie sagten, dass allein die Allmacht Gottes über Gesundheit und Krankheit entscheide. Aber durch ihre Heilkunst wurden viele in kurzer Zeit wieder gesund. Die beiden unterstützten arme und hilflose Kranke auch mit Wohltaten und so konnten sie viele Herzen gewinnen und die Menschen zu Christus bekehren. Es wird auch erzählt, dass die beiden Ärzte zusammen mit Engeln einem schlafenden Kranken das böse zerfressene Bein durch ein gesundes ersetzt haben, das sie zuvor einem Verstorbenen abgenommen hatten. Ein missgünstiger und eifersüchtiger Kollege zeigte die Brüder dann wegen ihres christlichen Glaubens an. Sie wurden vor Gericht gestellt und gefoltert, verbrannt, durchlöchert und gesteinigt. Als all das nicht zum Tode führte, wurden sie enthauptet. Bald verbreitete sich die Verehrung Cosmas' und Damians auch bis nach Essen.

Die Heiligen Cosmas und Damian am Südportal des Essener Münsters.

Dort trafen sie auf Herrn Schönstein, der sie freundlich begrüßte. Er war in der Domschatzkammer beschäftigt und konnte ihnen viel erzählen. Er sprach ein bisschen altmodisch und man musste sich erst ein wenig daran gewöhnen.

„Cosmas und Damian waren die Schutzpatrone des Damenstifts* und später auch der Stadt", sagte er, bevor er die Tür zur Münsterkirche öffnete.

„Ich zeige euch die Glanzlichter des Domes. Zuerst den Siebenarmigen Leuchter. Er ist die älteste erhaltene christliche Nachbildung eines jüdischen Tempelleuchters."

Der Siebenarmige Leuchter in der Essener Münsterkirche.

„Werter Herr", begann Mercur höflich, „ich kenne solch einen Leuchter. Er ist auf dem Titusbogen* in Rom dargestellt."

Herr Schönstein blickte verwundert auf. Er hatte nicht damit gerechnet, dass ein römischer Gott einen siebenarmigen Leuchter kennt. Dann las Mercur die lateinische Inschrift am unteren Stamm des Leuchters und übersetzte:

„MATHILD ABBATISSA ME FIERI IUSSIT ET EXPO – Äbtissin Mathilde ließ mich anfertigen und weihte mich Christus."

„Äbtissin* Mathilde lebte von 971 bis 1011. In wenigen Jahren ist ihr tausendster Todestag", bemerkte Herr Schönstein und ging weiter.

Emma hatte gerade die kleinen Tierköpfchen am Leuchter entdeckt, aber sie folgte den anderen, die auf eine Grabplatte zugingen.

„Das ist die Äbtissin Elisabeth von Berg. Sie wurde 1581 geboren und starb 1614 an Röteln und Windpocken. Wie vornehm sie war, zeigen die sechzehn Wappenschilde ihrer Vorfahren auf der Grabplatte. Elisabeth war todunglücklich verliebt. Ihr Liebster war Floris. Aber er entschied sich für ihre Schwester Katharina und heiratete sie. Da war Elisabeth zwanzig Jahre alt und schrieb an Floris: ‚Wenn ich daran denke, so tut mir das Herz weh. Wie viele Tränen habe ich vergossen ... Doch ich muss es alleine im Herzen tragen ...' Vielleicht trat sie aus Liebeskummer in das Essener Stift ein, in dem reiche Frauen in einer Gemeinschaft lebten. Nach einigen Jahren wurde sie zur Äbtissin gewählt und durfte den Titel Reichsfürstin tragen. Obwohl sie nun eine mächtige Frau war, konnte sie ihren Floris

nicht vergessen und schrieb ihm weiter Liebesbriefe. ‚Vergiss mich nicht und schreibe mir, dass ich die Liebste bin', war in einem Brief zu lesen. In ihrem letzten Brief schrieb sie ‚Floris, Flori, mein süßer Mann, ... hab mich doch lieb ...'"

„Hat Floris sie erhört", fragte der Heinzel, dem die Tränen in den Augen standen.

„Nein. Es gab kein Happy End. Er war doch glücklich mit Katharina verheiratet."

„Wie schade. Wie traurig", sagte der Heinzel und wischte sich eine Träne weg.

„Man schreibt einem verheirateten Mann doch nicht dauernd Liebesbriefe. Irgendwann muss man einsehen, dass die eigene Liebe nicht erwidert wird", sagte Emma sehr vernünftig.

Dann gingen sie mit Herrn Schönstein zur Goldenen Madonna, dem kostbarsten Stück im Dom.

„Die Goldene Madonna ist die älteste Marienfigur der Welt", sagte er stolz. „Sie ist ‚Essen sein Schatz', so sagen die Leute."

Grabplatte der Äbtissin Elisabeth von Berg in der Essener Münsterkirche.

Die Goldene Madonna – „Essen sein Schatz"

Die älteste bekannte Marienfigur der Welt ist die Goldene Madonna in Essen. Sie wurde um 990, in der Regierungszeit der Essener Äbtissin* Mathilde II., von einem unbekannten Auftraggeber gestiftet. Mathilde II. war eine Enkelin von Kaiser Otto dem Großen. Die Goldene Madonna ist 74 Zentimeter hoch und 18,5 Kilogramm schwer. Ihr goldenes Kleid ist aus 116 Goldblechen zusammengesetzt und auf einem Kern aus Holz befestigt. Ihre strahlenden Augen bestehen aus blauem Emaille. Früher wurde sie an besonderen Festtagen in Umzügen mitgeführt und mit der kleinen goldenen Lilienkrone, der sogenannten Kinderkrone Ottos III., geschmückt. Sie ist heute in der Domschatzkammer ausgestellt.

Die Teufelssäule im Essener Münster.

Dann zeigte Herr Schönstein ihnen noch die Teufelssäule. „Diese Marmorsäule hat einen Riss und daran soll der Sage nach der Teufel persönlich schuld sein. Aber das müsst ihr nicht glauben. Man wollte sie für eine Zeit an einen anderen Ort stellen und bei dieser Aktion ist sie zerbrochen."

Die Sage von der Teufelssäule

Als die Äbtissin Ida vor mehr als tausend Jahren in Rom beim Papst war, entdeckte sie diese Säule und wollte sie gerne in ihrer Kirche in Essen aufstellen. Sie war sehr glücklich, als der Papst sie ihr schenkte. Aber wie sollte sie dieses schwere Ungetüm nach Essen bringen? Wie sollte man damit die Alpen überqueren? Das war unmöglich. Da bot sich der Teufel an. Er wollte sie nach Essen tragen, bevor die Glocken am Dreikönigstage läuteten. Als Lohn wollte er die Seele der Äbtissin.

Auf der Rückreise quälten Ida schlimme Gedanken. Wie konnte sie nur so einen Handel eingehen! Als sie zu Hause war, erzählte sie alles den Stiftsdamen. Diese waren zwar entsetzt, aber sie hatten eine Idee. Am Dreikönigstag ließen sie die Glocken zehn Minuten früher läuten. Als der Teufel mit der Säule unter dem Arm erschien, glaubte er, er wäre zu spät gekommen. Vor Wut knallte er die Säule vor die Kirche und dabei zerbrach sie. Die Seele der Äbtissin aber war gerettet.

Nun führte Herr Schönstein sie in die Domschatzkammer. Hier wurden die Schätze der frommen Frauen zur Schau gestellt. Es glitzerte und funkelte. Die bis zu tausend Jahre alten Kunstwerke der Goldschmiede waren sicher hinter Glas ausgestellt: Kreuze, Kelche, Buchdeckel, Broschen, Behältnisse für das heilige Brot und die Reliquien* von Heiligen. Niemand von ihnen hätte gedacht, dass die Stiftsdamen in Essen solche einzigartigen Kostbarkeiten in ihren Mauern aufbewahrten. Emma blieb vor einem silbernen Behältnis stehen. Das Gehäuse war dreigeteilt. In der Mitte waren, wie in zwei runden Bilderrahmen, zwei Zettelchen zu sehen. Auf dem oberen stand Damian, auf dem unteren Cosmas. Rechts und links daneben waren röhrenförmige Glasbehälter, in denen Knochen steckten, die oben, unten und in der Mitte mit zarten Stickereien aus Silberfäden umfasst waren.

„Das sind Gebeine von Cosmas und Damian. Sie wurden in einem solchen Ziergefäß angeschaut und verehrt", sagte Herr Schönstein. „Aber jetzt zeige ich euch die wunderbarsten Schätze." Er blieb vor einer hohen Vitrine stehen, in der eine kleine Krone und ein Schwert ausgestellt waren. „Diese kleine Lilienkrone ist bekannt als Kinderkrone. Mit ihr soll der dreijährige Otto III. im Jahre 983 in Aachen zum König des Römischen Reiches deutscher Nation gekrönt worden sein. Später kam sie als Geschenk an das Frauenstift in Essen."

Die „Kinderkrone" besteht aus einem Goldreif, auf den vier Lilien gesetzt sind. Sie ist mit Golddrähten, Perlen und Edelsteinen besetzt. Besonders kostbar sind der Saphir in einer dreieckigen Fassung an der Vorderseite und der rote Edelstein, der noch aus römischer Zeit stammt.

„Ist das wahr?", fragte Emma.

„Na ja. Niemand kann es beweisen. Manche sagen, dass die Krone erst später von einem Goldschmied hergestellt wurde."

„Und das Schwert?", fragte der Heinzel.

Schloss Borbeck

Das Wasserschloss Borbeck war früher der Besitz der Essener Äbtissinnen*. Im Sommer residierten sie nicht im Stift* in Essen, sondern hier in ländlicher Umgebung. Die Geschichte des Schlosses ist eng mit der Geschichte der Stadt verbunden, weil die Äbtissinnen nicht nur geistliche, sondern auch weltliche Herrschaft ausübten. Das heutige Schloss ist etwa 350 Jahre alt und im Barockstil* erbaut. Aber schon viele hundert Jahre vorher stand hier ein festes Haus oder eine Burg und seit etwa 700 bis 800 Jahren bauten die frommen Frauen von Essen immer wieder daran und veränderten das Schloss im Stil der Zeit.

Heute gehört das Schloss der Stadt Essen. Es steht ihren Bürgern offen, die hier Veranstaltungen besuchen oder auch heiraten können. Heute darf man ohne Eintritt im Schlosspark spazieren gehen, joggen und picknicken. Früher musste man Eintritt bezahlen.

„Dieses Schwert ist von großer Bedeutung. Es ist sogar Teil des Stadtwappens. Es ist über tausend Jahre alt. Die Schwertscheide besteht aus Holz, das mit reich verzierten Goldplatten bedeckt wurde. Vielleicht kam das Schwert zur Zeit der Äbtissin Mathilde zu den vornehmen Frauen nach Essen. Mathilde war die Enkelin Kaiser Ottos des Großen, und es könnte sein Schwert gewesen sein. Aber das weiß man nicht so genau. Solche Prunkschwerter galten im Mittelalter* als Zeichen der Herrschaft, deshalb ließ sich der Kaiser das Reichsschwert vorantragen. Diesen Brauch haben auch die Äbtissinnen übernommen. Andere haben gesagt, dass mit diesem Schwert Cosmas und Damian enthauptet wurden. Aber ob das stimmt? Niemand weiß es genau."

Nun verabschiedete sich Herr Schönstein und Mercur, Emma und der Heinzel verließen die Domschatzkammer und machten sich auf den Rückweg zum Bahnhof.

Deutschlands größtes Kino – die Lichtburg in Essen

Die Lichtburg in Essen hat 1 250 Plätze und ist das größte Kino in Deutschland. Als es 1928 gebaut wurde, hatte es sogar 1 990 Plätze. Nachdem es im Zweiten Weltkrieg* zerstört worden war, wurde es perfekt wieder aufgebaut. Am Haus der Lichtburg ist eine Erinnerungstafel angebracht. Darauf wird erzählt, dass der Besitzer Karl Wolfssohn zur Zeit des Nationalsozialismus* gezwungen wurde, das Kino weit unter seinem Wert zu verkaufen, weil er Jude war. Juden* wurden zu dieser Zeit ausgegrenzt und später verfolgt und ermordet. Karl Wolfssohn hatte Angst um sein Leben und flüchtete nach Palästina, dem heutigen Israel. Dort überlebte er und kehrte nach dem Ende des Nazi-Terrors zurück und kämpfte um eine gerechte Entschädigung für seinen Verlust. Aber noch bevor das Gericht darüber entschied, starb er. Er hat nicht mehr erlebt, dass das Unrecht der Nationalsozialisten wiedergutgemacht wurde.

Sie kamen an der Lichtburg vorbei, dem größten Kino Deutschlands. Im Eingang lag ein roter Teppich, auf dem man zum Kartenhäuschen ging. Und wer stand auf diesem roten Teppich? Der kratzige Geselle mit den Teufelsohren, dem langen Schwanz und dem Pferdefuß.

„Ich war im Kino. Ich habe auf dem roten Sessel gesessen und eine Riesentüte Popcorn gegessen – und jetzt ist mir schlecht. Ich bin froh, dass ihr wieder da seid. Aber wenn ihr nicht in den blöden Dingsdabumsda, in diesen blöden ... gegangen wäret, wäre ich auch nicht ins Kino gegangen und hätte kein Popcorn gegessen. Ihr seid schuld, dass mir so schlecht ist. Ich hätte beinahe auf die Sitze gekotzt. Aber ich konnte gerade noch nach draußen. Wo gehen wir jetzt hin?", jammerte der Teufel den dreien vor.

„Das geschieht dir recht. Ich will hoffen, dass es dir noch viel schlechter geht und dass du dich grün und blau kotzt. Und dass du so nach Kotze stinkst, dass dich keiner mehr riechen kann", erwiderte der Heinzel boshaft, der sich damit für den Tritt rächte. Mercur waren solche Reden peinlich und er hielt Abstand zu den beiden.

Als sie wieder in der Linie 107 saßen, fiel Emma ein, dass sie die Alte Synagoge* in Essen nicht besucht hatten, die größte frei stehende Synagoge nördlich der Alpen. Heute ist sie jedoch kein jüdisches Gotteshaus mehr, sondern eine Gedenkstätte und ein Begegnungszentrum.

Die Alte Synagoge in Essen

Die Essener Synagoge* wurde 1913 feierlich eingeweiht. Sie sollte ein Zeichen für die Anerkennung der Juden* in Deutschland zur Zeit des Kaiserreichs sein. In dem großen Hauptraum, der von einer Kuppel* überspannt wurde, konnten 1 500 Gläubige Platz finden. Wie fast alle jüdischen Gotteshäuser, wurde sie am 9. November 1938 von den Nationalsozialisten* in Brand gesetzt und im Innern schwer beschädigt. Noch lange Zeit nach dem Zweiten Weltkrieg* stand die Synagoge als Ruine in der Stadt, bis sie zu einem Ausstellungsraum hergerichtet wurde. Man riss den Toraschrein*, in dem die Torarollen* aufbewahrt wurden, heraus, zog eine niedrige Decke unter die Kuppel und überstrich sämtliche Mosaike und Verzierungen. Heute ist sie nach einem Brand im Innern etwa so wiederhergestellt, wie sie einst gewesen ist. Sie dient als Begegnungszentrum und Gedenkstätte.

Das Fördergerüst von Schacht XII der Zeche Zollverein ist 55 Meter hoch und aus Stahl geschweißt. Es ist zum Zeichen für das neue Ruhrgebiet geworden.

„Wir steigen an der Haltestelle Zollverein aus und gehen zur Kohlenwäsche* der Zeche Zollverein. Da sind das Besucherzentrum und das Ruhr Museum untergebracht", sagte Emma, aber nur Mercur hörte zu. Der Heinzel war eingeschlafen und der Teufel hatte die Finger in den Ohren und bohrte mal wieder.

Welterbe Zollverein

„Wohin gehen wir jetzt?", fragte der Teufel.

„Zum Eiffelturm des Ruhrgebiets", antwortete Emma.

„Was soll das denn sein?"

„Kenn ich auch nicht", sagte der Heinzel.

„Dann wartet ab, bis wir da sind."

Von der Haltestelle aus gingen sie geradewegs auf das Welterbe Zollverein zu.

„Meinst du den mickrigen Turm da hinten", fragte der Teufel spöttisch. „Der ist doch höchstens fünfzig bis sechzig Meter hoch. Da kann ich ja nur lachen."

„Stimmt", bemerkte der Heinzel. „Das würde ich auch sagen. Der Eiffelturm ist dreihundert Meter hoch. Das ist ja eine Frechheit, den damit zu vergleichen."

„Man muss das doch nicht so genau nehmen. Sie sind doch beide aus Stahl. Und sie sind Wahrzeichen."

„Gehörte das alles zur Zeche Zollverein, was wir hier sehen?", fragte Mercur.

„Alles. Und noch viel mehr, was wir von hier aus gar nicht sehen können. Das Gelände ist ja riesig groß. Ganz weit da hinten ist noch die riesige Kokerei Zollverein, in der aus der Kohle Koks gewonnen wurde. Aber jetzt gehen wir mal zur Kohlenwäsche. Da ist das Besucherzentrum. Da kann man Eintrittskarten kaufen und sich informieren", sagte Emma.

Zeche und Kokerei Zollverein

Welterbe der Unesco

Unesco ist die Organisation der Vereinten Nationen für Erziehung, Wissenschaft und Kultur, die ihren Sitz in Paris hat. Mitglieder dieser Organisation sind 193 Staaten. Sie verpflichten sich, die anerkannten Kultur- und Naturdenkmäler zu schützen und zu erhalten. Im Jahr 2001 wurden die Zechen und die Kokerei Zollverein in Essen zur Welterbestätte erklärt.

Die Zeche Zollverein auf einer Luftaufnahme, die um 1970 entstand. Rechts oben sieht man den Förderturm von Schacht 12.

Die Zeche Zollverein in Essen

Franz Haniel kaufte 1847 im Norden von Essen 13 Grubenfelder und nannte sie „Zollverein“. Dieser Name sollte für den Fortschritt stehen. Die Zeche wurde schnell größer und förderte immer mehr Kohle. Deshalb wurde neben der alten Zeche zwischen 1928 und 1932 die neue Zeche Zollverein mit 20 Gebäuden gebaut. Sie war die modernste, größte und schönste Zechenanlage der Welt. Die Architekten waren Fritz Schupp und Martin Kremmer. Sie entwarfen die Zeche nach den neuen Vorstellung des Bauens: modern, klar, streng, geometrisch und symmetrisch. Für die Architekten kamen nur vier Materialien in Frage: roter Stahl, Ziegelsteine, Drahtglas und Beton. Die verschiedenen Gebäude wurden wie Fachwerkhäuser errichtet, aber nicht aus Holz und Lehm, sondern aus Stahl und Ziegeln. In der modernen Zeche Zollverein wurde nun viermal so viel Kohle gefördert wie in anderen Zechen: jeden Tag 12 000 Tonnen und später sogar noch mehr. Eine unvorstellbare Menge, so viel wie etwa 12 000 Autos wiegen, denn ein Auto wiegt etwa eine Tonne, das sind 1 000 Kilogramm. Bis 1986 arbeiteten hier bis zu 9 000 Kumpel*. Dann wurde die Zeche stillgelegt und man wollte sie abreißen. Sie ist hässlich, sagte man und wollte lieber einen Schuttabladeplatz auf dem Gelände einrichten. Aber das Land Nordrhein-Westfalen stellte alle Gebäude unter Denkmalschutz* und sie mussten erhalten bleiben. Nun wurden die Gebäude für Veranstaltungen, als Kunstateliers, Werkstätten und vieles mehr genutzt. 2001 wurde die Zeche und Kokerei zur Welterbestätte erklärt, weil sie ein eindrucksvolles Beispiel für die Entwicklung des Bergbaus in Europa darstellt. Solch ein Denkmal ist einmalig in der Welt.

Die Werkstatthallen links und rechts und auch das Kesselhaus im Hintergrund sind streng geometrisch gebaut. Im Kesselhaus zeigt das red dot (roter Punkt) design museum seine Sammlung von besonders schön geformten Alltagsdingen wie Autos, Bohrmaschinen, Radios oder Zahnbürsten. Die 1 000 ausgestellten Produkte aus aller Welt wurden für ihre besonders schöne Form sogar ausgezeichnet.

Sie gingen an den Hallen, am Schacht* und an den Kesselhäusern vorbei und standen nun vor einer achtundfünfzig Meter langen Rolltreppe. Sie führte mitten in die Kohlenwäsche.

„Was ist das für ein Folterteil", schrie der Teufel los. „Die Treppe bewegt sich. Die fährt nach oben. Das macht mir Angst. Da kommt mir der Schweiß und die Knie zittern schon und mein Herz pocht wie ein Hammer. Ihr seid das schuld. Ihr seid nur hierher gegangen, damit ich einen solchen Angstzustand bekomme. Das macht ihr mit Absicht. Das ist gemein."

„Bleib hier unten und warte auf uns. Wir kommen bald wieder", sagte Emma.

Aber der Teufel wollte nicht alleine auf dem riesigen Gelände von Zollverein stehen und warten. Und sich so lange langweilen. Das war ja nun wirklich nicht schön und keiner wusste, wie lange das in der Kohlenwäsche und in den Kohlebunkern dauern würde.

Rolltreppe zum Besucherzentrum in der Zeche Zollverein.

„Willst du nicht doch mitgehen?", fragte Emma. „Das Besucherzentrum liegt doch in nur vierundzwanzig Metern Höhe. Und wenn du die Rolltreppe geschafft hast, brauchst du auch keine Angst mehr zu haben."

„Ganz sicher?" Der Teufel schluckte, dann fasste er sich ein Herz. Seine Zähne klapperten aufeinander. Aber schon stand er mit Emma, Mercur und dem Heinzel auf der Rolltreppe, die so rot beleuchtet war wie glühende Kohle oder glühendes Eisen.

Sie kamen in das Besucherzentrum.

„Das hatte ich mir anders vorgestellt. Schöner, moderner und sauberer. Hier ist ja noch der Dreck an den Wänden und der Staub liegt auf dem Zementfußboden. Und dieser Wirrwarr aus Rohren, Trichtern und Leitungen", sagte der Heinzel enttäuscht.

„Man hat halt nicht so viel verändert. Man hat nach Möglichkeit alles so belassen, wie es mal war, weil die Kohlenwäsche und die ganze Zeche ein Denkmal ist – deshalb. Die Kohlenwäsche war wie eine riesige Maschine, alles ging automatisch. Hier sind kaum Menschen rumgelaufen, als die Maschinen noch liefen", erklärte Emma.

„Ich verstehe überhaupt nicht, was Kohlenwäsche überhaupt sein soll. Werden die Kohlen mit Wasser und Seife geschrubbt? Sind sie danach weiß und sauber? – Oder was?", fragte der Teufel.

„Hör zu", sagte Emma. „Die Bergleute haben unter der Erde die Kohle abgebaut. Dann wurde sie in Wagen gefüllt und nach oben, über die Erde, transportiert", sagte Emma. Aber der Teufel hörte überhaupt nicht zu. Er glotzte überall herum, streckte anderen Besuchern die Zunge heraus und ließ seinen Schwanz kreisen. Plötzlich donnerte er mal wieder so heftig mit seinem Pferdefuß auf den Zementfußboden, dass eine Staubwolke hochstieg. Einige Besucher erschreckten sich zu Tode und starrten den Teufel wütend an.

„Du sollst zuhören", sagte Emma streng. „Also, die Kohle war über der Erde. Es kam aber nicht nur Kohle an, sondern auch anderes Gestein, das dazwischen geraten war und das man nicht gebrauchen konnte. Alles wurde auf schrägen Förderbändern weiter nach oben in die Kohlenwäsche transportiert. Hier wurden Kohle und Gestein getrennt. Das war einfach. Im sprudelnden Wasser trieben die Kohlestücke nach oben und die schweren Gesteinsteilchen sanken auf den Boden. Kohle ist etwas leichter als Gestein. Die Kohle wurde auch noch nach Größe sortiert. Das ging alles automatisch und von oben nach unten über viele Wasserbehälter und Siebe. Für den Verkauf musste die Kohle jetzt nur noch getrocknet werden."

Heute kann man im Café Getränke und kleine Snacks kaufen. Früher war hier das Labor der Kohlenwäsche.*

„Aha. Das habe ich verstanden. Es war bestimmt laut hier in der Kohlenwaschmaschine, wenn Kohle und Gestein so herumrumpeln. Und dunkel und dreckig und kohlig in der Luft. Ein bisschen wie in der Hölle. Habe ich recht?", fragte der Teufel.

„Kann schon sein", sagte Emma. „Aber das hier war ein technisches Wunderwerk. Früher mussten die Jungens, die noch nicht alt genug waren, um unter der Erde zu arbeiten, alles ohne Handschuhe mit den Händen sortieren. Und das Band lief unerbittlich weiter. Das war eine schreckliche Arbeit. Aber hier auf Zollverein ging das alles vollautomatisch."

„Woher weißt du das alles?", fragte Mercur beeindruckt.

Die Kohle auf ihrem Weg vom Schacht zur Wipperhalle.

„Ich habe das gelesen. Aber mehr weiß ich jetzt auch nicht. Wir sollten jetzt eine Führung mitmachen. Hier darf man nicht überall alleine rumlaufen", antwortete sie.

Der Teufel war mal wieder verschwunden. Er stand beim Kiosk an einem Stehtisch, auf dem ein Topf mit Pflanzen stand.

„Komm, es geht los", rief der Heinzel, als genügend Teilnehmer für die Führung versammelt waren. Dann gingen sie auf dem Museumspfad den Spuren der Kohle vom Schacht zur Kohlenwäsche nach. Hier waren die Schienen und Förderbänder so belassen, wie es früher gewesen war. Auch die Kohlenwagen standen noch herum. Damit man es sich noch besser vorstellen konnte, wurden auch Bilder, Modelle und Werkzeuge ausgestellt.

„Die Wagen quietschten und rumpelten über die Schienen, donnerten gegeneinander und machten einen Höllenlärm. An diesem Arbeitsplatz hielt es keiner lange aus. Hier wurde man taub durch den Lärm und die Luft war angefüllt mit Kohlen- und Steinstaub. Durch den Steinstaub wurde man lungenkrank. Etwa alle zwanzig Sekunden kam ein Wagen voll mit Kohle an und musste ausgekippt und zum Schacht zu-

Der Weg der Kohle auf der Zeche Zollverein.

Die Werkzeuge des Bergmanns sind zu Ausstellungsstücken geworden.

rückgeführt werden. Auf Förderbändern gelangte die Kohle dann zur weiteren Verarbeitung", wurde ihnen erklärt.

Sie stiegen bis auf das Dach hinauf. Natürlich ohne den Teufel, denn der hätte in siebenunddreißig Meter Höhe wieder Angstschweiß und Herzrasen bekommen. Von hier oben aus hatten sie einen weiten Rundblick, sogar bis zum Gasometer in Oberhausen.

Dann stiegen sie ins Ruhr Museum hinunter. Treppen führten in die früheren Kohlebunker. Sie waren mit Leuchtbändern versehen und tauchten das große Treppenhaus in ein Licht wie glühende Kohle oder glühender Stahl, ähnlich wie draußen auf der Rolltreppe. Alles leuchtete in Gelborange, von oben bis in die Tiefe der Bunker. Im Ruhr Museum ging jeder wieder seiner eigenen Wege. Mercur verschwand in der Abteilung Vor- und Frühgeschichte, der Teufel interessierte sich für die Erdgeschichte, der Heinzel für die Industriegeschichte und Emma blieb in der Gegenwart des Ruhrgebiets. Sie trafen sich erst beim Verlassen der Kohlenwäsche auf der längsten Außenrolltreppe Deutschlands wieder.

„Das war sehr geheimnisvoll. Das war zum Staunen. Das war höchst interessant. Und es war schön. So etwas habe ich noch nie gesehen, so etwas ist bestimmt einmalig auf der Welt", schwärmte Merkur.

Ruhr Museum

Im neuen Museum in der Kohlenwäsche* der Zeche Zollverein wird die Geschichte des gesamten Ruhrgebiets von der Urgeschichte bis zur Gegenwart gezeigt. Zu den Themen gehören die Erdgeschichte und die langen Jahrhunderte vor dem Industriezeitalter. Nach der Zeit von Kohle, Stahl und Eisen entfaltet sich das neue Ruhrgebiet. Die Metropole Ruhr zeigt sich im Wandel zum zeitgemäßen Zentrum für Kultur und Dienstleistung. Die Ausstellung ist sehr modern gestaltet und man kommt aus dem Staunen nicht mehr heraus. Wer das Ruhrgebiet kennen lernen will, sollte unbedingt das Museum besuchen.

Das Modell aus Bronze zeigt das Gelände der Zeche und Kokerei Zollverein. Der Finger zeigt auf die Kohlenwäsche.*

Kokerei Zollverein

Zum Welterbe gehört auch die Kokerei Zollverein. Sie wurde von 1957 bis 1961 erbaut und 1993 stillgelegt. Es war die größte und modernste Anlage der Welt. Bei Tag und bei Nacht arbeiteten hier 1 000 Menschen und produzierten jeden Tag 5 000 Tonnen Koks, der zur Herstellung von Eisen und Stahl gebraucht wurde. Nach der Schließung sollte die gesamte Anlage verkauft werden. Chinesische Arbeiter sollten diesen gewaltigen Koloss Stück für Stück abbauen und in China wieder aufbauen. Aber man wurde sich trotz langer Verhandlungen nicht einig. Abreißen sagten viele. Erhalten sagten andere. Heute steht die Kokerei unter Denkmalschutz* und wird für Kunst, Kultur und Gewerbe benutzt. Im Sommer tummeln sich die Besucher im Schwimmbad, einem Pool aus zwei aneinandergeschweißten Überseecontainern, auf dem Dach und im Winter kann man für vier Wochen auf der 150 Meter langen Eisbahn vor der Kokerei Schlittschuh laufen.

Nun gingen sie in den Zollverein-Park, ein kleine Wildnis. Als die Zeit der Kohle vorbei war, kümmerte sich niemand um das Gelände. Man vergaß es einfach. Es wurde zu Niemandsland. Kaum ein Mensch kam hierhin zurück, nur die Natur. Birken und Büsche, Farne, Moose und Gräser wurzelten und langsam wuchs ein grüner Teppich. Heute

Putzfimmel und Waschzwang – der immerwährende Kampf gegen den Dreck

Anne war ein Ruhrgebietskind. Als sie vor sechzig Jahren geboren wurde, hatten alle in der Familie etwas mit dem Bergbau zu tun. Entweder unter Tage oder über Tage. Ihr Großvater war bei einem Grubenunglück zu Tode gekommen und die Oma musste von einer bescheidenen Rente leben. Anne lebte mit ihrem Bruder, ihren Eltern und der Oma in einer kleinen Wohnung auf dem dritten Stock. Ein Kinderzimmer gab es nicht, nur eine winzige Spielecke. In meiner Kindheit war alles grau, sagt Anne. Der Himmel, die Luft, die Straßen, die Häuser, die Wohnungen und auch die Menschen. Sie waren voller Angst und Feindschaft. Die Luft war voll von kleinen Rußpartikeln. Jeden Tag gab es den Kampf gegen Staub und Dreck. Die Oma prüfte die Windrichtung, bevor sie die Wäsche auf dem kleinen Hof zum Trocknen aufhängte. Eine weiße Bluse konnte Anne nur bis zum Abend tragen. Dann war sie grau und schmutzig. Wer im Ruhrgebiet niesen muss, findet nachher einen Brikett im Taschentuch, sagte die Oma, weil der Kohlestaub sich in den Schleimhäuten festsetzte und mit dem Schneuzen und Niesen herauskam. Wasch dir die Hände – diese Mahnung hörte Anne unentwegt. Wenn sie vom Spielen kam oder aus der Schule, wenn sie auf die Klingel gedrückt oder das Treppengeländer im Hausflur angefasst hatte. Annes Mutter und ihre Oma hatten immer einen Lappen in der Hand, mit dem sie ständig alles abwischten. Ständig wurden die Fenster geputzt, denn trotz der dreckigen Luft sollte zu Hause alles sauber sein.

Der schwarze Kohlendreck und -staub in der Luft waren normal, bis man wissen wollte, wie viel Kohle sich in Staub auflöst, in die Luft entweicht und dadurch verloren geht. Auf einmal interessierten sich alle für den feinen Kohlestaub aus Kraftwerken, Kokereien und Stahlwerken in der Luft über dem Ruhrgebiet – und waren entsetzt über die Menge. Nun versprachen die Politiker den Menschen den blauen Himmel über der Ruhr, ohne Dreck und Staub. Eines Tages wurde der Himmel im Ruhrgebiet wirklich wieder blau, weil immer mehr Zechen, Kokereien und Stahlwerke stillgelegt wurden und verschwanden. Heute ist alles anders, sagt Anne. Der Himmel ist blau und das Ruhrgebiet ist grün. Ich erkenne das Ruhrgebiet meiner Kinderzeit nicht wieder.

ist der Zollverein-Park ein verwildertes Paradies zum Toben und Spielen, zum Staunen und Ausprobieren.

Die vier erkundeten den Stellwerksgarten mit Beeten, der ein „grünes Klassenzimmer“ ist, das Märchenlabyrinth, den Kohlegarten mit Kletterwand und Bühne und vieles mehr. Sie erfuhren, dass bald auch der Fuß- und Radweg mit Schildern und Hinweistafeln fertig wird.

„Sollen wir zur Kokerei gehen?“, fragte Emma später. Aber jetzt wollte niemand mehr. Sie gingen zurück zur Haltestelle der Linie 107. Ohne nachzudenken stiegen sie ein, als eine Bahn anhielt. Sie waren alle so erschöpft, dass sie sofort einschliefen.

Abstecher nach Gelsenkirchen, Stadt der tausend Feuer und des Fußballs

Als die vier wieder wach wurden, war die Bahn an der Endhaltestelle angekommen. Sie mussten aussteigen und standen nun am Hauptbahnhof in Gelsenkirchen. Die Einzige, die sich freute, war Emma.

„Das ist super. Ich wollte schon immer mal nach Gelsenkirchen.“

„Und warum willst du dahin?“, fragte Mercur.

„Wegen Schalke. Wegen Fußball. Wegen Schalke 04 und der Arena ‚AufSchalke‘ oder Veltins-Arena, wie sie heute heißt“, sagte sie. Aber Mercur konnte sich unter Fußball gar nichts vorstellen. Zu seiner Zeit gab es zwar auch Ballspiele, aber keinen Fußball. Auch dem Teufel war Fußball unbekannt. Schon bald hatte Emma herausgefunden, wie sie zur Veltins-Arena kamen.

„Linie 302, und am Ernst-Kuzorra-Platz müssen wir aussteigen.“

„Schalke ist ein Stadtteil im Norden von Gelsenkirchen. Hier war früher nur Industrie. Hier quollen giftig gelbe und rabenschwarze Qualmwolken aus den Fabrikschornsteinen. Der Himmel war schwarz, und Sonne, Mond und Sterne waren nie zu sehen. Schwarzer Staub rieselte auf alles nieder. Auf die Wäsche hinter dem Haus, auf das Gemüse im Garten, auf die Früchte an den Bäumen, auf Dächer und Fensterbänke, auf Gehwege und Autos. Schalke war Ruß und Gestank, verseuchte Erde, Schweiß und Arbeit. Und die Menschen, die hier lebten, waren Bergleute und Fabrikarbeiter. Sie liebten ihre Heimat und sangen:

Qualmende Schornsteine und lodernde Feuer – für die Menschen vor 100 Jahren war das der Fortschritt.

Wo die schwarze Emscher durch die Wiesen schleicht,
wo der Hafenspeicher in den Himmel reicht,*
wo man aus der Erde holt die Kohlen raus,
da ist meine Heimat, da bin ich zu Haus.

Wo des nachts von Bismarck[1] her der Schornstein blinkt,
wo die Chemische[2] nach faulen Eiern stinkt,
wo die Schalker kreiseln, dass der Beifall rauscht,
da ist meine Heimat, da bin ich zu Haus.

Wo am Schalker Markt die Fördertürme stehn,
wo bei Mutter Thiemeyer[3] sich die Kräne drehn,
wo von seinem Denkmal Vater Grillo[4] schaut,
da ist meine Heimat, da bin ich zu Haus.

1 Gemeint ist die Zeche Graf von Bismarck.

2 Das ist die von Friedrich Grillo (siehe unten) 1872 gegründete Chemische Industrie.

3 Am Schalker Markt, im „Haus Thiemeyer“ hatte der FC Schalke 04 ab 1928 eine Geschäftsstelle. Das Lokal betrieb Henriette Thiemeyer, von allen „Mutter Thiemeyer“ genannt. Das Lokal war Mittelpunkt des Vereinslebens, Spieler und Fans feierten dort die Siege.

4 Auf Initiative des Industriellen Friedrich Grillo (1825–1888) entstand 1860 das Gelsenkirchner Gaswerk. 1863 gründete er die Zeche „Condolisation“ – der Startschuss für die Industrialisierung* in Gelsenkirchen.

Gelsenkirchen – Stadt der tausend Feuer

Die Stadt hat ihren Namen von einer kleinen Häuseransiedlung rund um die alte Georgskirche, die schon vor mehr als 1 000 Jahren dort stand und *Gelstenkerken* genannt wurde. Als man etwa 1840 die Kohle in Gelstenkerken entdeckte, hatte der kleine Ort etwa 600 Einwohner. Sie lebten von der Landwirtschaft und dem Handel. Als die Züge der Köln-Mindener Eisenbahn 1847 auch in Gelsenkirchen hielten, änderte sich vieles. Ein Unternehmer beschloss, in der Nähe des Bahnhofs Kohle abzubauen. Deshalb baute er 1855 den ersten tiefen Schacht* in die Erde und nannte ihn nach seinem Heimatland Irland, auf Lateinisch *Hibernia*. Aus Irland stammten auch viele Bergleute, die heute auf dem Friedhof an der Kirchstraße begraben liegen. Nun entwickelte sich Gelsenkirchen zu einer großen Kohlestadt mit mehr als 60 Schächten, aus denen die Kohle geholt wurde. Dazu entstanden noch Kokereien, Hochöfen und Stahlwerke. Gelsenkirchen bekam 1875 Stadtrechte und wurde die „Stadt der tausend Feuer" genannt, weil mit dem Feuer das Grubengas abgefackelt wurde. Erst später sammelte man Gas im Gasometer und benutzte es zum Beispiel zum Heizen weiter. Die Einwohnerzahl stieg und stieg, weil es viel Arbeit gab. 1858 wurden 1 600 Einwohner gezählt, zehn Jahre später schon 7 000. Als die umliegenden kleinen Städte und Dörfer mit Gelsenkirchen vereinigt wurden, zählte man 1928 die höchste Zahl von 345 000 Einwohnern.

1966 wurde die Zeche Bismarck geschlossen. Das war der „Knall von Gelsenkirchen". Nach und nach mussten weitere Bergwerke*, Kokereien und Stahlwerke schließen. Die Menschen fanden keine Arbeit mehr und viele zogen weg. Aber es war auch der Beginn eines Wandels der Arbeit, des Lebens und der ganzen Gesellschaft, der auch heute noch andauert. Heute leben noch 271 000 Einwohner in Gelsenkirchen und die „Stadt der tausend Feuer" gehört längst der Vergangenheit an.

Statt Industrie und Zechen hat Gelsenkirchen heute wieder viel Grün, etwa den Nordsternpark, der zu beiden Seiten des Rhein-Herne-Kanals liegt.

Ernst Kuzorra – der Held vom FC Schalke 04

Die Geschichte von Schalke beginnt mit einer wilden Straßenmannschaft in Schalke. Die Jungens spielten auf einer buckeligen Wiese mit einem halb zerfetzten und immer wieder geflickten Fußball. Was sollten sie auch sonst in ihrer Freizeit tun? Die Wohnungen waren eng, keiner hatte ein eigenes Zimmer, das WC war auf dem Hof. Niemand lernte hier Klavier spielen oder hockte über Büchern. Fernseher, PC, Internet, Radio, Kino und andere Vergnügen gab es noch nicht. Arbeit war das Leben. Es war das Jahr 1904. Die Jungs wurden „Polacken" genannt, weil ihre Eltern aus dem Norden von Polen, aus Masuren, stammten. Aber diese Jungs waren begabt und lernten schnell eine neue Spieltechnik, den schottischen Flachpass. Dabei wurde der Ball in kurzen flachen Pässen immer zum besser postierten Mitspieler gegeben. Das war neu und weil die anderen Mannschaften noch wahllos auf den Ball eindroschen, waren die Polacken ihnen überlegen. Ein paar Jahre später wurde Ernst Kuzorra einer von ihnen. Ihm hatte die Mutter verboten, Fußball zu spielen, damit die Schuhe nicht kaputtgingen. Er stand eines Sonntags am Rand des Fußballfelds und guckte zu. Weil bei den Schalkern einer fehlte, wurde er so, wie er war, aufs Feld geholt: im Konfirmationsanzug und mit schwarzen, polierten Schuhen. Er schoss die Tore zum Sieg. Aber als er nach Hause kam, gab es Prügel. Er wurde noch oft beschimpft und geschlagen, wenn er vom Fußballplatz kam, aber er war nicht aufzuhalten. Er war bei Spielen dabei, die vierundzwanzig zu null ausgingen, vierzehn Tore davon hatte Ernst Kuzorra geschossen. Er sorgte dafür, dass Schalke über Jahre auf dem ersten Platz stand. So wie er wollten nun alle Jungs sein, er wurde ihr Vorbild, der Star des Fußballs.

Ernst Kuzorra lebte von 1905 bis 1990. Im Jahr 1985 wurde er zum Ehrenbürger von Gelsenkirchen ernannt.

„Bist du Fan von Schalke?", fragte der Heinzel.

„Ja!", sagte Emma. „Ich will auch in den Fanshop."

Als sie endlich da waren, trauten sie ihren Augen nicht. Was es da alles gab! Trikots, Käppis, Schals, Tassen, Stutzen, Schweißbänder, Hausschuhe, Schlüsselanhänger, Fahnen, Halstücher, Handtücher ... und sogar Zahnbürsten, Schnuller und Babylätzchen. Es war eine „königsblaue" Welt. Bald stand der Teufel in Shorts, Käppi und einem Schal mit der Aufschrift „Ein Leben lang blau-weiß" im Shop. Mercur trug Stutzen und Schweißbänder, dazu schwenkte er eine Schalke 04-Fahne. Der Heinzel hatte ein Halstuch umgebunden und eine Sportuhr am Handgelenk. Emma schlabberte ein langes blaues Trikot um den Körper. Dann begann sie, Fanlieder zu singen.

„Steht auf, wenn ihr Schalker seid! Steht auf, wenn ihr Schalker seid! – Ob ich verroste und verkalke, ich gehe immer noch auf Schalke – Königsblauer S 04, königsblau ist Schalke, königsblauer S 04, königsblau ist Schalke ..." und alle sangen wieder mit. Nur Mercur nicht. Er schwenkte schweigend die Fahne. So laut zu grölen, war ihm peinlich.

Emma kannte noch ein Lied:

„Kohle unter unsren Füßen,
Schlote ragen hoch hinaus.
Unsre Heimat Ruhrrevier,
Unser Klub der S 04.
Ja, so ist es und so wird's auch immer sein."

Dann war sie heiser vom Brüllen und bekam einen Hustenanfall. Sie legten die Sachen zurück und gingen zur alten „Glückauf-Kampfbahn", die heute unter Denkmalschutz* steht. Die Schalker haben noch viele Erinnerungen an dieses Stadion, an gewonnene und verlorene Fußballspiele, an die Spieler, die sie verehrten, und an die Tränen, die sie vergossen haben, wenn sie verloren hatten.

Sie wollten auch noch die Veltins-Arena besichtigen. Aber im Moment war das nicht möglich.

„Eine Besichtigung ist auch blöd", sagte Emma. „Hier muss man ein Spiel sehen. Das muss man miterlebt haben, wenn zweiundsechzigtausend Fans beim Heimspiel singen, mit Fahnen schwenken und mit Leidenschaft dabei sind. Aber man bekommt sowieso keine Karten. Die sind immer ausverkauft."

Sie gingen zurück. Auf dem Weg sahen sie ein Paar. Der Mann im blauen Anzug, die Frau im königsblauen Kleid. Sie hatte einen Blumenstrauß im Arm. Dann kamen noch mehr Freunde oder Verwandte. Der Heinzel blieb stehen und staunte.

„Die wollen heiraten“, stellte Emma fest. „Hier AufSchalke in der Arena gibt es nämlich eine Kapelle. Da heiratet man nicht ganz in Weiß, sondern ganz in Blau.“

„Der FC Schalke 04 ist nicht der einzige Fußballverein im Ruhrgebiet“, ergänzte sie. „Borussia Dortmund und der VfL Bochum sind auch starke Vereine in der Bundesliga.“

Fußballstadion Schalke 04

Das neue Fußballstadion von Schalke 04 ist die Veltins-Arena, die 61 482 Fußballfans Platz bietet. Die Arena wir auch für Pop- und Openspektakel genutzt und andere Sportereignisse. Wenn das Wetter schön ist, kann das Dach geöffnet werden. Auf einem Videowürfel mit vier riesigen Bildschirmen, der von der Decke hängt, kann jeder verfolgen, was passiert. An 32 Kiosken kann man Getränke, Süßigkeiten, Brötchen und anderes kaufen. Aber nicht für Euro. Bezahlt wird mit Bons, die „Knappen“ heißen. Man kann sie an den Wechselstuben kaufen: einen Knappen für einen Euro.

Schlösser in Gelsenkirchen

Schloss Berge

Der Ursprung von Schloss Berge liegt rund 1 000 Jahre zurück. Erbaut wurde es als Wasserschloss zum Schutz von Erle, das mittlerweile ein Stadtteil von Gelsenkirchen ist. Aber die ältesten Gebäudeteile des heutigen Schlosses sind erst etwa 500 Jahre alt und stammen von der ehemaligen Wehrburg. Vor 300 Jahren wurde die Burg zu einem Herrensitz umgebaut, wie ihn sich reiche, vornehme Familien damals leisteten. Durch Heirat gelangte das Schloss in die Familie der Grafen von Westerholt-Gysenberg. Zuletzt wohnte nur noch die Gräfin Jenny auf dem Schloss. Als sie gestorben war, übernahm es die Stadt und kaufte es später mitsamt dem großen Park. Rund um das Schloss findet jedes Jahr ein Sommerfest statt, bei dem viele Besucher aus der ganzen Umgebung mitfeiern.

Schloss Horst

Schloss Horst ist ein bedeutendes Schloss, das vor etwa 500 Jahren im Renaissance-Stil* erbaut wurde. Es war Vorbild für viele andere Bauten in der Umgebung und am Niederrhein. Die Außenseiten und die Kamine im Innern sind mit besonders schönen Steinmetzarbeiten geschmückt. Es kostet sehr viel Anstrengung und Geld, ein Schloss instand zu halten, und die Besitzer bemühten sich redlich. Trotzdem verfiel es mit der Zeit. Einige Teile stürzten sogar ein. 1988 kaufte die Stadt das Schloss und ließ es im alten Stil wieder herrichten und baute neue Teile dazu. Zum Beispiel das Glasdach zum Schutz der Fassade und der Gäste. Heute finden hier Konzerte, Lesungen, Vorträge und Ausstellungen statt. Schloss Horst ist auch das Standesamt der Stadt. Das Ja-Wort gibt man sich in den besonders schönen Räumen mit den Kaminen. Anschließend kann man zum Festschmaus in das Restaurant im Keller gehen.

Wasserburg Haus Lüttinghof

Das älteste Denkmal der Stadt ist die Wasserburg Haus Lüttinghof. Sie wurde errichtet, um die Burg Recklinghausen zu sichern. Im Jahr 2008 feierte sie ihren 700sten Geburtstag. Den Namen erhielt sie von einer Familie von Luttekoven, die auf der Burg wohnte. 1976 kaufte die Stadt die große Burganlage und ließ sie wieder herstellen. Das Haupthaus ist durch seinen roten Anstrich schon von Weitem zu sehen. Eine prachtvolle große Steinbrücke führt zum Eingang. Die Vorburg ist erst vor etwa 20 Jahren im modernen Stil errichtet worden. Die Burg ist von 700 Jahre alten Eichen umgeben und liegt mitten im Landschaftsschutzgebiet im Norden von Gelsenkirchen. Deshalb kann man hier auch zwischen Feldern, Bachläufen und Waldrändern schön spazieren gehen.

„Genug vom Fußball“, rief plötzlich der Teufel. „Auf nach Duisburg. Die Letzte von den großen Drei am Hellweg. Da findet man noch mehr Spuren des großen Mittelalters*. Das weiß doch kein Mensch, dass Duisburg und das gesamte Ruhrgebiet eine so große mittelalterliche Vergangenheit haben. Es wird immer nur von Kohle, Bergbau und Industrie gesprochen. Von der Dampfmaschine und den anderen Erfindungen. Industrie, Industrie, Industrie. Als ob es nichts anderes gäbe“, ereiferte sich der Teufel.

„Da muss ich dir recht geben“, bestätigte Mercur. „Auch von der römischen und der germanischen Vergangenheit des Ruhrgebiets wird viel zu wenig gesprochen.“

„Aber vom Zeitalter der Industrie und allem, was damit verbunden war, sieht man noch am meisten im Ruhrgebiet. Daran liegt das“, sagte Emma.

„Kluges Mädchen“, meinte der Teufel. „Ich freue mich, wenn ich euch in Duisburg wieder treffe. Merkt euch den Treffpunkt: Johannes-Corputius-Platz. Am Modell der mittelalterlichen Stadt Duisburg!“

Willkommen in Duisburg

Auf den Spuren Duisburger Geschichte: die Salvatorkirche, Umriss mittelalterlicher Häuser und Rathaus.

Emma und der Heinzel sahen den Teufel schon von weitem vor dem Bronzemodell, das die Stadt Duisburg im Mittelalter* zeigt. Aber was machte er da? Der Teufel wedelte mit seiner Schwanzquaste darauf herum! Was sollte das? Dann beugte er sich darüber und pustete! Zuletzt fummelte er mit seiner klobigen Pranke zwischen den Häusern herum, zog hier einen Fetzen Papier heraus und dort ein vertrocknetes Blatt und dann fischte er sogar einen Zigarettenstummel heraus.

„Machst du Hausputz?", fragte Emma ihn spöttisch.

„Mein *dheus burch!* Mein *dheus burch!* Wenn ich daran zurückdenke, wie die Stadt mal ausgesehen hat und was da alles passiert ist", seufzte der Teufel schwermütig.

„Meinst du Duisburg?", fragte Emma.

„Ja. *Dheus burch* ist germanisch und bedeutet ‚das Gebiet im Feuchten'. Eben diese einmalige Lage zwischen dem Rhein und der Mündung der Ruhr. Sie war ideal für den Verkehr zu Wasser und zu Lande. Aber guckt mal die Stadtmauer mit den Toren und Türmen. Guckt mal, das ist das Stapeltor. Das Doppeltor ist wie eine Mausefalle für Angreifer gebaut. Und das Kuhtor im Osten, das Marientor im Süden und das Schwanentor im Westen. Sieben Meter tief waren die Wassergräben um die Stadt, und sieben Meter breit.

„Glaub' ich nicht. So tief und breit ist doch kein Graben", behauptete der Heinzel.

„Wohl! Was glaubst du denn! Das Wasser kam aus dem Dickelsbach."

„Haben die Mauern und der Graben die Feinde abgehalten und die Bewohner geschützt?", fragte Emma.

„Was glaubst du denn! Hör mal zu, was sich da in der Nacht des 12. März 1445 abgespielt hat. Vor über fünfhundertfünfzig Jahren", antwortete der Teufel erregt.

Das Modell aus Bronze zeigt die Stadt Duisburg im Jahr 1566. Es ist nach dem Stadtplan von Johannes Corputius entstanden.*

Die Verlörkesbrücke

Es war stockdunkle Nacht, als Jupp zur Wache auf dem fünfzehn Meter hohen Mühlenturm beim Marientor eingeteilt war. Er war hellwach, denn es konnte ein Angriff bevorstehen. Die Duisburger hatten erfahren, dass ein Heer des Erzbischofs von Köln im Anmarsch war. Die Rüstung und der Helm wurden ihm langsam schwer. Als er den Helm absetzte, um sich für einen Moment zu erleichtern, hielt er inne und lauschte. War da etwas? Hörte er etwas? Bewegte sich etwas? Er setzte den Helm wieder auf und dann sah und hörte er sie. Sie schlichen geduckt von allen Seiten heran und schleiften schwere Sturmleitern mit sich. „Alarm! Alarm! Alarm! Das Heer des Erzbischofs", schrie Jupp und riss damit seine Männer aus dem Schlaf. Im Nu waren sie mit Helmen und Brustpanzern, Schwertern und Spießen, Armbrüsten und Morgensternen gewappnet und stürmten gerade noch rechtzeitig auf die Wehrgänge. Die Angreifer waren schnell. Sie hatten schon die Sturmleitern angelegt und an den Zinnen gesichert. Die ersten waren schon die Sprossen hinaufgeklettert und tauchten mit ihrem Helm über dem Rand der Stadtmauer auf. Mit wilden Schlachtrufen griffen die Duisburger nun an. Sie stießen die Leitern samt Angreifern von der Mauer weg. Langsam neigten sie sich rückwärts und dann stürzten sie mitsamt den wild brüllenden Männern des Kölner Erzbischofs in die Tiefe. Aber die Gefahr war noch nicht vorüber. Immer mehr feindliche Soldaten bestürmten die Stadt und schleppten Mauerbrecher und Rammböcke heran.

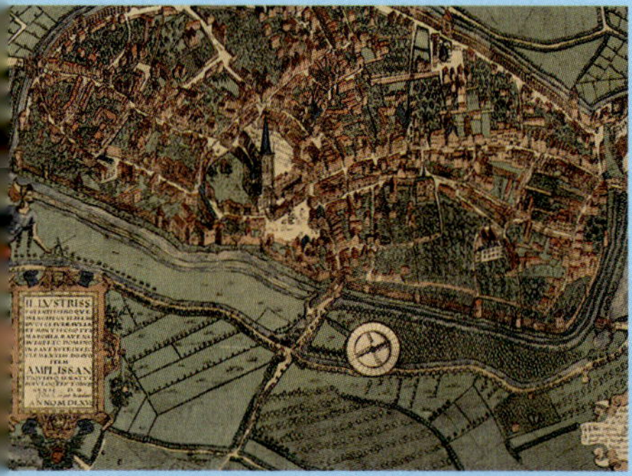

Die Kirchenglocken läuteten Sturm und bald waren alle Wehrgänge und Türme mit Duisburger Männern besetzt. Frauen und Kinder schleppten Kübel um Kübel mit heißem Wasser und siedendem Pech herbei, dass sie auf die Angreifer herunterklatschen ließen. Aber diese gaben sich nicht geschlagen. Immer wieder griffen sie im Schutz der Dunkelheit an. Licht, dachte Jupp, wenn doch mehr Licht wäre. Dann blitzte es in seinen Gedanken. Er rannte in die Mühle und riss die Strohbündel heraus. Er zündete sie an und schleuderte diese brennenden Feuerbündel auf die Feinde. Die Flammen loderten auf und im hellen Schein konnten sie endlich die Feinde erkennen und unter Beschuss nehmen. Sogar den Erzbischof von Köln erkannten sie hoch zu Ross in seiner glitzernden Rüstung. Mit seinen gepanzerten Reitern war er schon bis an die kleine Brücke am Marientor vorgedrungen. Nun flogen auch hier die Feuerbündel durch die Nacht. Die Pferde bäumten sich auf und ihre Reiter stürzten schwer zu Boden. „Verloren! Verloren!", rief der Erzbischof von Köln wütend. Voller Zorn drehte er mit seinem Gaul ab. Die Angreifer zogen sich zurück. Auch die letzten wackeren Männer ließen die Mauerbrecher und Rammböcke im Stich und flüchteten. Der Angriff war gescheitert. Seit dieser Zeit wird die kleine Brücke am Marientor Verliererbrücke genannt. In Duisburger Mundart sprach man seitdem von der Verlörkesbrücke.

Die mittelalterliche Stadtmauer von Duisburg

Von der mittelalterlichen* Stadtmauer haben sich bis heute etliche Teile in der Stadt erhalten. Der am besten erhaltene Teil erstreckt sich entlang des Innenhafens. Auch der Koblenzer Turm, ein hoher Wachturm aus der Zeit um 1300, ist bis heute erhalten geblieben. Die mittelalterliche Stadtmauer war 2,4 Kilometer lang und mit vier Toren und 21 Türmen ausgebaut.

„Ich möchte nicht unhöflich sein und ich unterbreche dich auch nicht gerne", hörten sie Mercurs Stimme unerwartet. „Aber darf ich kurz, aber wirklich nur ganz kurz auch auf die römische Geschichte von Duisburg aufmerksam machen?"

„Aber gerne doch, lieber Mercur. Ich habe schon erwartet, dass du darauf zu sprechen kommst. Seit 1980 wissen wir doch, dass das älteste Duisburg bis in die Römerzeit, bis in das erste Jahrhundert nach Christus zurückreicht. Die Reste sind schließlich unter dem Alten Markt, dem Burgplatz und seiner Umgebung gefunden worden. Die Geschichte der Stadt erwächst aus der römischen Vergangenheit, ohne Gestern kein Heute. Wir müssen doch keine Konkurrenten sein, wir sind doch beide Fachleute", sagte der Teufel und alle wunderten sich. So zuckersüß hatten sie ihn noch nie erlebt.

„Ja, ja. Wir werden sehen, wie weit unsere Zusammenarbeit reichen kann. Aber ich habe da so meine Zweifel", erwiderte Mercur etwas überheblich und setzte zu einen längeren Vortrag an:

„Der Rhein war die Grenze zwischen Römern und Germanen. Die linke Rheinseite war römisches und die rechte Rheinseite war germanisches Gebiet. Aber wir handelten miteinander und der Rhein und die Ruhr waren wichtige Verkehrswege für ..."

linke Seite: Duisburg auf dem Plan von Johannes Corputius von 1566. Die „Verlörkesbrücke" am Marientor ist gut zu erkennen.

„Also, wir gehen jetzt zum Burgplatz", fuhr der Teufel plötzlich dazwischen, „da beginnt mit den Franken* die mittelalterliche Geschichte Duisburgs. Sie errichteten dort eine kleine Siedlung mit Königshof, Häusern, Scheunen und Ställen."

„Unverschämtheit! Der schneidet mir glatt das Wort ab. Ich habe mir doch gleich gedacht, dass der nicht zusammenarbeiten will", zischte Mercur verärgert vor sich hin. Aber der Teufel achtete gar nicht darauf und fuhr fort:

Eines von sechs Modellen im Stadthistorischen Museum. Sie zeigen die Entwicklung Duisburgs vom mittelalterlichen Königssitz bis zur heutigen Großstadt.

„Dann kamen die Normannen, das war ein Stamm der Wikinger aus dem Norden. Sie überfielen 883 die kleine Siedlung und warteten den Winter ab. Im Frühling zogen sie raubend und plündernd weiter durch Europa. Nachdem die Normannen weitergezogen waren, baute man den Königshof zur Pfalz* aus. Hier wohnte der König der Franken, wenn er sein Land bereiste, nach dem Rechten sah und Gericht hielt. Wenn alles erledigt war, zog er zur nächsten Pfalz weiter. Aus dieser Pfalz entwickelte sich die mittelalterliche Stadt."

Mittlerweile waren sie auf dem Burgplatz angekommen, und der Teufel stellte sich unter den Rathausbogen.

„Hier wurden 1989 die Reste der Königspfalz freigelegt", sagte er und zeigte auf den Boden.

„Schön! – Und wo sind die jetzt?", wollte Emma wissen.

„Weg. Zerstört. Beschädigt. Verschimmelt. Noch unter der Erde. Fast alle Sachen, die in Duisburg ausgegraben wurden, lagern noch in zweihundert Regalen im feuchten Rathauskeller und anderswo. Man hat sie da einfach abgestellt."

„Die archäologischen* Fundstücke aus meiner Zeit?", empörte sich Mercur.

Sie gingen durch den Rathausbogen. Emma fand es sehr spannend, über den Boden zu gehen, auf dem vor mehr als tausend Jahren die fränkischen Könige in der Pfalz umherwandelten. Vielleicht sogar der erste bekannte fränkische König Chlodio.

Nun zerrte der Teufel sie vorwärts, bis zur „Archäologischen Zone Alter Markt" an der Schwanenstraße. Der Heinzel hatte mal wieder genug, legte sich sofort auf eine Bank und machte die Augen zu. Emma setzte sich neben ihn und döste vor sich hin. Der Teufel sprang aufgeregt hin und her und dann raste er um die gesamte Ausgrabung herum und erklärte: „Fünf Meter tiefer. Fünf Meter tiefer lag der Alter Markt zu meiner Zeit. Und da, wo jetzt der Innenhafen ist, floss der Rhein. Da kamen die Handelsschiffe an und auf der Ruhr und von den Landwegen kamen die Händler vom Hellweg hier nach Duisburg. Die Stadt war reich und berühmt durch den Handel. Hier war was los im Mittelalter." Dann rannte er die Treppen hinunter, die zu den ausgegrabenen Kellern der mittelalterlichen Häuser führte.

„Was die hier alles bei der Grabung gefunden haben! Knochen, Tonscherben, Geldmünzen, Schuhe, Schuhsohlen, Haare und sogar eine Anlage, in der man Glocken gießen konnte. Die weißen Stahlgerüste da oben zeichnen die Umrisse der Häuser nach, die hier gestanden haben: die Markthalle mit dem Stufendach und zwei angrenzende Häuser."

Die Ausgrabungen am Alter Markt an der Schwanenstraße. Die weißen Stahlträger zeigen die Umrisse von Häusern, die im Mittelalter hier gestanden haben.

Auf dem Ausschnitt des Corputius-Plans ist die Markthalle an dem Stufendach zu erkennen. Links daneben grenzen zwei Häuser an, die Johannes Corputius mit dem Buchstaben N gekennzeichnet hat, um sie unten auf dem Plan zu erklären.

„Und woher weiß man, dass sie so ausgesehen haben?“, fragte Mercur nach. Der Teufel zerrte ihn vor die Informationstafel, die in der Ausgrabung angebracht war, und zeigte ihm auf dem Ausschnitt des Corputius-Plans die Häuser, die hier in der Ausgrabung zu sehen waren.

Der Teufel wischte sich über die Stirn. Er war völlig erschöpft, schlurfte zu der Bank, auf der die beiden schliefen, und setzte sich dazu. Mercur folgte ihm und es wurde eng. Der kratzige Teufel fiel im Schlaf zur Seite auf den Heinzel und bohrte ihm seine Hörner in die Rippen. Dadurch wurde der Heinzel wach und sprang auf. Er weckte Emma und flüsterte ihr etwas ins Ohr. Sie stand auf und ging mit dem Heinzel zur Salvatorkirche.

An der Rathausecke kamen sie am Roland vorüber.

„Das ist der Roland von Duisburg. Er steht für die Rechte und Freiheiten der Stadt“, sagte der Heinzel und sie stiegen die Treppen zur Kirche hoch.

Roland von Duisburg

Der Roland ist vier Meter hoch und aus Stein gemeißelt. Er ist als Ritter dargestellt, mit Rüstung, Schwert, Schild und Umhang. Der Roland ist ein Zeichen für die Rechte und Freiheiten einer Stadt. Er steht an der Rathauswand und blickt auf den Alter Markt hinunter. Das ist das Zeichen dafür, dass Duisburg das Recht hatte, einen Markt abzuhalten. Das Schwert steht für das Recht, Gericht zu halten. Vor seiner Brust hält Roland einen Schild mit dem Stadtwappen. Darauf ist ein Adler mit doppeltem Kopf und darunter eine Burg mit drei Türmen dargestellt.

Die Salvatorkirche

Die erste Salvatorkirche war eine kleine Holzkirche, die von den Normannen beim Überfall 883 zerstört wurde. Danach baute man die zweite Salvatorkirche aus Stein und danach eine dritte und eine vierte. Die Reste von diesen Bauten haben sich unter dem Fußboden der heutigen Kirche, die im gotischen Baustil* erbaut ist, erhalten. Der 1367 vollendete Turm ist 112 Meter hoch. Etwa 100 Jahre später brannte er ab, weil ein Turmwächter bei brennender Kerze eingeschlafen war. Nach dem Wiederaufbau geriet der neue, zweite Turm durch einen Blitzschlag in Brand. Der dritte Turm wurde im Zweiten Weltkrieg* von Bomben zerstört. Bisher ist er nicht wieder aufgebaut worden. Von den vielen Kunstwerken, die einst den Innenraum schmückten, ist nicht viel übrig geblieben. In der Kirche erinnern 18 Gedenktafeln und neun Wappenschilder an Duisburger Bürger aus einer längst vergangenen Zeit.

In der Kirche ging der Heinzel zielstrebig auf die Seitenkapelle an der Südseite zu und blieb vor einer Gedenktafel, die in die Wand gemauert war, stehen.

„Hier in dieser Kapelle ist der berühmteste Bürger von Duisburg, Gerhard Mercator mit seiner Frau und einem Sohn in einer Gruft* begraben.“ Emma entzifferte die Inschrift auf der Gedenktafel: „G e r a r d u s M e r c a t o r“, las sie.

„Er war ein sehr berühmter Kartograf und Himmelskundler. 1552 ist er aus Flandern,

In der Salvatorkirche befinden sich die Gedenktafel und die Gruft, in der der berühmte Kartograf und Himmelskundler Gerhard Mercator neben seiner Frau und seinem Sohn Arnold begraben liegt.

Gerhard Mercator (1512–1594), der große Kartograf

Gerhard Mercator wurde 1512 in Ruppelmonde, im heutigen Belgien, geboren. Er studierte in seiner Heimat Philosophie und Mathematik. Schon als junger Mann beschäftigte er sich mit mathematischen und himmelskundlichen Instrumenten, mit denen er den Himmel erkunden konnte, und fertigte sie auch an. 1554 erstellt er eine Europakarte und 1569 eine große Weltkarte. Zu jener Zeit war er bereits mit seiner Familie nach Duisburg umgesiedelt, weil er hier nach seinen religiösen Vorstellungen leben konnte. Auch hier fertigte er viele Karten nach der „Mercator-Projektion“ an: Er hat die Kugelgestalt der Erde so auf das ebene Kartenblatt übertragen, dass zwar die Flächen verzerrt, die Winkel aber bewahrt werden. Nachdem er gestorben war, erschien sein Kartenwerk der ganzen Welt unter dem Namen Atlas. Die „Mercator-Projektion“ wird bis heute für Landkarten und in der See-, Luft- und Raumfahrt eingesetzt. Gerhard ist in der Salvatorkirche in Duisburg neben seiner Frau und seinem Sohn Arnold begraben.
Das Kultur- und Stadthistorische Museum in Duisburg besitzt die größte Mercatorsammlung der Welt. Der Name Mercator taucht in Duisburg oft auf, zum Beispiel: Gerhard-Mercator-Universität, Mercatorhalle, Mercatorgymnasium, Mercatorzimmer im Rathaus oder auch Kremerstraße. Kremer war sein richtiger Name. Er hat ihn ins Lateinische übersetzt. Das passte besser in die Zeit, dachte er.

im heutigen Belgien, nach Duisburg ausgewandert, weil er dort nicht genügend forschen konnte und auch nicht nach seinen religiösen Vorstellungen leben konnte. In Duisburg herrschte Glaubens- und Gewissensfreiheit.“

„Und wodurch ist er berühmt geworden?“, fragte Emma.

„Das kannst du oben an der Gedenktafel sehen. Da hält er einen Zirkel und einen Globus in der Hand. Er baute 1541 den größten Globus, den die Welt bis dahin je gesehen hatte. Wer einen Globus von Gerhard haben wollte, musste viel Geld dafür ausgeben und Geduld haben. Die Anfertigung war sehr kompliziert und die Arbeit ging nur langsam vor-

Hoch oben auf dem Brunnen vor der Salvatorkirche steht Gerhard Mercator in der Kleidung seiner Zeit.

an. Ich zeige dir jetzt mal den Mercatorbrunnen vor dem Rathaus."

Emma lief um den Brunnen herum und betrachtete ihn von allen Seiten ausgiebig. Dann gingen sie hinüber zum Rathaus.

„Das ist aber wirklich ein schönes Rathaus", rief sie dem Heinzel hinterher, der schon fast durch den Rathausbogen verschwunden war. „Das alte Reich – Karl der Große" entzifferte sie unter der Kaisergestalt links neben der Türe. Karl trug natürlich auch die drei Zeichen seiner Macht: Krone, Schwert und Reichsapfel. Sie waren vergoldet, genau wie die Bordüren an seiner Königsrobe. „Das neue Reich – Wilhelm der Große" entzifferte sie auf der rechten Seite. Der neue Kaiser trug natürlich auch die Zeichen seiner Würde, dazu aber auch noch das Zepter. An ihm war mehr Gold als an Karl dem Großen. Er trug noch eine schwere Kette um den Hals und einen goldenen Stehkragen.

„Warum ausgerechnet diese beiden?", fragte sie den Heinzel.

„Weiß ich nicht. Aber es könnte sein, dass zur Zeit Karls des Großen hier die Pfalz gebaut wurde und als der Wilhelm regierte, vielleicht das Rathaus. 1902 wurde es mit viel Prunk und Pomp eingeweiht. Der Architekt Friedrich Ratzel war erst siebenundzwanzig Jahre alt und ganz versessen darauf, alle Einzelheiten besonders schön zu gestalten."

Emma war dann auch begeistert von den Verzierungen über den Fenstern und Türen, dem Wappen hoch oben über dem Fenster zwischen

links: Statue Kaiser Wilhelms des Großen links neben dem Eingang zum Rathaus.

rechts: Statue Karls des Großen rechts neben dem Eingang zum Rathaus.

Adam und Eva am Duisburger Rathaus.

den Kaisern und dem gesamten Figurenschmuck. Unten am Rathausbogen entdeckte sie noch etwas Besonderes: An der rechten Seite des Bogens waren eine geduckte Frauengestalt und an der linken eine geduckte Männergestalt eingemeißelt.

„Adam und Eva", sagte der Heinzel. „Sieht man doch. Eva hat einen Apfel in der Hand und die geschuppte Schlangenhaut ist auch zu sehen. Also muss der Mann Adam sein."

Sie bogen gerade auf den Alter Markt, als es Ärger gab. Schon wieder war Abfall in die Ausgrabung geflogen. Ein Karton mit angebissener Pizza lag da unten und Mercur war außer sich vor Wut und schrie einen jungen Mann an.

„Das sind Zeugnisse der Vergangenheit. Aus dem Mittelalter. Da wirft man keinen Abfall hinein. Davor hat man Achtung. Damit geht man pfleglich um."

„Los! Hol das wieder heraus und wirf es in den Abfalleimer. Sonst setzt es was", mischte sich der Teufel ein, ließ seinen Schwanz kreisen und zeigte seine Hörner. Der junge Mann wurde ganz unsicher und als der Teufel noch mit seinem Pferdefuß auf den Boden stampfte, setzte er sich in Bewegung, holte seinen Müll, stopfte ihn in einen Abfallkorb und machte, dass er wegkam.

„Gut gemacht“, lobte Emma die beiden und die Stimmung war gut, bis der Teufel mit dem mittelalterlichen Dreigiebelhaus anfing.

„Es ist das älteste Wohnhaus, das noch in der Innenstadt zu finden ist. Hier lag doch nach dem Zweiten Weltkrieg alles in Trümmern. Alles war zerstört, außer diesem Haus. Wenn man das sieht, kann man sich doch erst mal eine Vorstellung davon machen, wie das alte Duisburg überhaupt ausgesehen hat. Die Häuser dicht an dicht, kein Licht fiel in die schmalen Gassen auf das buckelige Kopfsteinpflaster, auf denen die Ochsen- und Pferdekarren rumpelten“, versuchte der Teufel die anderen zu überzeugen.

Im Sommer sind vom Dreigiebelhaus nur zwei Giebel zu sehen. Der dritte ist durch einen prächtigen alten Baum verdeckt. Vor 450 Jahren lebten und beteten Nonnen in diesem Kloster. Heute wohnen und arbeiten Künstler darin.*

„Wenn ihr wüsstet, wie es mit meinem schönen mittelalterlichen Duisburg weitergegangen ist, hättet ihr Mitleid mit mir. Ihr würdet mir bestimmt alle Wünsche erfüllen, weil alles so traurig war.“ Aber sie hatten kein Mitleid mit ihm und erfüllten ihm auch keine Wünsche.

„Jetzt zeige ich euch mal was. Wir gehen in das Kultur- und Stadthistorische Museum. Es ist in einer umgebauten Getreidemühle untergebracht und ein Schatzhaus für den Mercator-Nachlass“, sagte Emma.

Gleich zu Beginn der Ausstellung war der Teufel begeistert.

„Wunderbar, dieser fränkische Totenschädel.“ Dann las er den anderen vor, dass die Verletzung mit dem Schwert am rechten Schläfenknochen zum Tode des Mannes geführt hat, der wohl im 6. oder 7. Jahrhundert gelebt hat. Er hatte noch andere Verletzungen durch Schwerthiebe. Aber diese waren verheilt. Dann blieb der Teufel vor den Modellen stehen, die Duisburg im Mittelalter zeigten. Die anderen nahmen jeder einen eigenen Weg durch das Museum und die Geschichte Duisburgs. Hier war für jeden etwas Passendes und Interessantes zu finden.

Schädel eines Mannes aus fränkischer Zeit. Er ist durch Schwerthiebe am Schläfenknochen getötet worden. Am Schädel sind auch noch Verletzungen aus früherer Zeit zu erkennen, die jedoch verheilten.

„Jetzt gehen wir zum Brunnen am König-Heinrich-Platz“, bestimmte Emma, als sie sich am Ausgang wieder trafen.

„Wie schön!“, rief der Heinzel, als er den Brunnen von Weitem sah, rannte darauf zu und sprang vom Brunnenrand in das Becken und ließ sich vom Wasser, das aus den vielen feinen Düsen des riesigen Vogels rieselte, nass spritzen. Er freute sich und hatte Spaß, wenn der Vogel sich drehte und spritzte.

„Herzchen auf Pobacken und Blumen an Flügeln. Wer denkt sich denn so etwas aus. Zu meiner Zeit, also in der Antike, wurden nur vollkommene Menschen dargestellt. Aber das hier! Diese dicke Madam mit den kugelrunden Pobacken und dem viel zu kleinen Kopf! Das gefällt mir nicht. Der sagenhafte Vogel gefällt mir auch nicht“, machte Mercur sich Luft.

Duisburg im Mittelalter

Die mittelalterliche* Geschichte Duisburgs beginnt mit den Franken*. Sie errichteten auf dem heutigen Burgplatz einen Königshof mit Häusern, Scheunen und Ställen. Nach dem Überfall durch die Normannen 883 wurde die Siedlung zur Pfalz* ausgebaut. Aus dieser Königspfalz entwickelte sich die mittelalterliche Stadt. Durch die besondere Lage am Rhein und der Mündung der Ruhr wurde Duisburg eine reiche und bedeutende Handelsstadt. Das änderte sich um 1200. Nach einem Hochwasser kehrte der Rhein nicht wieder in sein altes Bett zurück. Er suchte sich etwa drei Kilometer entfernt ein neues. Nun lag Duisburg nicht mehr am Rhein. Aber auf einem kleinen Rheinarm konnten noch Schiffe fahren. Als dieser Rheinarm verlandete und für die Schiffe nicht mehr zu befahren war, verlor Duisburg seine herausragende Bedeutung als Handelsstadt. Nun wurde aus der Stadt der Kaufleute eine Stadt der Händler, Handwerker und Bauern, die ihre Äcker draußen vor der Stadtmauer bewirtschafteten.

„Livesaver – Lebensretter" hat die Künstlerin Niki de Saint Phalle den riesigen Vogel genannt. Er ist aus Polyester hergestellt und bunt bemalt.

„Lieber Mercur, davon verstehst du nichts. Das ist fantastisch, das ist Fantasie, das ist Pop-Art. Groß und bunt und kugelrund, das macht Freude. Popo, Bauch und Busen sind gemütlich und wichtig für die Gefühle", antwortete Emma ihm.

Nun war auch noch der Teufel ins Wasser gesprungen und rieb sich seinen Bauch. Er ließ sich nass regnen und schüttelte sich dann so, dass das Wasser nach allen Seiten spritzte.

„Kommt mal da raus", rief Emma plötzlich den beiden zu. Ihr war eingefallen, dass man in öffentlichen Brunnen nicht baden darf. „Das ist doch kein Planschbecken", sagte sie noch, als sie schon auf dem Weg zur nächsten Sehenswürdigkeit waren. Sie lang nicht weit entfernt in einem Park. Der Teufel und der Heinzel legten sich sofort nebeneinander auf die schöne grüne Wiese.

„Wir müssen trocknen", sagten sie und blieben liegen.

Im Museum für Wilhelm Lehmbruck

Emma ging mit Mercur zum Eingang des Wilhelm-Lehmbruck-Museums. Sie schauten neugierig durch die großen Glasscheiben.

„Was ist das denn jetzt schon wieder? Das ist so modern. Der ganze Bau. Und wenn ich durch die Glasscheiben sehe, sehe ich Dinge, die mir Rätsel aufgeben", sagte Mercur verwirrt.

„Moderne Kunst. Moderne Skulpturen* und Plastiken*", stellte Emma fest. „Eine bedeutende Sammlung. Aber du kannst dir selbst eine Meinung bilden, wenn wir da hineingehen."

Die Kniende von Wilhelm Lehmbruck vor dem Museum in Duisburg.

„Nein, das kann ich nicht. Da brauche ich Hilfe. Das ist eine fremde Welt für mich. Da brauche ich einen Fachmann, der mir dabei hilft", entgegnete Mercur. Aber Emma war auch keine Fachfrau für moderne Skulpturen und Plastiken. Sie erkundigte sich im Museum danach. Aber leider war ausgerechnet heute niemand da. Morgen und am Samstag und Sonntag, sagte man ihr.

„Schade", bedauerte Mercur. „Diese Kunst hätte mich doch mal interessiert." Auf dem Rückweg blieb er vor einem Kunstwerk vor dem Museum stehen. Es war vom Künstler Wilhelm Lehmbruck, dessen Name das Museum trägt. Er ging um das Kunstwerk herum und betrachtete es von allen Seiten. Diese kniende Frau ist nicht einfach eine kniende Frau. Sie ist ganz in sich versunken. Sie erscheint zerbrechlich. Kopf,

Hals, Arme, Beine, alles an ihr ist länger und dünner als in der Wirklichkeit. Mercur war verstört. Er musste die „Kniende“ immer weiter ansehen, deshalb ging er rückwärts zu Emma.

„Wann hat der Wilhelm Lehmbruck die Kniende gemacht?“, fragte Mercur sie.

„Vor ungefähr hundert Jahren“, antwortete Emma.

„Und was haben die Leute dazu gesagt?“

„Ich glaube, die hatten noch keinen Sinn für ihre Schönheit“, gab Emma zur Antwort.

„Was ist Schönheit? Wer ist schön?“, fragte der Teufel, der gerade ein Auge aufgemacht hatte. Aber Emma ging gar nicht darauf ein.

„Ihr seid trocken“, rief sie. „Wir müssen nach Marxloh, in den Norden. Da wird der Heinzel seine Freude haben.“

Die Kniende von Wilhelm Lehmbruck (1881–1919)

Im Jahr 1925 stellte die Stadt Duisburg die Bronzeplastik* „Die Kniende“ von Wilhelm Lehmbruck im Park der Stadt auf. Aber die Bürger mochten sie nicht. So sieht doch keine Frau aus, sagten sie und auch in den Zeitungen war die Aufregung groß, ob das wohl Kunst ist. Die Bürger waren so aufgebracht, dass sie die Kniende umwarfen und dabei beschädigten. Erst ein halbes Jahrhundert später erkannte man das Werk des Künstlers an und es fand im Wilhelm-Lehmbruck-Museum eine Heimat.

Der Künstler wurde in Duisburg-Meiderich in eine Bergarbeiterfamilie hineingeboren, der die Kunst eher fremd war. Ein Lehrer erkannte aber das Talent von Wilhelm und half ihm, an der Kunstakademie in Düsseldorf aufgenommen zu werden. Hier studierte er eifrig und wurde neugierig auf die Werke anderer Künstler. Deshalb reiste er nach Paris. Während er dort arbeitete, entstand auch die Kniende. Wilhelm Lehmbruck wurde nur 38 Jahre alt, er zählt aber zu den großen Bildhauern des 20. Jahrhunderts. Duisburg hat ihm ein Museum gewidmet, das von seinem Sohn Manfred erbaut wurde.

Duisburg-Marxloh – größte Moschee Deutschlands und „Alles für die Braut"

„Hier auf der Weseler Straße kannst du alles einkaufen. Große Auswahl, gute Qualität und günstige Preise, fast so wie in der Türkei. Viele Türken kommen deshalb aus dem Ruhrgebiet und aus ganz Deutschland hierher. Sogar aus dem Ausland. Aus den Niederlanden und aus Belgien und Frankreich. Das hat sich überall rumgesprochen", sagte Emma, als sie in Marxloh angekommen waren.

„Was, was? Was kann man hier einkaufen?", fragte der Heinzel nach.

„Alles für Brautpaare und die gesamte Hochzeitsgesellschaft. Brautkleider, Anzüge für den Bräutigam, glitzernde Abendkleider für die Mütter und Tanten und Kinderkleider und Kinderanzüge in jeder Größe. Es gibt auch Geschäfte für Goldschmuck. Eben alles", rückte Emma endlich heraus. „So viele Geschäfte für Brautmoden auf einer Straße gibt es nirgendwo auf der Welt. Nur in Marxloh."

Jetzt rannte der Heinzel kreuz und quer auf der Weseler Straße herum und guckte in jedes Brautmodengeschäft.

„Wunderbar. So schöne weiße Kleider mit langen Schleppen und Glitzer und Glimmer."

Dann blieb er vor einem Fotogeschäft stehen und bewunderte die Aufnahmen der Brautpaare.

„Ist das ein türkischer Stadtteil?", fragte der Teufel.

„Nein", sagte Emma. „Aber hier wohnen sehr viele Türken. Aber auch Deutsche."

„Und wie gefällt den Deutschen das?", fragte er weiter.

„Mal so, mal so. Manchen gefällt es gut, manchen nicht."

„Und wie gefällt das den Türken?"

„Manche können gar nicht mehr sagen, ob sie sich deutsch oder türkisch fühlen. Viele sind doch hier geboren und aufgewachsen. Sie fühlen sich als ‚Ruhri' – als Ruhrgebietler."

„Zu meiner Zeit war es ganz normal, dass Menschen aus unterschiedlichen Ländern zusammenlebten. Die Legionäre* hier am Rhein kamen auch von weither, aus Nordafrika und anderen Ländern rund um das Mittelmeer", warf Mercur ein.

„Aber das ist doch heute etwas anderes", entgegnete Emma. „Es gab mal eine Zeit, da hatten wir überall in Deutschland so viel Arbeit, dass wir Deutschen das alleine gar nicht schaffen konnten. Hier im Ruhrgebiet zum Beispiel in den Zechen und den Kokereien und in den Stahlwerken. Deshalb holten wir Männer aus der Türkei, die diese schwere Arbeit machen konnten. Und die Männer holten nach einiger Zeit ihre Familien nach. Und in den Familien wurden Kinder geboren. Aus den Kindern wurden Erwachsene, die heirateten und wieder Kinder bekamen. Die türkischen Familien wohnten, genau wie die Deutschen, in der Nähe der Arbeitsstelle. Zum Beispiel hier in Marxloh, gleich um die Ecke von der Firma Thyssen-Krupp. Aber heute hat sich viel verändert. Es gibt keine Arbeit mehr in Zechen, Kokereien und Fabriken. Fast alle wurden geschlossen. Jetzt muss was passieren, damit die Leute wieder Arbeit haben."

„Übrigens", ergänzte Emma noch, „hier in Marxloh steht die größte Moschee Deutschlands. Sie ist noch ganz neu und sehr schön."

Die größte Moschee Deutschlands

2008 wurde in Marxloh die größte Moschee Deutschlands feierlich eröffnet. Die Kuppel* der Gebetshalle ist reich mit Verzierungen in blauen und roten Farbtönen geschmückt und von der Decke hängt ein riesiger Leuchter mit einem Durchmesser von acht Metern. Auf dem Boden liegt dunkelroter Teppich, auf dem 1 400 Gläubige beten können. Die Moschee soll auch ein „Haus für alle" sein, eine Begegnungsstätte, in der sich die unterschiedlichen Kulturen treffen können. Deshalb sind im Untergeschoss auch Räume dazu eingerichtet worden und ein Restaurant mit einer schönen Terrasse. Die neue Moschee ist in Marxloh nicht zu übersehen. Ihre 23 Meter hohe Kuppel und das 34 Meter hohe Minarett, der Turm der Moschee, ragen neben den Kirchtürmen in den Duisburger Himmel.

Islam

Der Islam ist nach dem Christentum die zweitgrößte Weltreligion. Die Gläubigen nennen sich Muslime. Sie glauben an Allah. Es ist das arabische Wort für Gott. Mohamed war der Gesandte Gottes, der Prophet. Die Worte, die er von Gott empfangen hatte, wurden im Koran aufgeschrieben. Der Koran ist das heilige Buch der Muslime. Der Islam kennt fünf heilige Pflichten, die jeder Muslim erfüllen muss. 1. Der Glaube, dass es keinen anderen Gott außer Allah gibt und Mohamed sein Prophet ist. 2. Fünf Mal am Tag nach Mekka, der heiligsten Stadt des Islam, gerichtet beten. 3. Fasten. 4. Für die Armen spenden. 5. Eine Pilgerfahrt nach Mekka unternehmen. Beten kann man zu Hause, bei der Arbeit, unterwegs oder in einer Moschee. In Moscheen versammeln sich die Gläubigen zum gemeinsamen Gebet. Männer und Frauen beten in der Moschee getrennt.

„Und was machen wir jetzt?“, fragte der Teufel mal wieder.

„Ich erzähle euch erst einmal vom Hüttenwerk Meiderich der Thyssen Stahl AG, einem riesigen Industriegelände im Norden von Duisburg, und was daraus geworden ist“, antwortete der Heinzel.

Von der Industrielandschaft zum Landschaftspark

„So was Abgedrehtes und Irres wie den Landschaftspark Duisburg-Nord gibt es auf der ganzen Welt nicht noch einmal. Er ist riesengroß. Hier war früher das Hüttenwerk Meiderich der Thyssen Stahl AG. Wenn man da beim Pförtnerhäuschen vorbei hineingeht, steht direkt am Anfang ein Torpedowagen. Wisst ihr, was ein Torpedowagen ist? Nein, das könnt ihr auch gar nicht wissen. Also, der Torpedowagen ist ein Transportwagen für flüssiges Eisen. Er sieht aus wie eine riesige Zigarre. In diesen Wagen floss das flüssige Eisen direkt aus dem Hochofen hinein und wurde in das Stahlwerk gefahren. Dann drehte ein Motor den Wagen und das Eisen floss im Stahlwerk wieder heraus. Das Hüttenwerk war dreiundachtzig Jahre in Betrieb. In dieser Zeit wurden hier siebenundfünfzig Millionen Tonnen Eisen gekocht. Die Hochöfen brannten Tag und Nacht, vierundzwanzig Stunden lang und dreihundertfünfundsechzig Tage im Jahr. Am 4. April 1985 war der letzte Abstich. Danach verließen alle Arbeiter das Werk. Der Ofen war aus! Obwohl alles noch völlig in Ordnung war. Man hätte den Hochofen auch direkt wieder anblasen können ... hat man aber nicht. Der blieb kalt bis heute.

Diesen Hochofen kann man heute über die Treppen besteigen. Er ist siebzig Meter hoch. Da kann der Teufel natürlich nicht mit hinaufgehen. Der kriegt da die Pimpernellen und das Schütteln und Rütteln und Zittern und Zähneklappern und Gänsehaut und Schweißausbruch, eben das ganze Programm.“ Der Heinzel schüttelte sich schadenfroh. „Von da oben hat man einen fantastischen Ausblick über das

Der vordere Wagen brachte die anfallende Schlacke auf die Halde. Der hintere Wagen ist ein Torpedowagen, der das flüssige Eisen ins Stahlwerk brachte.

ganze Gelände. Das ist einmalig. Man kann bis nach Düsseldorf gucken. Unten in der Gießhalle kann man auch noch das Stichloch sehen, aus dem das zweitausend Grad heiße Eisen früher durch einen besonderen Sand direkt in die Torpedowagen floss. Rund um die Eisenschmelze war ein ewiges Höllenpfeifen und ein tiefes Donnern, das Tag und Nacht aus den Rohrleitungen dröhnte. Aber wie das alles genau funktionierte, weiß ich auch nicht. Das müsste uns mal jemand anderes erzählen. Aber ob ihr das dann versteht, weiß ich auch nicht", schloss der Heinzel.

„Wisst ihr, was die mit dem alten Gasometer auf dem Gelände gemacht haben? Ich möchte mal wissen, wer auf die verrückte Idee gekommen ist. Die haben daraus ein Tauchbecken gemacht. Ja, da kann man tieftauchen, wie im Meer. Dreizehn Meter tief und unten auf dem Grund liegen ein Schiff und ein Auto, ein Kleintransporter. Und ein Riff haben sie eingebaut", ergänzte Emma aufgeregt.

Besucher können auf den Hochofen steigen. Aus 70 Meter Höhe genießt man einen Blick über das riesige Gelände des Hüttenwerks und in die weite Landschaft.

Geierkopp I und Geierkopp II – Leben in Duisburg

Geierköppe – so wurden die Brüder Bernd und Willi Kaute von ihren Spielkameraden genannt. Sie sind im Duisburger Norden aufgewachsen. In den Arbeitervierteln Laar, Meiderich und Marxloh, in den Straßen zwischen riesigen Werken mit Hochöfen, Zechen, Schloten und Fabriken. Sie waren mit hohen Mauern wie „Verbotene Städte“ umgeben. Oft glühte der Himmel rot, wenn im Hüttenwerk Meiderich ein Hochofen abgestochen wurde und das glühende Eisen wie Lava aus dem Ofen floss. Wenn der Schlackenwagen die Schlacke auf die Halde gebracht hatte, suchten die Brüder über die Mauern den Weg in die „Verbotene Stadt“. Sie wühlten in der warmen Schlacke nach Eisenresten, die mit in den Abfall gelangt waren. Sie trugen sie zum Eisenhändler, der ihnen ein paar Pfennige dafür gab. Davon kauften sie sich an der Bude Bonbons. Ihr Abenteuerspielplatz waren Trümmer und Ruinen, die nach dem Zweiten Weltkrieg überall von den Schrecken des Krieges zeugten. Dort fanden sie oft Sachen, die sie gebrauchen konnten. Die Sommerferien verbrachten sie mit „Steinekloppen“. Mit einem kleinen Hämmerchen mussten sie den alten Mörtel von den Backsteinen der zerstörten Häuser klopfen, damit man sie wieder zum Bauen verwenden konnte. Für jeden sauberen Backstein bekamen sie vom Bauunternehmer einen Pfennig. In sechs Wochen Sommerferien hatte Willi hundertfünfzig Steine gekloppt und ordentlich aufgestapelt. Dafür bekam er eine Mark fünfzig. So viel Geld hatte er noch nie in seinem Leben besessen. Damit konnte er mit seinem Bruder zu Fuß in das etwa vier Kilometer entfernte Kino gehen und mit dreihundert anderen Kindern den Film „Kalle Blomquist, der Meisterdetektiv“ sehen. Bernd spielte Handball. Er war groß gewachsen und das war dafür von Vorteil. Willi wollte Fußball spielen. Aber daraus wurde nichts. Als er zum ersten Mal in der Mannschaft mitspielte, schoss er ein Eigentor. Dafür hat er sich so geschämt, dass er nie wieder hingegangen ist. Stattdessen fing er zu boxen an. Zuerst kämpfte er im Papiergewicht. Als er über sechzig Kilogramm wog und im Halbweltergewicht kämpfte, hörte er mit diesem Sport auf.

In der Hütte geht es heiß zu

Im Hüttenwerk wird Eisenerz zu Roheisen geschmolzen. Dazu braucht man Eisenerz, Koks, Kalk und viel Energie. Der Möller aus Erz, Kalk und Schlacken wird in Bunkern gelagert und mit Wagen über Schienen zum Hochofen transportiert. Über einen schrägen Aufzug wird er zum Koks in den Hochofen befördert. Der Ofen ist aus feuerfesten Steinen gemauert und hat einen Mantel aus Stahl. Durch dicke Röhren wird Luft in den Ofen geblasen. So entsteht die hohe Temperatur von bis zu 2 400 Grad, die nötig ist, damit im unteren Teil des Ofens alle Stoffe schmelzen, sich verwandeln, trennen oder verbinden. Bei der Verwandlung entstehen auch Rückstände, die Schlacke. Sie schwimmt auf dem Eisen, weil sie leichter ist. Der Ofen wird alle zwei bis drei Stunden „abgestochen". Dazu öffnen die Arbeiter ein Loch und daraus fließt das heiße Eisen wie der Lavastrom eines Vulkans durch Sandrinnen in die Torpedowagen, die es zum Stahlwerk fahren. Die glühende Schlacke wird zu den Seiten abgeleitet. Sie ist nicht mehr zu gebrauchen. Mit Schlackewagen wird sie auf die Schlackehalden* abtransportiert.

links: Die Tauchsporthalle im Duisburger Gasometer.

rechts: Auf dem Grund des Gasometers sind ein Schiff und ein Auto versenkt worden. Auch nach einer Maus können die Sportler tauchen.

Schwerindustrie

Die Betriebe der Stahlindustrie entstanden im Ruhrgebiet immer da, wo die Transportwege für die benötigten Rohstoffe kurz waren. Für die Stahlindustrie war das Ruhrgebiet ein idealer Standort. Die Kohle lag fast direkt unter dem Stahlwerk und brauchte nur noch zutage gefördert zu werden. Jahrzehntelang waren deshalb Stahlwerke, Hochöfen, Zechen und Kokereien direkte Nachbarn und prägten das Bild der Städte im Ruhrgebiet.

„Zum Hüttenwerk gehörten noch viele Gebäude und etliche Hallen zur Stromerzeugung. Die Hallen haben Namen wie ‚Gebläsehalle' oder ‚Kraftzentrale'. Sie wurden zu Veranstaltungshallen umgebaut. Mit eingebauter Bühne für Theateraufführungen und Konzerte. Im Sommer gibt es Kino in der Gießhalle 1. Sie ist mit einer großen Tribüne und einer ausfahrbaren Überdachung ausgestattet. Und dann wird das ganze Gelände nachts noch angestrahlt. Die Woche über weniger. Aber am Wochenende ist Vollprogramm", schwärmte der Heinzel. „Da wird alles in rotes, blaues und gelbes Licht getaucht. Das ist ein einmaliges Erlebnis! Im Laufe der Jahre hat sich die Natur die Landschaft zurückgeholt. Heute wachsen da Pflanzen wie auf Vulkanen und Blumenwiesen – alles mitten in der untergegangenen Industrielandschaft. Dreihundert Pflanzen und sechzig Vogelarten haben sich hier neu angesiedelt.

Kino in der ehemaligen Gießhalle 1 im Landschaftspark Duisburg.

Und das Tollste habe ich noch gar nicht erzählt. Das Tollste sind die Kletterwände im Park. Das sind die Wände der Erzbunkeranlagen, in denen früher Erz und Koks zum Füttern der Hochöfen lagerten. Wahnsinn ist das! Man kann rund um die Uhr klettern. Man muss aber nicht unbedingt klettern. Es gibt auch schöne Spielplätze im Park. Sogar eine Riesenrutsche gibt es da."

„Können wir jetzt endlich mal dahin gehen? Ich möchte mal an den Wänden hochklettern und in den Tauchgasometer gehen", sagte Emma. Sie verabredeten sich und trafen sich im Landschaftspark Duisburg-Nord, am Torpedowagen wieder. Es brauchte schon seine Zeit, bis sie alles erkundet und besichtigt hatten. Dann wollten sie noch zum Hafen.

Der Duisburger Innenhafen

„An welchen Hafen hattest du gedacht?", fragte der Heinzel. „Es gibt nämlich den Innenhafen und den Duisport in Duisburg-Ruhrort. Das ist der größte Binnenhafen der Welt."

„Zuerst in den Innenhafen. Wir treffen uns bei der Schwanentorbrücke", sagte Emma.

links: Im Landschaftspark Duisburg-Nord gibt es den größten Klettergarten Deutschlands.

rechts: Im Klettergarten braucht man Mut und Selbstvertrauen, dann kann man sein Ziel erreichen.

„Wo heute der Innenhafen liegt, floss früher der Rhein!", fiel Mercur ihr ins Wort.

„Aber um das Jahr 1000 nicht mehr. Da hat der Rhein sein Bett bei Duisburg verlassen und sich ein neues gesucht. Und ruckzuckhastenichtgesehen lag Duisburg nicht mehr am Rhein! Aber auf einem toten Rheinarm konnten noch vierhundert Jahre lang Schiffe nach Duisburg fahren. Danach war auch der tote Arm tot. Er hatte kein Wasser mehr und das war das Ende der bedeutenden Handelsstadt Duisburg für viele Jahrhunderte", wusste der Teufel zu berichten.

„Ja, ja. Der tote Rheinarm. Zu meiner Zeit hat man ihn wieder ausgegraben, die Verbindung zum Rhein wieder hergestellt und den Außenhafen und den Innenhafen gebaut. Und damit war Duisburg wieder ein hervorragender Handelsplatz", berichtete der Heinzel.

„Guckt mal, da sind Schwäne auf dem Wasser!", rief der Heinzel, als sie an der Schwanentorbrücke standen. Aber die Schwäne waren nicht nur weiß, sondern auch rot und blau und gelb, und dann stellte sich heraus, dass es Tretboote in Schwanenform waren. Jetzt wollte der Heinzel unbedingt mit einem Tretbootschwan den Innenhafen besichtigen. Sie wurden sich schnell einig. Mercur und der Heinzel stiegen in einen blauen Tretbootschwan, Emma und der Teufel in einen gelben. Aber dann fiel dem Teufel ein, dass er in einem roten fahren wollte, und machte so lange Theater, bis er alleine in seinem roten Schwan saß. Nun strampelten sie los. Das war lustig. Und wenn der Teufel sich an die Regeln beim Tretbootfahren gehalten hätte, wäre es auch eine schöne Besichtigungsfahrt geworden. Aber entweder konnte er nicht richtig

Der Klettergarten darf leider nur von Mitgliedern und Gästen des Alpenvereins, Sektion Duisburg, genutzt werden. Informationen erhält man in der im Landschaftspark befindlichen Geschäftsstelle des Alpenvereins oder unter Tel. 0203/ 42 81 20.

lenken, oder er wollte nicht. Jedenfalls rempelte er dauernd den blauen und gelben Schwan an und lachte hämisch, wenn sie laut aneinanderknallten und das Wasser spritzte. Auch andere Boote, in denen wildfremde Menschen saßen, rempelte er an. Plötzlich trampelte er wie ein Wahnsinniger, hielt auf den blauen Schwan zu und knallte mit voller Wucht dagegen. Beim Aufprall flog dem Heinzel der Hut im hohen Bogen vom Kopf durch die Luft und im selben Augenblick war vom Heinzel nichts mehr zu sehen.

„Du Mistbolzen. Du alte Flautsche. Du Ferkelwämser. Du Stinkknochen und Kotzbrocken ...", fluchte der unsichtbare Heinzel.

Mercur war sehr erschrocken und schrie: „Der Heinzel ist weg, der Heinzel ist weg. Er ist ertrunken. Zur Hilfe, zur Hilfe ..."

Die Geschichte des Duisburger Innenhafens

Als der Innenhafen in Duisburg entstand, brauchte man im Bergbau große Mengen Holz zum Ausbau* der Schächte und Stollen. Deshalb konnte man im Hafen mit Holz gute Geschäfte machen. Als Holz nicht mehr so gefragt war, wurde der Handel mit Getreide ein lohnendes Geschäft, weil die Bevölkerung mit Brot versorgt werden musste. Das Getreide landete im Innenhafen an, wurde in großen Speichergebäuden* gelagert und in Getreidemühlen gemahlen. 115 Mühlen und Lagerhäuser standen um 1925 am Hafen. Man sagte damals, der Duisburger Hafen ist der „Brotkorb des Ruhrgebiets". Aber auch der Handel mit Getreide und der andere Hafenbetrieb gingen immer mehr zurück. Dann standen die riesigen Lagerhäuser leer und die Mühlen still. Die Gebäude gammelten vor sich hin und verkamen. Mit der Idee „Arbeiten, Wohnen, Kultur und Freizeit am Wasser" erweckte man das Hafengebiet zu neuem Leben. Aus einem Lagerhaus wurde ein Museum, aus einem anderen eine Gaststätte, wieder andere wurden zu Bürohäusern umgebaut. Auch ein neues Wohnviertel entstand. Wo früher die Lastkähne mit Gütern anlegten, ist heute die Marina. Hier liegen Motorboote und Jachten. Das gesamte Gelände wurde neu gestaltet und aus dem alten Hafengebiet von einst wurde ein modernes Stadtviertel am Wasser, das auch viele Attraktionen für die Freizeit bietet.

Die Küppersmühle ist ein mächtiges Backsteingebäude. Früher wurde hier Korn gemahlen. Heute ist in der Mühle das MKM, das Museum Küppersmühle für Moderne Kunst eingerichtet. Damit das Museum noch mehr Kunstwerke ausstellen kann, wird in nächster Zeit ein riesiger „Bauklotz“ auf das Gebäude gesetzt. Dann wird die Küppersmühle das Wahrzeichen von Duisburg und ein Zeichen für den Wandel zur modernen Stadt.

Der Duisburger Hafen – größter Binnenhafen der Welt

Der Duisburger Hafen wird „Duisport“ genannt und ist der größte Binnenhafen der Welt. Rund um Duisburg und an den Ufern des Rheins liegen große Industrieanlagen. Über die großen Seehäfen Antwerpen, Rotterdam und Amsterdam werden ihre Produkte in die ganze Welt verschifft. Die Schiffe können in mehr als 20 Hafenbecken einfahren und be- und entladen werden. Die Ufer der Becken sind 40 Kilometer lang und die Fläche des gesamten Hafens beträgt 1 000 Hektar. Vom Hafen können die Güter auch mit der Eisenbahn auf Schienen und mit Lastwagen über die Autobahn schnell transportiert werden. Im „Duisport“ sind die Häfen von Duisburg-Stadt, Ruhrort und Hochfeld zusammengeschlossen. Von der Friedrich-Ebert-Brücke hat man den besten Blick auf das Hafengelände.

Auch Emma hatte sich erschrocken. Sie war sofort aufgesprungen und als sie den Heinzelhut auf dem Innenhafen treiben sah, stürzte sie sich kopfüber ins Wasser. Nach wenigen Stößen hatte sie den Hut gepackt. Dann tauchte der Teufel im roten Schwan neben ihr auf.

„Ich wollte nur mal sehen, ob der Heinzel ohne Hut wirklich unsichtbar ist", sagte er zu Emma und wollte frohgemut davonstrampeln. Aber Emma klammerte sich am Schwanenboot fest und stemmte sich so weit hoch, dass sie den Teufel am Bein zu packen bekam. Dann riss sie ihn von seinem Sitz ins Wasser und tauchte ihn unter. Als sein Teufelskopf wieder auftauchte, japste und gurgelte er und schnappte nach Luft. Dann klammerte er sich am Boot fest. Er zitterte und bibberte und zeterte und jammerte.

„Ich gehe unter. Ich ertrinke. Ich versaufe. Teufel können nicht schwimmen. Hilfe, Hilfe! Warum hilft mir denn keiner?"

„Versauf doch, du alter Stinkstiefel", sagte Emma und ließ sich nicht aus der Ruhe bringen. Sie schwamm mit dem Hut zum blauen Schwan, zog sich daran hoch und ließ sich auf den leeren Platz neben Mercur fallen.

„Au, au, au. Aua. Du drückst mich platt. Ich sitze doch hier", jaulte der unsichtbare Heinzel auf. Da setzte Emma ihm schnell den Hut auf und sofort war er wieder zu sehen. Um dem Teufel einen Denkzettel zu verpassen, ließen sie ihn noch eine Weile im Wasser zappeln. Dann zogen sie ihn auf seinen roten Schwan. Er war klatschnass, genau wie Emma. Die Besichtigungstour war damit zu Ende, obwohl sie fast gar nichts gesehen hatten. Sie strampelten zum Steiger Schwanentor und gaben ihre Schwäne an der Anlegestelle wieder ab.

Keiner von ihnen wollte jetzt noch eine Hafenrundfahrt machen. Alle hatten genug vom Wasser. Eine Besichtigung des Schifffahrtsmuseums und des Schleppdampfers „Oskar Huber" in Ruhrort fiel damit auch aus.

Die Stimmung war dahin und keiner wusste so recht, wie es jetzt weitergehen sollte. Emma fand zuerst die Sprache wieder.

„Ich mache euch einen Vorschlag. Wir machen eine Ruhrfahrt. Wir treffen uns in Mülheim am Wasserbahnhof auf der Ruhrinsel und fahren mit der Weißen Flotte bis Kettwig-Unterwasser. Das dauert eine Stunde und das ist eine schöne Schiffsfahrt. Dabei können wir uns erholen und die wunderbare Ruhrlandschaft betrachten."

Alle waren mit dem Vorschlag einverstanden.

Das Museum der Deutschen Binnenschifffahrt und der Schleppdampfer „Oskar Huber“

In Duisburg-Ruhrort ist aus einem alten Hallenschwimmbad von 1908 ein modernes Museum der Schifffahrt geworden. Ausstellungsstücke erzählen vom Einbaum bis zum Schubverband, vom Segelschiff bis zum Kettenbagger von der Geschichte der Schifffahrt. Im früheren Schwimmbecken für Herren ist ein mehr als 100 Jahre alter Lastkahn mit vollen Segeln zu besichtigen, im ehemaligen Becken für die Damen der Nachbau eines Binnenschiffes. Damit man ein Gefühl für das Leben an Bord bekommt, darf man in diesem Schiff auch herumlaufen. Das Museumsschiff „Oskar Huber“, das am Hafen von Ruhrort liegt, ist ein Schleppdampfer mit riesigen Schaufelrädern. Er wurde 1922 gebaut. Er hat etwa 40 Jahre lang Kähne geschleppt. Bis zu sieben Stück auf jeder Fahrt. Rund 100 Jahre lang waren solche Schlepper auf den Flüssen im Einsatz. Von den unzähligen Schleppdampfern dieser Zeit ist die „Oskar Huber“ der einzige, der die Zeiten überlebt hat. Alle anderen wurden verschrottet.

Unterwegs auf Flüssen, Seen und Kanälen

Eine Schiffsreise auf der Ruhr

Sie trafen sich in Mülheim am Gebäude des Wasserbahnhofs wieder. Es war wirklich schön hier und sie konnten verstehen, dass die Schleuseninsel nun schon seit fast achtzig Jahren ein beliebtes Ausflugsziel war. Hier lagen die Ausflugsschiffe der Weißen Flotte, die auf den Gewässern im Ruhrgebiet umherfuhren.

Die Ruhr

Die Ruhr ist ein etwa 219 Kilometer langer Nebenfluss des Rheins. Sie entspringt im Rothaargebirge im Sauerland. Sie fließt unter etwa 160 Brücken her und mündet bei Duisburg-Ruhrort in den Rhein.

Der Teufel wanderte herum und entdeckte das alte Wasserwerk und das „Haus Ruhrnatur", ein besonderes Erlebnismuseum zum Leben im Ruhrwasser und in der Natur ringsum. Mercur stand vor einer Schleuse. Dieses Bauwerk, in der Schiffe Höhenunterschiede überwinden können, interessierte ihn. Der Heinzel erzählte ihm, dass hier früher alle acht bis zehn Minuten ein Schiff geschleust wurde. Emma studierte die Fahrpläne. Plötzlich ruderte sie heftig mit den Armen und rief die anderen zusammen.

„Das Schiff fährt ab. Los! Zum Landesteg!" Alle rannten. Zum Schluss kam der Heinzel.

„Mach mal hinne, wenne mit willst", rief ein Matrose ihm zu. Aber er ließ sich nicht aus der Ruhe bringen und als er an Bord war, dauerte es tatsächlich noch eine ganze Weile, bis das Schiff ablegte. Der Heinzel ging sofort oben an Deck, wo die Aussicht am schönsten war. Dort stand auch schon der Teufel.

Der Wasserbahnhof in Mülheim an der Ruhr ist eine Anlegestelle der Weißen Flotte. Er liegt auf der Schleuseninsel der Ruhrschleuse Mülheim.

Burgen und Schlösser im Ruhrtal

„Ist Müllheim eine schöne Stadt?", fragte der Teufel den Heinzel.

„Ja. Sie ist sehr schön. Aber sie heißt nicht Müllheim. Sie hat nichts mit Müll und Abfall zu tun. Sie heißt Mülheim an der Ruhr und sie hat mit Mühlen zu tun. Schon seit 1093 wird in einer Urkunde von *Mulenheim,* also vom Heim der Mühlen gesprochen."

„Und was ist schön an der Stadt?"

„Die Altstadt mit den Fachwerkhäusern und die Ruhr, die sich durch die ganze Stadt schlängelt. Und eine Burg- und Schlossanlage gibt es hier", schwärmte der Heinzel.

„Und welche?", wollte der Teufel wissen.

„Burg und Schloss Broich."

„Ah, kenne ich! Das ist die älteste Befestigungsanlage weit und breit. Die ist von 883. Zu dieser Zeit hatten die Wikinger Duisburg erobert und sich da den Winter über festgesetzt. Zur Sicherheit haben sie die Festung Broich gebaut. Man wusste ja nie, was dieses wilde Volk aus dem Norden, das raubend und plündernd durch Europa zog, vorhatte.

Schloss Broich

Die Burg- und Schlossanlage Broich liegt nahe an der Innenstadt von Mülheim. Broich gilt als die älteste Burganlage nördlich der Alpen. Die Burg wurde um 883 als Festung gegen die Wikinger erbaut, die Duisburg erobert hatten. Als sie 884 im Frühjahr weiter auf Raubzüge durch Europa zogen, wurde die Burg aufgegeben und verfiel. Viel später erst wurde sie von den Edelherren von Broich wieder auf- und ausgebaut. Die Schloss- und Burganlage hat keinen einheitlichen Baustil, weil im Laufe der Jahrhunderte immer wieder daran gebaut wurde. Auch die Mauern der ersten Burg von 883 sind auf dem Gelände zu sehen. Heute gehört Schloss Broich der Stadt Mülheim an der Ruhr. Im Schloss informiert eine Ausstellung über die Geschichte des Schlosses. Einmal im Jahr wird ein Mittelalterfest mit historischem Markt auf der Burg gefeiert.

Aber im Frühling 884 zogen sie wieder ab und Broich wurde aufgegeben und verfiel."

„Du kennst dich aber gut aus", lobte Emma den Teufel. Sie hatte sich zu den beiden oben an Deck gesellt.

„Betrifft ja auch das Mittelalter* und dafür bin ich der Fachmann", sagte der Teufel selbstbewusst. „Bevor das Ruhrgebiet zur Industrieregion wurde, war es eine schöne Burgenlandschaft."

„Kennst du noch mehr Burgen und Schlösser hier in der Umgebung?", fragte Emma weiter.

„Soll ich die alle mal aufzählen?

„Sind das viele?"

„Noch fünfzehn Stück."

„Sind die alle in der Nähe?", fragte Emma weiter.

„Nein. Nur das Schloss Styrum. Danach ist ein Stadtteil von Mülheim benannt."

Burgen und Schlösser an der Ruhr, die heute als Ruine oder vollständig erhalten sind:

- das Schloss Arnsberg in Arnsberg,
- die Hohensyburg in Dortmund,
- das Wasserschloss Werdringen in Hagen,
- Burg Wetter und Burg Volmarstein in Wetter,
- Schloss Steinhausen, Burg Hardenstein, Haus Witten und Haus Herbede in Witten,
- Haus Kemnade, Burg Blankenstein und die Isenburg in Hattingen,
- die Burg Altendorf und die neue Isenburg in Essen,
- das Schloss Styrum in Mülheim

Das Wasserschloss Werdringen beherbergt ein Museum für Ur- und Frühgeschichte.

Schloss Styrum

In seinen Anfängen war Styrum eine Burganlage, von der schon 1067, also vor fast 1 000 Jahren berichtet wurde. Im Laufe ihres langen Lebens wurde die Anlage oft um- und ausgebaut. Sie gehörte den Grafen von Limburg-Styrum, bis der Fabrikbesitzer August Thyssen das verwahrloste Anwesen 1890 kaufte. Er richtete das Gemäuer wieder her und baute Wohnungen für Direktoren seiner Fabriken ein. Heute gehören das Schloss und der Schlosspark der Stadt Mulheim an der Ruhr. Im Schlossgarten steht ein alter Wasserturm, in dem ein Museum eingerichtet ist, das sich ganz dem Wasser widmet: das Aquarius Wassermuseum.

Wohnen auf Schloss Styrum – Puppi und Männi erzählen

Der Großvater von Puppi und Männi war ein Direktor bei der Firma Thyssen. Deshalb durfte er mit seiner großen Familie auf dem Schloss Styrum wohnen. Zu seiner großen Familie gehörte seine Frau, fünf Töchter, ein Sohn, zwei Schwiegersöhne und die beiden Enkelkinder Puppi und Männi. Dazu kamen noch das Kindermädchen, die Köchin, die Putzhilfe und der Chauffeur mit seiner Frau.*

Puppi und Männi wohnten mit ihren Eltern auf der ersten Etage. Der Flur, von dem die Zimmer abgingen, war lang und breit. Er wurde die „Kölner Straße“ genannt und war das Reich von Puppi und ihrem Cousin Manni. Hier spielten sie Nachlaufen, fuhren mit dem Roller oder dem Fahrrad oder machten anderen Unsinn.*

Im Schlossgarten, direkt hinter dem Haus, war ein Seerosenteich. Zu Puppis Zeiten wurde er im Sommer als Schwimmbecken benutzt. Es war aber streng verboten, ohne Aufsicht in das Becken zu steigen. Aber die beiden taten es trotzdem und spielten mit einem alten Autoreifen. Plötzlich versank Männi im Wasser. Das hatte die Großmutter gesehen, stürzte sich ins Wasser und zog den halb ertrunkenen Männi wieder heraus. Als Puppi gefragt wurde, wie das passiert sei, sagte sie: „Der blöde Männi ist einfach untergegangen.“

Sie durften auch nicht in den Schlossturm gehen. Das war streng verboten. Aber sie taten es trotzdem und suchten zwischen Spinnweben und altem Gerümpel nach Abenteuern. Auf dem Holzboden fanden sie rätselhafte runde Brocken. Sie waren nicht schwer und als sie sie untersuchten, fanden sie kleine Knochen, Fellhaare und Federchen darin. Es war das Gewölle von Eulen, die durch die zerbrochenen Fensterscheiben in den Turm flogen und sich hier niedergelassen hatten.

Eines Tages fanden sie zwei kleine Eulenjunge auf dem Boden, die ein heftiges Piepskonzert veranstalteten. Sie beobachteten gebannt das aufgeregte Gewusel. Als Puppi einen feinen Luftzug spürte und sich zur Seite wandte, blickte sie in die starren Augen der Eulenmutter. Völlig lautlos und mit ausgebreiteten Fängen war sie durch das Fenster auf Puppi zugeflogen. Vor Angst und Schrecken rannten beide aus dem Turm. Als sie draußen waren, stellte Puppi fest, dass sie vor Angst in die Hose gemacht hatte.

Als Puppi sieben Jahre alt war, zog sie mit ihren Eltern und den beiden Schwestern in ein eigenes Haus nach Kettwig. Die Eltern waren es leid, weiter beim strengen Großvater zu wohnen, der über alles bestimmte. Dort bekam Puppi ihre dritte Schwester.

Aquarius Wassermuseum – das neue Leben des alten Wasserturms

Im Mülheimer Stadtteil Styrum steht ein 50 Meter hoher und etwa 100 Jahre alter Wasserturm. Als man ihn nicht mehr brauchte, vergammelte er. Dann kam man auf die Idee, im Wasserturm ein Wassermuseum einzurichten. An einer Seite des Gebäudes wurde ein Treppenturm aus Glas angebaut. Gläserne Fahrstühle bringen

die Besucher auf die obere Ebene, wo früher 500 000 Liter Wasser lagerten. Heute kann man von hier aus auf die Flusslandschaft der Ruhr blicken und hier beginnt auch die Ausstellung. Genau wie Wasser nicht nach oben fließt, sondern nach unten, führt auch der Weg durch das Museum von oben nach unten. Im Turm ist das Thema Wasser in 21 Bereiche eingeteilt, die auf 14 Ebenen gezeigt werden. Hier kann man am Computer experimentieren, spielen, bauen, forschen, einen Tropfen Wasser auf seinem Weg aus den Wolken bis ins Meer verfolgen und sich sechs Stunden Film ansehen und noch vieles mehr.

„Warum gibt es so viele Burgen und Schlösser an der Ruhr und im ganzen Ruhrgebiet? Das ist doch ungewöhnlich – oder?“, fragte Emma weiter.

„Das ist nicht ungewöhnlich. Burgen waren im Mittelalter ein sichtbares Zeichen von Macht und Herrschaft.“

„Und wer herrschte über dieses Land an der Ruhr?“, bohrte Emma nach.

„Die Erzbischöfe von Köln, die Grafen von der Mark, die Herzöge von Berg und die Grafen von Limburg. Sie hatten immer wieder Auseinandersetzungen und bekämpften sich. Deshalb errichteten sie immer wieder neue Burgen. Und wenn sie zerstört wurden, bauten sie sie oft wieder auf. – Soll ich dir mal eine Geschichte erzählen? Eine Geschichte, die wirklich hier passiert ist? Aber da darfst du nicht zimperlich sein, denn im Mittelalter ging es rau zu. Mord und Totschlag waren nichts Besonderes."

„Hier in der Gegend?", vergewisserte sich Emma.

„Wenn ich es doch sage", beharrte der Teufel. „Hoch über der Ruhr bei Hattingen sind die Ruinen der Isenburg zu finden. Auf dem Isenberg waren die Grafen von Isenberg zu Hause. Die Burg lag günstig zwischen Köln und Soest an einem Übergang über die Ruhr, an einer Furt. Aber dann wurde der Erzbischof von Köln, Engelbert II. ermordet und dafür wurde der Graf Friedrich von der Isenburg verantwortlich gemacht und deshalb wurde die Isenburg zerstört und der Graf getötet."

Mord im Mittelalter

Engelbert II. war Erzbischof von Köln und Vertreter des Kaisers. Er war vierzig Jahre alt und ein mächtiger Mann im Deutschen Reich. Deshalb hatte er auch Feinde, die ihn lieber tot als lebendig gesehen hätten. Dazu gehörte auch seine eigene Familie. Sie verzieh ihm nicht, dass er sich selbst zum Herrscher von Schloss Burg in Wuppertal gemacht hatte.
Am 7. November 1225 traf Engelbert seinen Vetter Graf Friedrich von Isenberg in Soest. Sie wollten ihren Streit um Gebiete beenden. Aber sie konnten sich nicht einigen und Engelbert ritt zurück nach Köln. Am Ausgang des Gevelsberges zwischen Hagen und Schwelm musste er einen Weg entlangreiten, der tief zwischen zwei Felsen eingeschnitten war und auf dem es keinen Ausweg gab. Hier hatten sich die Männer des Grafen Friedrich von Isenberg hinter Büschen und Bäumen versteckt und lauerten Engelbert auf. Als er kam, stürmten sie auf einen Pfiff des Anführers hin aus ihren Verstecken. Engelbert gab seinem Pferd die Sporen und versuchte zu entkommen. Aber ein Verfolger riss ihn vom Pferd. Nun wollte Engelbert zu Fuß flüchten, aber ein Rudel Männer stürzte sich auf ihn. Sie stachen und hieben mit ihren Schwertern wie die Wahnsinnigen auf Engelbert ein. Als er sich nicht mehr wehrte und rührte, ließen sie von ihm ab und flüchteten vom Tatort. Die Leiche Engelberts holte man nach Köln. Hier wurde das Fleisch von den Knochen gelöst und im Turm des alten Domes beigesetzt. Die Knochen bettete man in einen goldenen Schrein. Das Herz aber legte man in ein kostbares Gefäß. Als die Gebeine Engelberts nach über siebenhundert Jahren mit modernen Methoden genauestens untersucht wurden, stellten die Mediziner über fünfzig Verletzungen an den Knochen fest, die von Schwerthieben und -stichen stammten.
Über den Mord und alles, was danach geschah, hat der Mönch Caesarius von Heisterbach berichtet, der zu dieser Zeit gelebt hat. Er schrieb auch auf, dass die Mörder mit

den grausamsten Strafen des Mittelalters belegt wurden. Man band ihnen die Füße an Pferden fest und ließ sie durch die Stadt zu Tode schleifen. Man zerschlug ihnen mit dem Beil die Glieder, andere spannte man aufs Rad. Friedrich von Isenberg ergriff man und er wurde „... mit großer Schmach auf dem Rad grässlich gefoltert, bis er tot war", berichtete Cäsarius. Bis heute bleibt es ein Rätsel, ob der Mord an Engelbert geplant war oder ob man ihn ursprünglich nur gefangen nehmen wollte.*

Schrein des hl. Engelbert in der Schatzkammer des Kölner Domes.

Die Isenburg

Die Isenburg lag auf dem Isenberg hoch über der Ruhr. Die mächtige Festung war Sitz des Grafen Friedrich von Isenberg. Sie lag in günstiger Lage zwischen Köln und Soest und an einem Übergang über die Ruhr, an einer Furt. Nach dem Mord an Engelbert II. 1225 wurde sie noch im gleichen Jahr bis auf die Grundmauern zerstört. Dazu belagerte man die Burg und schlitzte an einigen Stellen die Mauern auf. In die Schlitze trieb man Eichenbalken tief in das Mauerwerk hinein. Dann wurden rundum Holz und Reisig aufgeschichtet und angezündet. Durch das Feuer verbrannte der Kalk im Mörtel und die Mauern sackten in sich zusammen.
Auf dem Burggelände der Isenburg steht heute das Landhaus Custodis, das in einer Ausstellung an die Geschichte der Burg erinnert.

„Wollt ihr noch mehr Geschichten hören? Vom Wasserschloss Strünkede bei Herne etwa und dem Ritter Jost von Strünkede?", fragte der Teufel, denn inzwischen standen auch der Heinzel und Mercur bei ihnen. Sie nickten und so fuhr der Teufel fort:

„Das Schloss Strünkede gehört zu den schönsten Wasserschlössern im Ruhrgebiet. Hier wohnten viele Jahrhunderte die Ritter von Strünkede, eine mächtige Familie. Der komische Name geht auf Strunk zurück,

auf den Baumstrunk. Der Rittersitz wurde oft belagert und zerstört und Berichte erzählen von rebellischen Mitgliedern in der Familie. Sie suchten Streit, zettelten Fehden* an und zogen als gefährliche Raubritter durch die Lande.“

In die große Wasserburg Strünkede in Herne ist das Emschertal-Museum eingezogen. Es zeigt Objekte von der Ur- und Frühgeschichte bis zur heutigen Zeit.

Die Sage vom Raubritter Jobst von Strünkede

Jobst, der Ritter von Strünkede ritt gerne mit seinen Ritterfreunden in der Gegend umher. Dabei überfielen sie Bauern und raubten ihnen Speck, Schinken, Würste und alles, was sie hatten. Wenn sie ihre Sachen nicht hergeben wollten, ließ Jobst sie ins Burgverlies werfen. Als Jobst und die Ritter wieder mal umherstreiften, trafen sie den Schmied, der mit seinem Gesellen Holz mit seinem Pferdewagen abfuhr. Er wollte sich eine neue Schmiede damit bauen. Aber Jobst befahl, es auf seine Burg zu bringen, und drohte Prügel und den Kerker im Burgverlies an. Der Schmied lief nun nach Recklinghausen und suchte Rat bei den Ältesten. Diese schickten einen Boten auf die Burg. „Gib das Holz heraus und das Pferd und den Wagen“, forderte der. Aber Jobst dachte nicht daran. „Die Antwort bekommt ihr morgen“, sagte er. Nun ritt er mit seinen Freunden nach Recklinghausen. Als er zum Viehtor kam, wurden gerade die Kühe der Bürger auf die Weide getrieben. Er überwältigte den Viehhirten und trieb mit seinen Freunden die Kühe auf seine Burg. Nun hatten die Bürger von Recklinghausen keine Kühe und keine Milch mehr. Voller Wut zogen sie mit Knüppeln, Spießen und Sensen bewaffnet zur Burg und belagerten sie. Sie wollten Jobst aushungern. Aber auf der Burg waren viele Vorräte und dazu noch hundertneunzehn Kühe. Da hätten sie lange warten müssen. Deshalb kletterte der Schmied nachts über einen Baumstamm, der über dem Wassergraben lag, und zündete die Scheune an. Das brachte die ganze Burg in Aufregung und alle suchten Rettung vor dem Feuer. Da ging plötzlich die Zugbrücke herunter und Jobst und seine Mannen stürmten in Panik aus dem Burgtor. Die Bürger stürzten sich auf sie und nahmen sie gefangen. Nur Jobst wehrte sich heftig und wollte sich nicht ergeben. Das war sein Todesurteil, denn alle schlugen nun so lange auf ihn ein, bis er sich nicht mehr rührte.

Von der Ruhrschifffahrt

„Schöne Geschichten sind das", sagte der Heinzel. „Aber das ist lange her. Soll ich euch mal was von der Ruhr erzählen? Die hat auch ihre Geschichte. Eine lange sogar. Vor vierhundert Jahren konnten gar keine Schiffe mehr auf der Ruhr fahren. Es gab viel zu viele Klippen und Sand- und Kiesbänke. Einige Abschnitte waren ganz flach, andere ganz steil. Dann hat man sie vor etwa zweihundert Jahren wieder schiffbar gemacht. Das größte Problem war, die Schiffe über die flachen und die steilen Abschnitte zu bringen. Deshalb baute man viele Schleusen*, in denen die Schiffe den Höhenunterschied überwinden konnten. Die Schiffe mussten allerdings sehr flach gebaut sein, damit das klappte. 1780 konnten die ersten flachen Schiffe, die Ruhraaken, mit ihren Ladungen von Kohle, Salz und Getreide wieder fahren. Nun wurde die Ruhr für hundert Jahre der meistbefahrene Fluss in Europa. An den sechzehn Schleusen wurden bis zu achtzig Schiffe täglich geschleust. Ab 1852 lösten die Dampfschiffe die flachen Ruhraaken ab.

Seit dieser Zeit wurde die Ruhr aber langsam vergiftet. Alle leiteten ihre schmutziges Wasser in den Fluss: die Industrie, der Bergbau, die Landwirtschaft und die Haushalte, bis die Ruhr eine schwarze, stinkige und giftige Brühe ohne Sauerstoff war. Kein Fisch und keine Pflanze blieben darin am Leben. Als dann vor etwa hundertvierzig Jahren

Eine Ruhraak wird von zwei Pferden gegen die Strömung gezogen.

An der Ruhr bei Wetter.

die Ruhrtaleisenbahn fertig war, wurde es immer stiller auf dem Fluss. Im Jahr 1889 fuhr das letzte Kohlenschiff. Der Transport von Kohle, Erz und Stahl mit der Eisenbahn war nun schneller und billiger."

„Heute ist die Ruhr sauber", sagte Emma. „Sie ist kein Abwasserfluss mehr. Sie ist für das Trinkwasser zuständig. Es gibt auch dreihundert Wasserwerke am Fluss, in denen das Wasser gereinigt wird. In den fünf Ruhrstauseen des Ruhrgebiets wird das Wasser im Kies und Sand natürlich gereinigt. In Kettwig ist der letzte Stausee, dann fließt die Ruhr in den Rhein. Mit der Wasserkraft wird übrigens auch Strom erzeugt."

Ruhrstauseen zwischen Dortmund und Essen

Hengsteysee	zwischen Hagen, Dortmund und Herdecke
Harkortsee	zwischen Hagen, Herdecke und Hattingen
Kemnader See	zwischen Bochum, Witten und Hattingen
Baldeneysee	im Süden von Essen
Kettwiger See	im Süden von Essen

Der Kettwiger Stausee.

In Kettwig-Unterwasser gingen sie vom Schiff der Weißen Flotte.

„Hier fühle ich mich wie in den Ferien“, sagte Emma. Dann gingen sie in die Altstadt von Kettwig. Hier standen noch viele Fachwerkhäuser. Am Märchenbrunnen setzten sie sich auf die Bänke und sahen sich das Wildschwein aus Bronze* an, das dort stand.

„In welchem Märchen kommt ein Wildschwein vor?“, fragte der Heinzel die anderen. Emma wusste es nicht. Der Teufel auch nicht und Mercur erst recht nicht.

Der Märchenbrunnen in Essen-Kettwig. Während das Wildschwein mit schäumendem Maul auf den Schneider zurennt, hat er sich schon hoch oben auf die Säule gerettet.

„Im Märchen vom tapferen Schneiderlein“, trumpfte der Heinzel auf. „Nachdem das Schneiderlein schon die Riesen erschlagen und das Einhorn besiegt hatte, musste es noch ein Wildschwein fangen, bevor es die Königstochter heiraten durfte.“

„Und wo ist der Schneider?“, fragte der Teufel.

Alle suchten ihn. Aber niemand fand ihn.

„Da oben vor der Hauswand. Beim Baum. Er sitzt oben auf einer Säule.“

Sie hatten Mühe, den Schneider zwischen all den Ästen und Blättern zu entdecken.

links: Früher gab es in Kettwig noch Nachtwächter, die in den verwinkelten Gassen für Ruhe und Ordnung sorgten.

rechts: Die Marktkirche und das Kaiser-Wilhelm-Denkmal in Kettwig.

Kettwig an der Ruhr

Der Essener Stadtteil Kettwig ist eigentlich eine alte Stadt. Schon 1052 wurde sie zum ersten Mal erwähnt. In Kettwig führte eine Brücke über die Ruhr, die ein wichtiger Übergang und Kreuzungspunkt der Handelsstraßen nach Frankfurt, Düsseldorf und Essen war. Kettwig ist eine alte Weberstadt. Hier wurden vor allem farbige Wollstoffe und Seide für Regen- und Sonnenschirme hergestellt. Weil Kettwig im Zweiten Weltkrieg* von den Zerstörungen durch Bomben verschont blieb, ist die Altstadt sehr gut erhalten. In den verwinkelten Gassen stehen Fachwerkhäuser, die bis zu 400 Jahre alt sind. Seit 1975 gehört Kettwig zu Essen.

„Was machen wir jetzt?“, fragte der Teufel mal wieder.

„Ich weiß was“, sagte Emma und setzte sich auf das rasende Wildschwein.

„Wir machen das jetzt so: Mercur erkundet den Rhein-Herne-Kanal. Du erkundest die Emscher und der Heinzel und ich den Baldeneysee. Dann treffen wir uns am Schiffshebewerk Henrichenburg wieder, erzählen uns alles und machen eine Besichtigung.“

Dieser Vorschlag verschlug allen die Sprache. Niemand reagierte darauf und Emma wartete einen Augenblick.

„Also, was ist?“, fragte sie nach. Nach kurzer Bedenkzeit waren alle einverstanden.

„Wo ist denn der Schiffshebezwerg?“, fragte der Teufel noch, bevor er sich rubbeldiekatz aufmachte.

„Das Schiffshebewerk ist bei Waltrop – am Rhein-Herne-Kanal“, rief sie ihm noch nach.

Mit Emma und Heinzel am Baldeneysee

Emma und der Heinzel hatten sich Fahrräder geliehen. Von Kettwig bis zum Baldeneysee war es nicht sehr weit.

„Sollen wir um den See radeln?“, fragte der Heinzel. Aber Emma waren die vierzehn Kilometer des Rad- und Wanderwegs um den See zu viel. Sie wollte sich auch ans Ufer setzen. Auf dem See waren die Schiffe der Weißen Flotte unterwegs, dazu viele Segel- und Ruderboote, Sur-

Wassersport am Baldeneysee.

fer und andere Wassersportler. Am Nordufer gab es eine Tribüne, einen hohen Beobachtungsturm für die Wettfahrten, ein Klubhaus für die Wassersportler und vieles mehr. Gerade startete die Bootswettfahrt für Kinder. Sie waren etwa zehn Jahre alt, Jungen und Mädchen. Ziel war das andere Ufer. Der Wind war gut, die Segel blähten sich und das Wasser spritzte. Die Kinder trugen knallbunte Schwimmwesten und saßen in Booten mit den Namen „Sausewind“, „Wilde Hilde“, „Sturmvogel“ und „Unsinkbar“. Sie hatten alle Hände voll zu tun, um am Haltepunkt am anderen Ufer wieder heil anzukommen und nicht über Bord zu gehen. Alle schafften es.

„Das möchte ich auch mal probieren. Das ist aufregend“, sagte Emma neidisch.

Sie schauten noch eine Weile zu. Dann mussten sie weiterfahren.

Der Baldeneysee

Der Baldeneysee ist mit etwa acht Kilometer Länge der größte der fünf Stauseen zwischen Essen und Dortmund. Er hat seinen Namen von Schloss Baldeney, das in der Nähe liegt. Der Stausee wurde 1933 angelegt. Er sollte der Erholung und der Freizeit dienen und gleichzeitig das Wasser der Ruhr reinigen. Im See staut sich das Wasser etwa fünf Meter hoch auf, sodass die Schmutzteilchen aus der Ruhr tief auf den Grund des Sees sinken. Mit der Wasserkraft wird auch Strom erzeugt. Der Baldeneysee fasst eine unglaubliche Menge Wasser: 8,3 Milliarden Liter. Für Wassersportfreunde ist der See ein wahres Paradies und überaus beliebt. Hier werden viele Bootswettfahrten bei Segelwochen ausgetragen.

Mit dem Teufel an der Emscher

Der Teufel wusste gar nicht, warum er alleine an die Emscher sollte. Aber er hatte sich trotzdem nach Norden aufgemacht. Zwischen Bottrop und Oberhausen war er gelandet.

„Industrie!“, seufzte er. „Das ist nicht schön hier. Das ist nicht so malerisch und friedlich wie an der Ruhr. Das ist echt keine schöne Landschaft hier“, stellte er fest. Ein älterer Herr gesellte sich zu ihm. Er kam aus Bottrop.

„Dat is die Emscher, die hier fließt. Wir sagen, dat ist die ‚Köttelbecke‘. Früher war dat alles anders hier. Als hier noch keine Kohle gefördert wurde. Da sprangen hier Wildpferde durche Gegend. Einmal im Jahr wurden die eingefangen un aufm Pferdemarkt in Crange verhökert. Schweine hamse hier gezüchtet un Kühe. Aber immer schon hat die Köttelbecke dat Land unter Wasser gesetzt, wenn es viel geregnet hatte. Und als die Industrie kam, da ging et mit der Emscher total den Bach runter. Alles dreckige Wasser von der Industrie hamse da reingeleitet. Dat war ein offener Abwasserkanal. Eine Sauerei. Und die Krankheiten! Mensch, gab et hier Krankheiten! Die Ruhr. Weisse, wat dat für eine Krankheit is?“

Cranger Pferdemarkt und Cranger Kirmes

Der Cranger Pferdemarkt fand immer am Laurentiustag am 10. August statt. Aus diesem Anlass wurde wohl auch die Cranger Kirmes gefeiert. Heute eröffnet die Kirmes am ersten Freitag im August und bleibt zehn Tage geöffnet. Direkt am Rhein-Herne-Kanal liegt der Festplatz, auf dem Kirmesbude an Kirmesbude aufgebaut ist. Mehr als vier Millionen Menschen vergnügen sich dort.

„Ich denke, das ist ein Fluss“, wunderte sich der Teufel.

„Von wegen. Dat is ne Krankheit, die krisse durch schmutziget Wasser. Durch Bakterien, so heißen die kleinen Tierchen. Da krisse Bauchschmerzen un Durchfall un Krämpfe un Fieber un Kopfschmerzen. Furchtbar. Un ansteckend is dat. Dat wird zur Seuche. Na ja, un als die Industrie kam, mussten se wat machen, damit die Aabeiter nich alle krank wurden. Hamse auch gemacht. Is schon besser geworden.“

„Aber schön ist das hier immer noch nicht.“

„Dat wird auch nie schön hier werden. Wat willste da machen“, sagte der alte Mann und wünschte dem Teufel noch einen schönen Tag. Aber der Teufel wollte an der Emscher keinen schönen Tag mehr verbringen.

Die Emscher

Die Emscher entspringt bei Holzwickede. Bei Castrop-Rauxel unterquert sie den Rhein-Herne-Kanal und fließt danach bis Oberhausen neben dem Rhein-Herne-Kanal nach Westen. Sie fließt durch viele Städte des Ruhrgebiets: Dortmund, Castrop-Rauxel, Recklinghausen, Herten, Herne, Gelsenkirchen, Essen, Bottrop, Oberhausen und Duisburg. Bei Dinslaken mündet sie in den Rhein.

Man hatte die Emscher zu einem überirdischen Abwasserkanal für das Schmutzwasser der Industrie, des Bergbaus, der Landwirtschaft und der Haushalte gemacht. Schnell bekam sie den Namen „Köttelbecke“ und man kann sich denken, warum. Diese Köttelbecke war eine giftige Brühe und stank entsetzlich. Manchmal trat der Fluss über die Ufer. Dann bildeten sich Mulden mit dem schmutzigen Emscherwasser und sie wurden zur Gefahr für die Gesundheit der Menschen, weil das Wasser nicht ablaufen konnte. Sie wurde zur Brutstätte für viele gefährliche Krankheiten, zum Beispiel Ruhr, Typhus und Malaria. Vor gut 100 Jahren beschloss man, dass etwas getan werden musste. Seitdem ist viel passiert. Die Köttelbecke wurde in einen geraden Kanal aus Beton gelegt. Die vielen Schleifen und Schlingen, in denen sich der Fluss durch die Landschaft wand, wurden abgeschnitten. So verkürzte sich der Lauf der Emscher von 110 Kilometer auf 70 Kilometer. Dann errichtete man Deiche, damit das Wasser nicht über die Ufer trat, und verlegte Abschnitte unter die Erde. Trat das Wasser doch einmal über die Ufer, pumpten es Pumpwerke sofort ab, damit die Flächen trocken blieben. Damit die giftige Brühe nicht auch noch in den Rhein gelangte, wurden Kläranlagen gebaut, die den schlimmsten Schmutz herausfilterten. Die Zeiten für die Emscher wurden nun immer besser. Seitdem nur noch wenig Kohle im Ruhrgebiet gefördert und auch immer weniger Stahl gekocht wird, fällt auch weniger Schmutzwasser an. Aber es muss noch viel getan werden, damit die Emscher wieder ein richtiger Fluss wird und nicht die Kloake des Ruhrgebiets bleibt.

Mit Mercur am Rhein-Herne-Kanal

Mercur wusste gar nicht, was ihn am Rhein-Herne-Kanal erwartete. Er wusste noch nicht einmal, wozu ein Kanal hier im Ruhrgebiet überhaupt gut war, und er wusste auch nicht, dass Herne eine Stadt ist.

Er war von Kettwig aus direkt nach Norden aufgebrochen. Er hatte festgestellt, dass der Kanal und die Emscher über lange Strecken nebeneinander herflossen. Aber dann erinnerte er sich, dass sie oben auf dem Gasometer in Oberhausen die beiden Wasserläufe schon gesehen hatten. Daher hätte er eigentlich auch den Teufel treffen können, der an der Emscher unterwegs war.

Herne

Mitten im Ruhrgebiet liegt die Stadt Herne. Schon im Mittelalter* wurde ein Ort mit Namen *Haranni* genannt, was so viel bedeutet wie „Siedlung auf einer Anhöhe". Vom mittelalterlichen Dörfchen Herne ist heute nichts mehr zu sehen. Erst als im Ruhrgebiet der Bergbau begann und Herne 1847 einen Bahnhof der Köln-Mindener Eisenbahn erhielt, entwickelte sich der Ort zu einer wichtigen Bergbaustadt mit vielen Zechen. Heute sind alle Zechen stillgelegt und die meisten Gebäude wurden abgerissen. Aus der hohen Zeit des Bergbaus stammt noch die 100 Jahre alte Zechensiedlung Teutoburgia. Hier sieht es aus wie in einer reichen Villengegend. So schön und großzügig wurden damals die Häuser für die Mitarbeiter der Zeche gebaut.

Im Gegensatz zur Emscher war auf dem Rhein-Herne-Kanal ein reger Schiffsverkehr. Mercur sah einen Angler. Der hatte einen dicken Fisch an der Angel. Angler sind schweigsame Menschen und Mercur traute sich nicht, ihn zu fragen, was er da für einen Fisch geangelt hatte. Ein Fahrradfahrer war abgestiegen und schaute ebenfalls auf den Kanal und den Angler.

„Hasse dat gesehen?", sagte er zu Mercur und zeigte auf den Fisch. „Dat ist ein Karpfen. Dat schwör ich."

„Hier im Kanal gibt es Fische?", fragte Mercur.

„Klar dat. Auch Aale, Zander, Brassen und Rotaugen kannste hier angeln. Aber nur mit Angelschein. Den musse bei Angel-Sobottka in Gelsenkiachen kaufen. Is ein Jahr gültig."

Museum für Archäologie in Herne

Der Eingang des Museums für Archäologie liegt zwar über der Erde, aber die Ausstellungsräume befinden sich unter der Erde. Dort werden Funde von der Steinzeit bis in unsere heutige Zeit gezeigt. Von einem Steg aus sieht man zum Beispiel die Steinwerkzeuge der Steinzeitmenschen im Geröll der letzten Eiszeit vor 250 000 Jahren. Oder den Puppenkopf im Schutt des Zweiten Weltkriegs*. Das älteste Objekt ist ein Faustkeil aus Stein. Das jüngste Objekt stammt aus dem Jahr 1944. Das größte Objekt sind Baumstämme, die bis zu 14 000 Jahre alt sind. Das kleinste Objekt sind einige Brotkrümel. Sie stammen aus Gräbern aus der Zeit um 2800 bis 700 v. Chr. Es ist auch eine Zahnbürste ausgestellt. Sie ist 300 Jahre alt und die älteste in Europa.

„Angeln hier viele?", erkundigte sich Mercur.

„Wat glaubse. Überall anne Kanäle, anne Emscher und auch anne Ruhr sitzen die Angler."

Dann stieg der Fahrradfahrer wieder auf und fuhr weiter. Nun suchte Mercur einen anderen Kanalabschnitt auf. Dort sah er eine junge Frau, die auf einem Binnenschiff arbeitete. Ganz in seiner Nähe tobten Kinder am Kanal herum und sprangen auch hinein.

Dass Mädchen auf solchen Schiffen arbeiten! Auf solchen Transportschiffen! Das ist doch Männerarbeit! Zu meiner römischen Zeit wäre das ganz, ganz, ganz unmöglich gewesen. Frauen auf Schiffen!, dachte Mercur.

„Wat guckste?", sprach ihn plötzlich ein Rentner an.

„Eh … äh … Ist es üblich, dass auch Frauen auf Transportschiffen mitfahren und arbeiten?"

„Wat meinste damit? Meinste, ob Frauen auch Binnenschiffer werden können – oder wat? Die können dat auch werden. Aber die

Der Rhein-Herne-Kanal

Der Rhein-Herne-Kanal ist eine künstliche Wasserstraße. Er verbindet den Rhein mit dem Dortmund-Ems-Kanal. Der Kanal ist 45,6 Kilometer lang. Er verläuft von Duisburg über Oberhausen nach Herne und Henrichenburg und mündet bei Datteln in den Dortmund-Ems-Kanal. Die Bauarbeiten für den Kanal begannen 1914. Nach sieben Jahren war er fertig. Zwischen Herne und Duisburg besteht ein Höhenunterschied von 35 Metern. Fünf Schleusen mussten gebaut werden, damit die Schiffe den Höhenunterschied bewältigen können.

Warum baut man einen Kanal?

Kanäle sind künstliche Wasserstraßen, also Straßen für Schiffe. Durch Kanäle kann man Flüsse verbinden, auf denen Schiffe fahren können. So entsteht ein Wasserwegenetz, auf dem Güter transportiert werden können. Denn ein Schiff ist ideal zum Transportieren von Waren. Es ist groß und in seinen Bauch passt viel hinein. Deshalb ist der Transport mit dem Schiff billig. Man braucht zwar mehr Zeit, aber weniger Energie als mit der Eisenbahn oder Lastwagen. So werden auch Straßen und Schienen frei gehalten und die Umwelt geschont.

müssen sich dat allet genauso in dat Hirn reinklamüsern wie die Männer. Wie man Motoren bedient und die Schiffe manövriert. Oft wird gefährliche Fracht gefahren, Chemikalien, Öl un Gas. Un da müssen die auch wissen, wat zu tun ist, wennet gefährlich wird. Dat is doch egal, ob dat ein Männlein oder ein Fräuchen is. Hauptsache is, die können dat."

„Darf man im Kanal auch schwimmen?", fragte Mercur.

„Wat? Baden? Dat is verboten. Aber die Fuzzis tun dat trotzdem, wenn et schön warm is. Kumma, da drüben fließt die Emscher, die alte Köttelbecke."

„Vielen Dank für die Hinweise", bedankte sich Mercur und entschwand. Leider hatte er niemanden gefunden, der ihm etwas über den Rhein-Herne-Kanal erzählen konnte. Und auch niemanden, der ihm erklären konnte, was ein Kanal überhaupt ist und warum man ihn baut.

Schleusen – Treppen für Schiffe

Damit ein Schiff Höhenunterschiede überwinden kann, baut man Schleusen. Ein Schiff fährt in die Schleusenkammer und das Tor schließt sich hinter ihm. Dann wird das Wasser abgelassen, bis das Schiff abgestiegen ist. Nun öffnet sich das vordere Tor und das Schiff kann weiterfahren. Wenn das Schiff zurückkommt, fährt es wieder in die Schleusenkammer. Dann wir so viel Wasser in die Kammer eingelassen, bis das Schiff wieder gestiegen ist und auf dem höher gelegenen Kanalstück seine Fahrt fortsetzen kann.

Treffpunkt Schiffshebewerk Henrichenburg

Der Teufel stand schon am Haupteingang des Schiffshebewerks Henrichenburg und schaute sich um. Dann kam Mercur. Beide waren neugierig und wussten nicht genau, was sie erwartete. Als auch Emma und der Heinzel erschienen waren, erzählten sie sich kurz, was sie alles erlebt hatten. Nun wollten sie endlich hineingehen.

„Also, das ist das berühmte alte Schiffshebewerk Henrichenburg bei Waltrop", begann der Heinzel, noch bevor sie das Gelände betreten hatten.

Waltrop

Die Stadt Waltrop liegt am Nordrand des Ruhrgebiets zwischen Münster und Dortmund. Zwei Kanäle führen an der Stadt vorüber: der Dortmund-Ems-Kanal und der Datteln-Hamm-Kanal. Waltrop ist eine grüne Stadt, die schon vor 1 000 Jahren als *Walltorpe*, als „Dorf im Walde" genannt wird. Bis die erste Kohle abgebaut wurde, war Waltrop ein kleiner, friedlicher Marktort. Daran erinnern die Fachwerkhäuser im historischen Stadtkern und die Kirche St. Peter. Seit 1979 sind die Zechen stillgelegt und nur noch die Zechenbauten erinnern an diese Zeit. Ganz in der Nähe befindet sich das LWL-Industriemuseum Schiffshebewerk Henrichenburg.

„Das ist also der Hebezwerg Heinrichburg", unterbrach ihn der Teufel, dem es nicht schnell genug ging.

„Hör doch mal richtig zu! Das ist das Schiffs-hebe-werk Hen-ri-chenburg. Damit werden Schiffe in die Höhe gehoben", antwortete ihm der Heinzel. Aber der Teufel wollte nicht länger herumstehen und zuhören. Er spuckte in die Gegend, trampelte mit seinem Pferdefuß auf den Boden und wedelte Emma mit seiner Schwanzquaste im Gesicht, an der Nase und in den Ohren herum. Sie musste mehrmals hintereinander heftig niesen.

„Hör auf zu niesen. Ich will hier erklären, wie die Schifffahrt auf dem Kanal funktioniert, und du niest so laut, dass mich keiner mehr verstehen kann", beschwerte sich der Heinzel und sah dabei auch drohend zum Teufel hinüber. Dann fuhr er fort. „Es gibt Straßen für Schiffe, Treppen für Schiffe und Aufzüge für Schiffe. Jetzt erkläre ich den Aufzug für Schiffe, das Schiffshebewerk."

Ein Fahrstuhl für Schiffe – Schiffshebewerk Henrichenburg

Wie kann man ein Schiff 14 Meter tief heben oder senken, das 800 Tonnen wiegt, etwa so viel wie 400 Autos?
Das Schiff fährt in einen Trog aus Eisen, der 70 Meter lang, neun Meter breit und 2,50 Meter tief ist. Der Trog ist fest mit fünf Schwimmern, die innen hohl sind, verbunden. Die Schwimmer befinden sich in fünf wassergefüllten Schwimmerschächten, die 33,50 Meter tief sind. Das Schiff im Trog verdrängt nun genau so viel Wasser, wie es selbst wiegt. Die Auftriebskraft* der fünf Schwimmer oder Ballons ist genau so groß wie das Gewicht von Trog, Trogwasser und Schiff. Dieses Gleichgewicht kann man verändern. Wenn etwas weniger Wasser im Trog ist, sind die Auftriebskräfte größer als das Gewicht, das nach unten drückt, und der Trog bewegt sich mit dem Schiff ganz langsam nach oben. Wenn etwas mehr Wasser im Trog ist, drückt das Gewicht den Trog mit dem Schiff ganz langsam nach unten.
Die Auftriebskraft kann man am besten in der Badewanne mit einem Ball studieren. Wenn man versucht, ihn unter Wasser zu drücken, drückt er mit einer Gegenkraft nach oben. Wenn man ihn loslässt, springt er sogar aus dem Wasser in die Luft.
Ein Schiff zu senken oder zu heben dauert zweieinhalb Minuten. Die Ein- und Ausfahrt nochmals zehn Minuten.

Emma interessierte sich sehr für den Kanalbau und das Schiffshebewerk.

„Funktioniert dieser Fahrstuhl für Schiffe immer noch?", wollte sie wissen.

„Nein. Er war bis 1962 in Betrieb. Weil die Schiffe heute größer sind, ist der Trog zu klein geworden. Die Schiffe passen da nicht mehr rein. Deshalb wurde ein neues, größeres Hebewerk gebaut. Das alte wollte man später noch einmal in Betrieb nehmen. Aber der Trog hatte sich verkantet und rührte sich nicht mehr. So verfiel das schöne Hebewerk und man wollte es abreißen. Aber das ist verhindert worden und deshalb kann man heute alles besichtigen."

„Können wir jetzt endlich mal da reingehen, alter Laberkopp", drängte der Teufel.

Im LWL-Industriemuseum Henrichenburg kann man die Auftriebskräfte, die ein Schiff heben oder senken können, an einem Modell studieren.

Auf dem Gelände gingen sie sofort zum alten Trog und kletterten hinein. Es war aber weiter nichts als ein gigantischer Trog aus Eisen, wie eine Badewanne für Riesen. Der Teufel rannte natürlich sofort gegen ein rotes Eisengestänge und bekam eine dicke Beule an der Stirn. Emma machte ein Taschentuch in einer Wasserpfütze nass und legte es ihm auf die Stirn. Aber es half nicht viel und der Teufel sah auch sehr komisch mit dem weißen Taschentuch zwischen seinen Hörnern aus. Man erzählt besser nicht, was er alles gesagt und wen er beschimpft hat und wer wieder alles schuld war.

An einer Wand des Troges hingen Tafeln mit Informationen und Fotos zum Schiffshebewerk. Aber diese Informationen brauchten sie gar nicht. Das hatte der Heinzel ihnen schon erklärt. Dann stiegen sie zu den Schwimmerschächten in zwölf Metern Tiefe hinab. Nun standen sie unterhalb des Trogs und fühlten sich wie winzige Zwerge im Vergleich zu dem großen und schweren Hebewerk. Sie schauten in die Schwimmerschächte hinein und bekamen eine Ahnung davon, wie riesig die Auftriebskräfte des Wassers sind, die den mehr als dreitausend Tonnen schweren Trog bewegten. Danach stiegen sie auf einer Wendeltreppe den Turm hinauf. Der Teufel zeterte natürlich herum, weil er unten warten musste. Von hier oben aus gesehen waren die Kugel und die Lanze oben auf den beiden Steintürmen des Hebewerks riesengroß. Sie genossen noch den Blick in die Landschaft und stiegen dann den vorgeschriebenen Weg auf der anderen Turmseite wieder hinunter.

links: Das Schiffshebewerk Henrichenburg bei Waltrop ist ein Fahrstuhl für Schiffe. Es wurde an einem Sommertag 1899 von Kaiser Wilhelm II. feierlich eingeweiht.

rechts: Das Motorgüterschiff „Franz-Christian“ wurde 1929 in Lauenburg an der Elbe gebaut. Heute ist es ein Museumsschiff und liegt beim Schiffshebewerk Henrichenburg.

Nun mussten sie um das Hebewerk herumgehen, um wieder zum Teufel zu gelangen. Aber er hatte nicht auf sie gewartet. So gingen sie weiter zum alten Motorgüterschiff „Franz-Christian“, das heute ein Museumsschiff ist. Im Laderaum lag das Frachtgut: Fässer, Säcke und anderes. Als die Franz-Christian noch in Betrieb war, hat sie Steine, Kohle, Eisenerz, Getreide, Salz, Fässer mit Fisch oder Wein, Säcke mit Mehl oder Kaffee und Kisten mit Marmeladeneimern transportiert. Nach jeder Ladung musste gründlich geschrubbt werden, damit alles wieder sauber für die nächste Fahrt war. Die Kajüte des Schiffskapitäns war im Heck des Schiffes. Darin musste eine Schifferfamilie wohnen. Emma war entsetzt, wie eng alles war. Sie behauptete, ihr Kinderzimmer wäre größer als die ganze Wohnung des Kapitäns. Oben, auf dem Deck, war hinter dem Steuerhaus die Toilette und die Sommerküche, weil es unter Deck im Sommer viel zu heiß war. Am Bug war noch eine winzige Kajüte, in der ein oder zwei Männer, manchmal auch eine Familie wohnten. Eine Toilette gab es hier nicht. Entweder musste man den langen Weg zum Heck laufen oder auf den Eimer oder den Topf gehen, bevor es zu spät war. Die Kinder mussten helfen: Wasser holen, Deck schrubben, Taue aufrollen und beim Holz anstreichen. Wenn sie noch klein waren, wurden sie an einer langen Leine angebunden, damit

Im Laderaum der Franz-Christian ist eine kleine Ausstellung zur Binnenschifffahrt zu sehen.

sie nicht über Bord gingen und im Wasser ertranken. Im Laderaum der Franz-Christian fanden sie auch den Teufel wieder. Sie verließen das schöne Schiff und gingen hinüber in das Gebäude der früheren Maschinenhalle, in der noch die alten Pumpen standen.

Dann schlenderten sie zum Unterwasser des alten Schiffshebewerks. Hier lag das weiße Ausflugsschiff mit dem Namen „Henrichenburg". Sie gingen an Bord und unternahmen eine Fahrt auf dem Dortmund-Ems-Kanal. Die Tour führte sie bis zur Einfahrt in den Datteln-Hamm-Kanal. Als sie nach einer Stunde wieder zurück waren, waren alle begeistert.

Der Dortmund-Ems-Kanal

1886 wurde beschlossen, einen Schifffahrtsweg von Dortmund bis Emden an der Nordsee zu bauen. 1892 wurde endlich begonnen. Nach sieben Jahren Bauzeit war der 265 Kilometer lange Kanal von Dortmund bis zur Ems bei Emden fertig. Nun konnten die mit Kohle, Stahl und viele anderen Waren beladenen Schiffe von Dortmund aus direkt in die Nordsee fahren und ihre Reise in die ganze Welt antreten.

Wie kommen die Schiffe in die Ems und in die Nordsee?

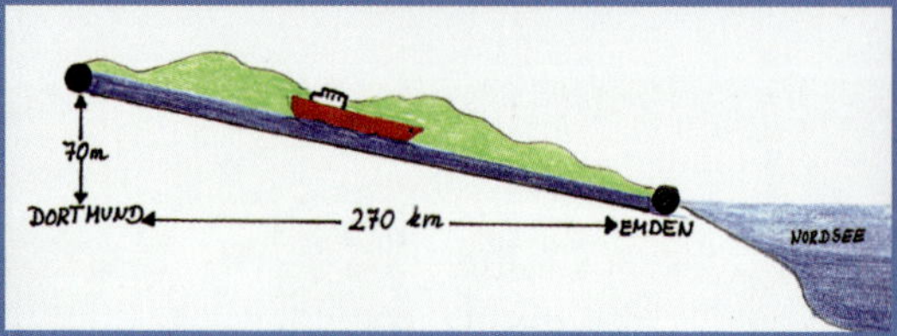

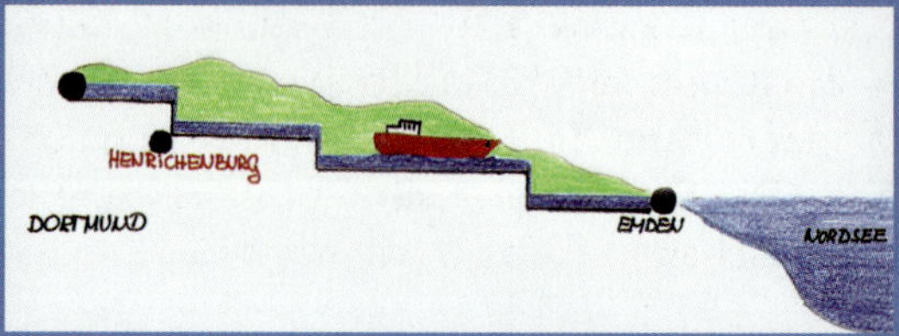

Die Stadt Emden liegt 70 Meter tiefer als Dortmund. Die Kanalbauer hätten den Kanal schräg bauen können, dann wären die Schiffe wie auf einem Fluss „abwärts" bis zum Meer gefahren. Nun hat der Kanal aber keine Quelle. Das Wasser, das in den Kanal gepumpt wird, steht dort wie in einer Badewanne. Flösse das Wasser also, wäre der Kanal in Emden leer, weil nichts nachfließt. Man hätte es in Emden auffangen und wieder nach Dortmund pumpen müssen. Das ist umständlich und sehr teuer. Also überlegten die Kanalbauer etwas anderes. Sie teilten die 270 Kilometer Kanalstrecke in 20 Abschnitte ein. Jede Strecke hatte eine andere Höhe. Der Unterschied beträgt bis zu sechs Meter. Bei Henrichenburg waren es sogar 14 Meter.

Vier Kanäle im Ruhrgebiet

Rhein-Herne-Kanal
Der Rhein-Herne-Kanal führt vom Rhein, vom Hafen Duisburg aus, mitten durch das Ruhrrevier über Essen, Gelsenkirchen, Wanne-Eickel und Herne in den Dortmund-Ems-Kanal bei Henrichenburg. Er ist 46 Kilometer lang und hat einen Höhenunterschied von 38 Metern.

Wesel-Datteln-Kanal
Der Wesel-Datteln-Kanal verbindet Wesel mit dem Dortmund-Ems-Kanal bei Datteln. Er ist 60 Kilometer lang und hat einen Höhenunterschied von 43 Metern.

Datteln-Hamm-Kanal
Der Datteln-Hamm-Kanal führt von Datteln weiter in das ostwestfälische Industriegebiet. Er ist 47 Kilometer lang und hat einen Höhenunterschied von sieben Metern.

Dortmund-Ems-Kanal
Der Dortmund-Ems-Kanal führt vom Dortmunder Stadthafen nach Norden zur Ems nach Meppen. Er ist 265 Kilometer lang und hat einen Höhenunterschied von 70 Metern. Er ist die wichtigste Nord-Süd-Verbindung.

Alle vier Kanäle treffen sich in Datteln. Europas größter Kanalknotenpunkt wird „Dattelner Meer" genannt. Datteln hieß im Mittelalter* *Datilo* oder *Datlen*. Es war ein kleines Örtchen rund um die Kirche St. Amandus. Noch vor etwa 100 Jahren hatte Datteln kaum mehr als 1 500 Einwohner. Das änderte sich, als in Datteln Kohle gefördert wurde. Heute leben in Datteln 36 500 Menschen.

Vom Schiffshebewerk nach Hamm

„Wir hätten besser eine längere Fahrt gemacht“, überlegte der Heinzel. „Vom Dortmund-Ems-Kanal in den Datteln-Hamm-Kanal über Marina Rünthe bis nach Hamm. Das dauert mehr als drei Stunden. Dann wären wir am größten Jachthafen von Nordrhein-Westfalen vorbeigefahren. Er ist wunderbar! Da liegen Schiffe, eines schöner und größer als das andere. Und dann wären wir immer schön an der Lippe vorbeigefahren. Die Lippe schlängelt sich ganz natürlich durch die Landschaft und der Kanal daneben ist schnurgerade gebaut. Danach hätten wir uns Hamm angesehen. Da steht ein großer Elefant in einem Park. Und da gibt es noch etwas Besonderes in Hamm ...“, sagte der Heinzel.

Die Marina Rünthe ist heute der größte Jachthafen in Nordrhein-Westfalen. Vor 1995 wurde hier noch Kohle, Sand, Kies und Heizöl verladen.

„Was?“, wollte Emma sofort wissen, aber der Heinzel sagte nichts.

„Was gibt's da?“, fragte jetzt auch der Teufel. Aber der Heinzel sagte immer noch nichts.

„Was gibt es in Hamm?“, erkundigte sich jetzt auch noch Mercur.

„Einen Tempel* gibt es da!“, platzte der Heinzel heraus.

„Oh“, sagte Mercur. „Einen Tempel würde ich gerne besichtigen. Ist er römisch oder griechisch?“

„Weder noch. Nicht griechisch und nicht römisch. Das ist ein Tempel für die ‚Göttin mit den Augen der Liebe‘, für ‚Sri Kamadchi Ampal‘. Es ist der zweitgrößte hindutamilische Tempel in Europa.“

Der hindutamilische Tempel in Hamm-Uentrop. Hier wird die Göttin „Sri Kamadchi Ampal“, die „Göttin mit den Augen der Liebe“ verehrt.

„Oh! Ich wusste nichts vom Tempel dieser Religion“, erwiderte Mercur erschrocken.

„Da will ich nicht hin“, sagte der Teufel sofort. „Diese hintalische Göttin Richi ... palamki mit Liebesaugen will ich nicht sehen. Den Tempel auch nicht.“

„Bist du sicher, dass in Hamm ein Hindu-Tempel steht?“, fragte Emma zweifelnd.

„Was glaubst du denn. Glaubst du, ich erzähle Geschichten? Als der Tem-

Im Hindu-Tempel in Hamm.

pel gebaut wurde, ist extra ein Tempelbauer aus Indien eingeflogen worden. Für die Hindus ist der Tempel ein Ort, der ihnen Sicherheit und Kraft gibt. Im Tempel sind die Götter selbst anwesend. In den Statuen ist die ganze göttliche Kraft. In diesem Tempel werden auch der Elefantengott Ganesh und noch andere Götter verehrt."

„Und wieso ist der Tempel in Hamm?", fragte Emma weiter.

„Weil früher in Sri Lanka Krieg war. Vor diesem Schrecken sind viele Hindus geflohen – auch nach Deutschland. Hier in der Nähe, in Unna, hat man sie aufgenommen und ihnen geholfen. Danach sind viele hier in der Gegend geblieben."

„Und was machen die Hindus im Tempel?"

„Sie verehren die Götter in feierlichen Handlungen, bringen ihnen Speisen dar und zünden Räucherstäbchen an, die einen würdevollen Geruch verbreiten. Einmal im Jahr wird das Tempelfest gefeiert, sogar mit einem Umzug", erklärte der Heinzel.

„Hmm", räusperte sich Emma. „Dürfen auch Leute in den Tempel, die kein Hindu sind?"

„Ja. Die Gläubigen freuen sich über Besuch. Aber man muss die Schuhe ausziehen und das Handy ausschalten. Und die Schreine der Götter darf man auch nicht betreten. Und Hunde ... Hunde dürfen überhaupt nicht in den Tempel. Noch nicht einmal auf das Tempelgelände. Sie gelten als unrein."

Hinduismus

Nach dem Christentum und dem Islam ist der Hinduismus die drittgrößte Weltreligion. Die meisten Hindus leben in Indien und Sri Lanka. Sie nennen ihre Religion *Santana Dharma*, das heißt übersetzt „ewige Religion". Hindus glauben an eine „göttliche Kraft", die alles lebendig macht. Sie nennen sie *Brahman*. Sie glauben, dass die Seele eines Verstorbenen in einem anderen Lebewesen wieder auf die Erde zurückkehrt. Geburt, Tod und Wiedergeburt bilden einen ewigen Kreislauf, den sie *Samsara* nennen. Bei den Hindus steht fast in jedem Haus eine kleine Götterfigur, vor der die Familie die Gebete spricht oder aus der heiligen Schrift vorliest. Nach den Vorstellungen der Hindus ist jeder Mensch in eine „Kaste" hineingeboren. Die Zugehörigkeit zu einer „Kaste" bestimmt, wie angesehen jemand ist und welchen Beruf er ausüben darf. Priester gehören zur Kaste der „Brahmanen".

„Und was sagen die anderen Leute in Hamm zum Tempel und zu den Hindus?"

„Na ja. Zuerst waren sie sehr ablehnend, als Tausende beim Tempelfest mit Trommeln und Flöten und in langen Gewändern durch die Straßen zogen. Das war vielen sehr fremd. Aber nach und nach konnten sie die Hindu-Religion neben ihrer eigenen dulden. Die Hindus sind ja auch sehr friedlich."

„Könnt ihr mal aufhören, euch alleine zu unterhalten. Mercur und ich stehen hier rum und fühlen uns ausgeschlossen. Wir wollen jetzt mal was von diesem Elefanten im Park in Hamm hören. Was ist da? Was gibt es da ...?"

Die Kohlenwäsche der alten Zeche Maximilian wurde 1984 nach den Planen des Künstlers Horst Rellecke in einen Elefanten aus Glas verwandelt. In seinem gläsernen Rüssel befördert ein Fahrstuhl die Besucher 35 Meter in die Höhe. Dort hat man einen Rundblick über das Parkgelände, die Stadt Hamm und das westfälische Umland.*

„Ich habe aufmerksam zugehört", fiel Mercur dem Teufel ins Wort. „Ich fühle mich nicht ausgeschlossen. Ich habe genau gehört, wie die Bürger aus Hamm duldsam gegenüber den Hindus wurden. Bei uns im Lateinischen heißt das tolerant, das bedeutet nämlich ertragen oder etwas durchstehen, aushalten und zulassen können. Und dieses Wort, das könntest du dir mal merken. Du bist leider das Gegenteil davon. Du bist überaus intolerant. Du willst gar nichts ertragen und aushalten und auch nichts zulassen. Du meckerst immer sofort und bekommst einen Wutanfall."

Der Teufel stand wie erstarrt da. Sogar sein Maul stand offen. So etwas hatte ihm noch niemand gesagt.

„Mach dein Maul mal zu. Sonst fliegen noch die Fische da rein", sagte der Heinzel. Aber der Teufel war immer noch völlig sprachlos und hielt sein Maul weiter offen.

„Ich wollte übrigens auch fragen, was es mit dem Elefanten auf sich hat", sagte Emma schnell, weil sie fürchtete, dass der Teufel doch noch einen Wutanfall bekommen würde.

„Der steht im Maximilianpark auf dem Gelände der ehemaligen Zeche Maximilian und ist aus Glas. Im Rüssel kann man nach oben in den Kopf fahren. Oben ist ein Garten mit beweglichen Objekten. Der Park ist supersupersupersupersupersupersupersuper ... die haben sogar das größte Schmetterlingshaus Nordrhein-Westfalens dort", sagte der Heinzel.

links: Im Maximilianpark in Hamm gibt es Spiel und Spaß für die ganze Familie auf den riesigen Spiellandschaften, dem Piratenschiff und dem Wasserspielplatz. Man kann buddeln, matschen, klettern, spielen, bauen, Konzerte besuchen und ins Kindertheater, Schmetterlingshaus oder Eisenbahnmuseum gehen.

rechts: Der Elefant ist das Wahrzeichen der Stadt Hamm.

„Wir wissen es jetzt", schrie der Teufel den Heinzel an und schubste ihn vor die Brust. „Ich will dahin, sofort, du Knurzfurzzwerg!"

Die anderen hatten nichts dagegen. Deshalb rannten sie alle zum Ausflugsschiff „Santa Monika", das vom Hebewerk auf dem Datteln-Hamm-Kanal bis nach Hamm fahren sollte. Aber es fuhr zu dieser Zeit nicht.

„Und was machen wir jetzt?", fragte der Teufel mal wieder.

„Wir gehen *ad fontes*", antwortete Mercur.

„Was soll das denn schon wieder bedeuten?", fragte der Teufel ärgerlich.

„Eben *ad fontes* – zu den Quellen. Zu den römischen Quellen. Wir unternehmen jetzt die Römertour", sagte Mercur etwas überheblich.

„Und wo müssen wir hin?", fragte Emma vorsichtig.

„Nach Xanten. Zur *Colonia Ulpia trajana.*"

Städte, Lager und Legionen – mit Mercur auf Römertour

Die römische Stadt Colonia Ulpia Trajana

Mercur hatte als Treffpunkt die römische *Colonia Ulpia Trajana* festgelegt. Genauer gesagt: das RömerMuseum im APX. Der Teufel hatte sich fürchterlich aufgeregt und war ausgerastet, weil er nicht wusste, was mit APX gemeint war. Archäologischer Park Xanten war die Erklärung.

Die Colonia Ulpia Trajana im 2. Jahrhundert n. Chr. Die römische Stadt war von einer Stadtmauer umgeben. Innerhalb der Mauer war das Gebiet wie ein Schachbrett durch Straßen gegliedert. So entstanden die „Insulae". Diese Bauflächen waren von vier Straßen umgeben. Nach dem Vorbild Roms wurden auch die großen Bauten errichtet: Tempel, Thermen, Theater und Forum.

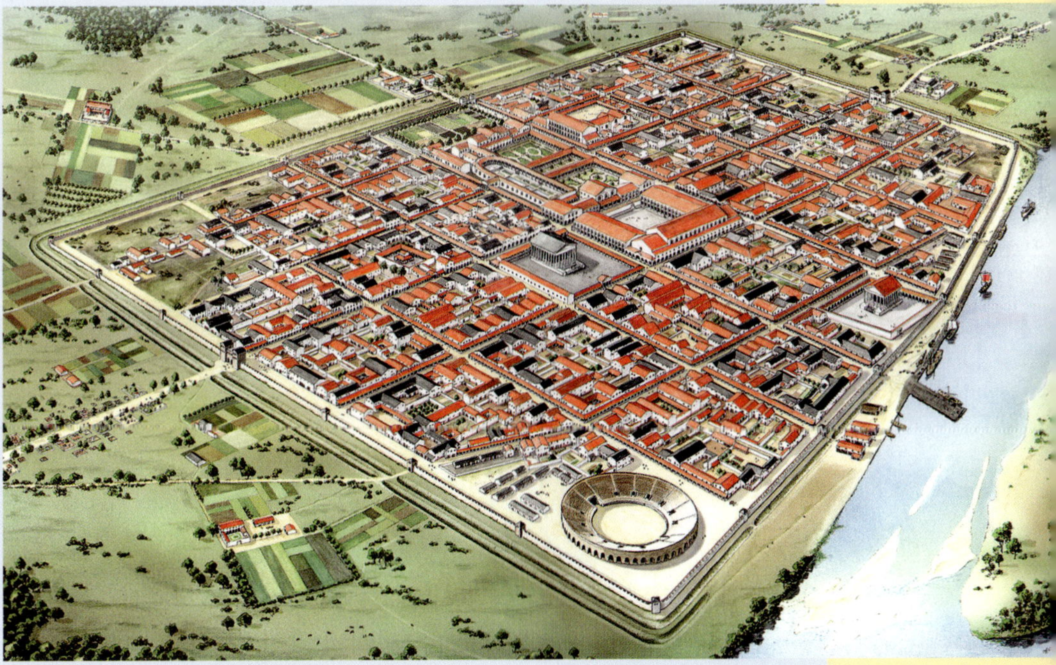

Als der Teufel sich beruhigt hatte, machte er sich sofort auf und war rubbeldiekatz verschwunden. Mercur entschwand durch die Luft. Emma und der Heinzel nahmen den Zug für die Reise. Als sie am Museumseingang in der Siegfriedstraße ankamen, war weder Mercur noch der Teufel da, aber viele andere Besucher.

„Weißt du was über die Römer in Xanten", fragte Emma den Heinzel.

„Nö. Nichts", antwortete er und ging auf einen der riesigen Steine zu, die vor dem Museum lagen. Dann legte er sich darauf nieder, machte die Augen zu und begann sofort zu schnarchen, dass die Glaswände des Museums zitterten. Emma setzte sich auf einen anderen Stein und döste vor sich hin.

Baden wie die Römer

„Und? Wie gefällt dir die römische Therme da drüben?", hörte Emma plötzlich Mercurs Stimme.

„Was für Därme da drüben?", fragte sie schläfrig zurück.

„Thermen, liebe Emma. Römische Badeanstalt, Stadtbad, Spaßbad, Wellness-Palast. Das ganze Museumsgebäude steht auf den Grund-

Das RömerMuseum ist auf den Grundmauern der römischen Eingangshalle zu den Thermen erbaut. Es hat deshalb auch dieselben Ausmaße: 70 Meter lang, 22 Meter breit und 25 Meter hoch. Die Überreste der Badeanlage sind durch ein lichtes Gebäude aus Stahl und Glas geschützt.

mauern der riesigen Eingangshalle: siebzig Meter lang, über zwanzig Meter breit und fünfundzwanzig Meter hoch."

„Warum denn so groß?"

„Weil die Thermen für die Bewohner der CUT ein Treffpunkt waren. Manche kamen jeden Tag hierher und suchten Erholung und Entspannung. Hier war auch viel los. Man traf sich mit Nachbarn und Freunden, machte Geschäfte und Politik und erfuhr die neuesten Nachrichten. Hier wurde geklatscht und getratscht, gegessen und getrunken, gespielt und Sport getrieben."

Plötzlich wurde Mercur von lautem Geschrei unterbrochen.

„Lass mich in Ruhe! Hör sofort auf damit und hau ab! Du Ohrenbohrer. Du Nasenpopler. Du Kratzbürste. Lass mich mit deinem Dreckschwanz in Ruhe!", schrie der Heinzel voller Empörung und schlug nach dem Schwanz, mit dem der Teufel ihm im Gesicht und in den Ohren herumgewedelt hatte.

„Zeig mal deine Schwanzquaste", sagte Mercur. „Schmutzig, klebrig, unappetitlich. Damit wedelt man nicht in Gesichtern herum. Auch nicht zum Spaß. Dein Körper ist nicht sauber. In römischer Zeit achtete man sehr auf Sauberkeit. Jeder ging in die Thermen und säuberte und salbte sich."

„Hätte ich auch gemacht", sagte der Teufel schuldbewusst, „aber zu meiner Zeit gab es keine Thermen mehr. Da waren fast alle Leute dreckig und stinkig."

Die Thermen der römischen Stadt Colonia Ulpia Trajana – CUT

Die Thermen der CUT wurden 125 n. Chr. zur Regierungszeit von Kaiser Hadrian erbaut. Das riesige Thermengelände nahm eine Fläche von 11 500 Quadratmetern ein, also mehr als ein großes Fußballfeld und noch ein halbes dazu. Zu den Thermen gehörte ein großes Hauptgebäude mit Mehrzweckhalle, Kalt-, Warm-, Heiß- und Schwitzbädern. Hinzu kam ein Sport- und Fitnessbereich an der frischen Luft. In Nebengebäuden waren die Toilettenanlagen und die medizinischen Behandlungsräume untergebracht.
Die Thermen wurden 1879 entdeckt und bis 1993 fast vollständig ausgegraben. 1997/98 wurde über dem Badetrakt der Schutzbau errichtet, der das Ausmaß der Anlage zeigt. Die roten Stahlträger sollen die Bauweise der römischen Gewölbedecke deutlich machen.

In den Thermen verbrachten die Römer oft den ganzen Tag. Heute würde man die Thermen als Fitness- und Wellnesscenter bezeichnen.

„An dir hätten unsere Sklaven* in den Thermen die reinste Freude gehabt. Sie hätten dich zuerst eingeölt und dir dann mit dem Schabeeisen den Dreck vom Körper geschabt. Und danach wäre es mit dem ganzen Programm weitergegangen. Zum Schluss wärest du ein sauberer, geölter, gesalbter, parfümierter und ganz entspannter Teufel gewesen. Also, ich zeige euch jetzt die Thermen. Mir nach!"

Alle gingen hinter Mercur her und betraten das Museum.

„So hoch und so lang und so breit wie der Museumsbau war auch die Eingangshalle zu den Thermen. *Basilika* war der Name für solche prunkvollen Gebäude bei den Römern." Sie durchschritten das Museum und bogen bald nach rechts ab. Dort war der Eingang zum Ausgrabungsgelände mit dem modernen Schutzbau über dem Badetrakt der Thermen.

„Die roten Stahlträger zeigen an, wo Pfeiler, Wände und Gewölbe waren. So kann man sich eine Vorstellung von den Thermen und ihrer prachtvollen Ausstattung mit Marmor- und Mosaikfußböden und bemalten Wänden machen. Zuerst zog man sich in den Auskleideräumen aus."

„Nackig?", fragte der Heinzel nach.

„Nackt", antwortete Mercur und fuhr fort:

„Dann begab man sich entweder zu Ballspiel oder anderem Sport wie Speerwerfen, Ringen, Wettlauf und Diskuswerfen in den Innenhof oder ging direkt in den Badetrakt."

„Den Sport auch nackig?“, fragte Emma nach.

„Ja, auch nackt. Oder mit einem Tuch um die Hüften. Das *Frigidarium* war so etwas wie ein Aufenthaltsraum, in dem sich Becken mit kaltem Wasser befanden. Hier konnte man sich erfrischen, wenn man verschwitzt war. Da drüben sieht man noch Reste von Marmorplatten und im Boden die Abdrücke des Musters mit den weißen und schwarzen Marmorplatten. Das *Tepidarium* war das Warmbad, in dem man sich auf die höhere Temperatur des *Caldariums* vorbereitete. Dann gab es noch ein Schwitzbad, das *Laconium*. Überall wimmelte es von Sklaven, die die Besucher massierten, salbten und parfümierten, Wassergüsse verabreichten oder Haare ausrupften. Nach den anstrengenden Behandlungen ruhte man. Aber es war ein schrecklicher Lärm hier. Geschrei in allen Tonlagen! Die Sportler stöhnten und ächzten und zischten und keuchten, wenn sie mit den Hanteln trainierten. Die Ballspieler prallten den Ball immer und immer wieder auf den Boden oder gegen die Wände. Beim Salben und Massieren klatschten die Hände auf die nackte Haut. Auch die Schwimmer waren laut, wenn sie beim Sprung ins Becken auf die Wasseroberfläche klatschten. Haarausrupfer rissen Haare unter den Achseln, in der Nase oder auf den Beinen aus und schrien nach Kundschaft. Die Kunden litten dabei und jaulten wie die Hunde. Kuchen- und Wurstverkäufer, Getränkehändler und Kellner priesen mit lautem Geschrei ihre Waren an. Nur wenn man taub war, hatte man wirklich seine Ruhe.“

Die Warmluftheizung der Römer unter dem Fußboden wurde Hypokaustum genannt.

„Warum liegen da solche viereckigen Tonplatten auf dem Boden?“, fragte Emma.

„Das ist ein *Hypokaustum* – eine Warmluftheizung. Heute sagt man Fußbodenheizung. Das griechische Wort bedeutet ‚von unten heizen‘. Auf den viereckigen Tonplatten standen Ziegeltürmchen. Darauf war ein fester Untergrund, auf dem der Fußboden lag. Da hinten rechts oben in der Ecke könnt ihr das sehen. Von einem Brennofen aus wurde die heiße Luft in den Raum unter den Fußboden geleitet und erwärmte den Raum.“ Mercur machte eine Pause und fragte dann den Heinzel: „Bist du noch wach?“

„Warum?“, fragte er zurück.

„Weil wir jetzt hier herumgehen und uns die Ausgrabung ansehen und danach das Museum“, antwortete Mercur.

Die Römer an Rhein und Ruhr im RömerMuseum Xanten

„Eh, hat da nicht gerade jemand lateinisch gesprochen?“, wunderte sich Emma, als sie einen kleinen Tunnel im Museum durchschritt. Sie hielt inne. Aber es war nichts mehr zu hören. Dann ging sie drei Schritte rückwärts und wieder sprach jemand lateinisch. Sie ging die Schritte wieder vor und es war Stille. Jetzt begriff sie. Sie war durch eine Tonschranke gegangen. Jetzt bemerkte sie auch, dass sich rechts und links an den Tunnelwänden je ein Bildschirm befand. Sie zeigten jeweils einen marschierenden römischen Soldaten. Die beiden unterhielten sich beim Gehen. Emma lauschte, aber sie verstand die lateinische Sprache nicht. Sie holte Mercur.

„Hör dir das an! Über was sprechen die beiden?“, wollte sie wissen. Mercur lauschte eine Weile.

In einer römischen Töpferwerkstatt gelang nicht alles. Mancher Brennvorgang ging daneben. Dann landete der gesamte Ofeninhalt auf dem Schutthaufen oder im Hafenbecken.

„Sie sprechen über die Germanen und ihre Gewohnheiten und Gebräuche. Über das raue Klima in Germanien. Es sind Legionäre*, die in der römischen Armee ihren Dienst verrichten. Ihre Heimat ist am Mittelmeer.“

„Ich verstehe nichts. Ich gehe weiter“, sagte Emma dann. Mercur entgegnete ihr: „So ging es den Germanen vor zweitausend Jahren auch. Sie verstanden kein Wort.“

Emma guckte sich noch die Helme der Legionäre an, die im Tunnel ausgestellt waren. Dann sah sie den Teufel vor den Scherben aus einer Töpferwerkstatt stehen und ging zu ihm.

„Alles Bruch, alles kaputt. Tausende von Scherben“, sagte er.

„Hier steht: Fehlbrände einer Töpferwerkstatt. Siebenhundert Scherben von Öllampen und Krügen“, stellte Emma fest.

Es gab viel zu sehen und jeder stand vor anderen Ausstellungsstücken: vor den Resten eines Mosaikfußbodens aus den Thermen, vor Schreibgeräten, vor der Ausrüstung eines Legionärs, vor Schmuckstücken und vor Waffen. Sie trafen sich vor vier Kästen mit geschlossenen Deckeln wieder.

Der Heinzel war neugierig und öffnete einen Deckel. Im Kasten waren Modelle von vier römischen Bauwerken, die zur Römerzeit in einer

Die Römerroute

Über 279 Kilometer entlang der Lippe führt die Römerroute durch 21 Städte und Gemeinden bis nach Detmold in Westfalen. Man kann sich zu Fuß oder mit dem Fahrrad auf die Spuren der Römer begeben und den Weg der an der Varusschlacht beteiligten römischen Legionen erkunden. Den Weg weisen sechseckige Schilder mit einem grünen Römerhelm.

Stadt in Rumänien gebaut worden waren: die Thermen, der Tempel*, das Theater und das Forum*.

Der Teufel öffnete den zweiten Deckel. Wieder waren Modelle von Thermen, Tempel, Theater und Forum zu sehen, aber in einer anderen Anordnung in einer Stadt in Algerien. Bevor Emma den dritten Deckel öffnete, sagte sie schon voraus, dass bestimmt wieder das Gleiche zu sehen sei. Es stimmte. Aber diesmal aus der Stadt Trier. Jetzt war Mercur an der Reihe und er öffnete den Deckel des Kastens, der die Bauwerke in der Stadt Xanten zeigte.

„Thermen, Tempel, Theater und Forum haben die Römer in jeder Stadt gebaut, die sie gegründet haben. Das Vorbild für alle Städte im römischen Weltreich war die Hauptstadt Rom, auch für die CUT – die *Colonia Ulpia Trajana*", erklärte Mercur.

Der römische Lastkahn aus Holz schwebt zwischen zwei Ebenen. Von ursprünglich 14,15 Metern sind sieben Meter erhalten.

Alle gingen nun wieder ihre eigenen Wege. Bisher hatte der Teufel gar nicht bemerkt, dass er auf der leicht ansteigenden Rampe auf immer höhere Ebenen in dem hohen Raum gelangt war. Nun stand er vor dem Schiff, das im Luftraum des Museumsgebäudes schwebte: ein römisches Plattbodenschiff, von dem noch die Hälfte erhalten waren. Etwa hundert Jahre nach Christi Geburt war es aus Holz gebaut worden. Man hatte es in einem Rheinarm gefunden, der zum Hafen der CUP gehörte. Solch ein Transportschiff war nichts Besonderes zur Römerzeit. Fast alles wurde auf dem Wasser transportiert, weil es billiger als der Landweg war. Wasserwege waren die Autobahnen der Römerzeit.

Der Heinzel war vor einem Stein stehen geblieben, in den eine Maske eingemeißelt war, eine Theatermaske. Theater gehörte nach Liebesgeschichten zu seinen bevorzugten Interessen.

Theatermaske von einem Grabmal.

Emma blieb vor den lebensgroßen Puppen in römischer Kleidung stehen. „Kleider machen Leute", stand darüber. Der Junge trug ein weißes Unterkleid, die *Tunika*. Dieses Kleidungsstück wurde aus zwei rechteckigen Stoffstücken zusammengenäht. Darüber trug er eine Kinder-

links: Eine Familie zur Römerzeit im RömerMuseum Xanten.

rechts: Die besonders große Bronzestatue erhielt den Namen „Lüttinger Knabe“, weil sie 1858 in der Nähe der Ortschaft Lüttingen von Fischern im Rhein gefunden wurde.

toga aus feinem weißen Wollstoff. Der Mann war für das raue Klima in Germanien ausgerüstet. Er trug eine Hose, darüber eine Tunika und darüber die *Paenula*, einen Kapuzenmantel aus dickerem Wollstoff. Die Frau trug auch eine Tunika. Darüber die *Stola*, die mit einem Gürtel gebunden war und darüber die dunkle *Palla*.

Mercur war in den Anblick des „Lüttinger Knaben“ vertieft. Diese ebenmäßigen Gesichtszüge und dieser makellose Körper, dachte er. Ursprünglich hielt der Knabe ein Tablett auf seiner ausgestreckten Hand, aber leider waren die Hand und das Tablett verloren gegangen. Dieser „stumme Diener“ war aus Bronze*. Vor mehr als hundertfünfzig Jahren hatten ihn Fischer im Rhein in der Nähe von Lüttingen gefunden. Wo er einst gestanden hat, ist unbekannt, aber mit Sicherheit in einer römischen Villa oder einem Palast.

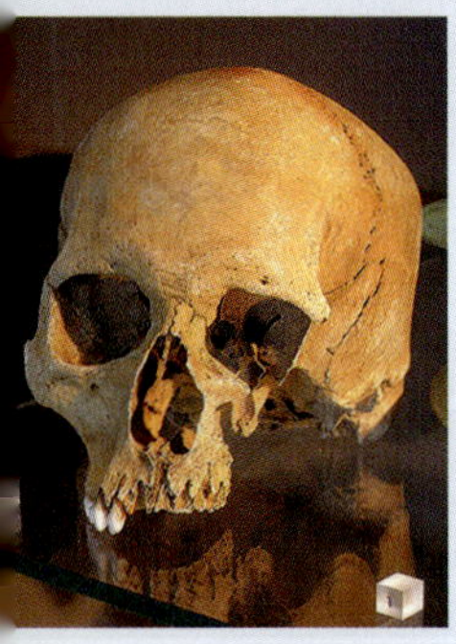

Römer – oder Franke? Die Verletzungen am Kopf deuten auf einen Kampf hin.

Plötzlich hörten sie den Teufel rufen. Um die Aufmerksamkeit der anderen Besucher nicht zu erregen, gingen sie schnell zu ihm hin.

„Hier! Hier! Hier guckt euch den Schädel an. Hier, noch fünf Zähne im Knochen. Der Mann ist durch einen Stich tödlich am Kopf verletzt worden. Vielleicht durch einen Wurfspeer.“

„Du meinst ein *pilum**? Oder vielleicht durch ein *pugio**“, überlegte Mercur.

„Man weiß es nicht. Jedenfalls gab es einen Kampf. Das war bestimmt zum Ende der Römerzeit, als die Franken* die Gebiete besetzten und die Macht am Rhein übernahmen. Vielleicht war es der Schädel eines Franken, vielleicht auch eines Römers“, vermutete der Teufel.

„Wir sind hier im Museum am Ende angekommen. Wir haben alles gesehen. Wie die römischen Legionäre* hier in die Gegend um Xanten gekommen sind und wie sie durch die Franken in die Flucht geschlagen wurden“, stellte Emma fest.

Die Stadt Colonia Ulpia Trajana

Die Geschichte der *Colonia Ulpia Trajana* beginnt bereits lange vor der Gründung der Stadt. Unter Kaiser Augustus kamen schon vor Christi Geburt römische Truppen in die Gegend und errichteten auf dem Fürstenberg das Lager *Vetera Castra I.* Von hier aus wollten sie Eroberungszüge auf die andere Rheinseite durch Germanien unternehmen. Im Lager wohnten bis zu 10 000 Legionäre*. Sie bauten Straßen, Wasserwege und einen Hafen. Hier kamen massenhaft Waren an, denn die vielen Soldaten mussten versorgt werden. Daher ließen sich auch Händler, Kaufleute, Handwerker und Gastwirte mit ihren Familien hier nieder. Bald entstand eine Siedlung, in der sich auch Legionäre, die ihren Dienst in der Armee beendet hatten, ansiedelten. Im Jahr 69/70 n. Chr. erhoben sich die Bataver, ein germanischer Volksstamm, gegen die Römer. Sie eroberten *Vetera Castra I.* und zerstörten es. Auch die Siedlung wurde in Schutt und Asche gelegt. Als wieder Frieden herrschte, wurden Lager und Siedlung wieder aufgebaut. 88 oder 89 n. Chr. bekam die Siedlung die Rechte einer *Colonia.* Die Einwohner bekamen das volle römische Bürgerrecht mit allen rechtlichen und steuerlichen Vorzügen. Damit zählte sie zu den 150 bedeutendsten Städten im Römischen Reich. Sie bekam den Namen des Kaisers Marcus Ulpius Trajanus und war die drittgrößte Stadt auf deutschem Gebiet.

Der prächtige Hafentempel war der zweitgrößte Tempel der Colonia Ulpia Trajana. Er war farbig angemalt. Besucher der Stadt waren beeindruckt von diesem Bauwerk und der römischen Baukunst.

In der Stadt wohnten Menschen aus den unterschiedlichsten Teilen des großen Römischen Reiches, auch Germanen. Deshalb wurden neben Latein auch viele andere Sprachen gesprochen. Die einfachen Leute wohnten in langen und schmalen Häusern, wohlhabende in großen Villen, die reich mit Wandmalereien, Fußbodenheizung und Möbeln ausgestattet waren. In der Stadt lebten viele Handwerker. Sie versorgten die Stadtbevölkerung mit allem Notwendigen: Fleischer, Bäcker, Schmiede, Bronzegießer, Schlosser, Maler, Töpfer und viele mehr. Viele Luxusgüter kamen mit Schiffen über den Rhein im Hafen an. Die Blütezeit der Colonia war das 2. Jahrhundert. Zu dieser Zeit herrschte Frieden. Dafür sorgte auch die 30. Legion auf dem Fürstenberg. Als der Rhein seinen Lauf veränderte und sich von der Colonia entfernte, verlandete auch der Hafen allmählich. Er musste in einiger Entfernung der Stadtmauer neu angelegt werden.

Im 3. Jahrhundert änderten sich die Zeiten. Die Völker in Europa wanderten umher und suchten neuen Lebensraum. So auch am Rhein. Schließlich wurde auch die Colonia Ulpia Trajana von den Franken* überrannt und zerstört. Die Menschen wehrten sich noch, verkleinerten ihre Stadt und umgaben sie mit einer vier Meter starken Mauer mit 44 Wachtürmen, aber die Stadt war nicht mehr zu retten. Bald gab es kein städtisches Leben mehr innerhalb der Mauer. Die Franken waren endgültig die neuen Herren. Die Colonia war verlassen und verfiel immer mehr. In den nächsten Jahrhunderten holten man sich die Steine aus dem Ruinenfeld und baute damit an anderer Stelle die mittelalterliche* Stadt Xanten auf.

„Jetzt bin ich dran. Jetzt kommt das Mittelalter* in Xanten", sagte der Teufel und spuckte dreimal auf den Boden.

„Nein!", sagte Mercur entschieden. „Wir müssen noch auf das Gelände des APX."

Der Archäologische Park in Xanten

„Aber ich will jetzt nicht mehr ins APX", maulte der Heinzel. „Ich habe jetzt so viel von den Römern gehört, dass ich schon ganz verrömert bin."

„Ich will jetzt auch nicht!", sagte Emma stur. Und wenn sie nicht wollte, dann konnte sie keine römische Legion von fünf- bis sechstausend Mann davon abbringen.

„Aber dort gibt es doch viele Nachbildungen römischer Bauten zu sehen: eine römische Herberge mit Küche, Speisezimmer und zwei anderen Zimmern, das Amphitheater* und viele, viele andere interessante Sachen. Im APX arbeiten die Archäologen*, die graben die Reste der CUP aus und erforschen sie. Manche Gebäude bilden sie dann nach", versuchte Mercur sie zu überzeugen. Aber der Heinzel und Emma blieben unnachgiebig.

„Wir gehen jetzt in die Stadt Xanten", bestimmte Emma.

Im Amphitheater der CUT fanden Tierhatzen und blutige Zweikämpfe statt, zu denen auch Verbrecher verurteilt werden konnten. Das kam einem Todesurteil gleich. Links sieht man die Türme vom Xantener Dom.

links: Die Stadtmauer und die Wachtürme im APX wurden nachgebildet.

rechts: Die Statue des römischen Kaisers Trajan ist eine Nachbildung und im APX aufgestellt. Er regierte von 98 bis 117 n. Chr. Zu dieser Zeit wurde die CUT gegründet und nach ihm benannt.

links und Mitte unten: Im APX wurden auch eine römische Küche, ein Wohnraum und ein Speisezimmer nachgebildet.

rechts unten: „Die Nüsse zurücklassen", sagten die Römer, wenn ein Kind erwachsen geworden war. Sie meinten, spielen passe nicht zum Erwachsensein. Trotzdem kannten sie Brettspiel, Glücksspiele sowie Geschicklichkeitsspiele für Einzelne und auch für Gruppen. Im APX gibt es ein Spielhaus. Dort kann man viele römische Spiele ausprobieren.

Wanderung nach „Ad Sanctos"

Auf dem Weg nach Xanten sahen sie schon von Weitem die Domtürme. Nur der Teufel sah sie nicht. Er starrte stur zu Boden, ohne ein einziges Mal den Blick zu heben.

„Das ist der Dom St. Viktor", sagte Emma. In diesem Moment stolperte der Teufel und fiel der Länge nach hin. Er blieb liegen und fing laut an zu jammern.

„Ihr habt nicht auf mich aufgepasst. Ihr seid schuld, dass ich hingefallen bin. Ich habe mich totgefallen. Ich bin schwer verletzt. Ich bin bewegungslos. Ich kann nie mehr laufen. Ich muss hier liegen bleiben. Ich muss hier sterben."

Die anderen redeten ihm gut zu und wollten ihm auf die Beine helfen. Aber er machte sich so schwer und steif, dass es hoffnungslos war.

„Geht nach Xanten und lasst mich hier liegen", jammerte er.

Die drei sahen sich an.

„Entweder lässt du dir jetzt helfen oder du bleibst hier liegen", sagte Emma streng, aber der Teufel reagierte nicht.

„Wir gehen weiter", bestimmte Emma. Als sie sich nach etlichen Schritten umblickte, lag er immer noch genau so auf dem Boden, wie er hingefallen war.

„Ich glaube, das liegt am Dom St. Viktor und am Namen der Stadt. Mit Kirchen und Heiligen will er nichts zu tun haben. Da stellt er sich tot, ganz tot, mausetot", sagte sie.

„Wieso?", fragte der Heinzel.

„Der Name Xanten hat sich aus *ad sanctos* entwickelt, das heißt übersetzt ‚zu den Heiligen'", wusste Emma.

„Konnten die Franken kein Latein?"

„Weiß ich nicht", antwortete Emma, „aber sie haben bestimmt genuschelt und da wurde eben aus *sanctos* zuerst *xantos* und dann irgendwann mal Xanten"

Das Gemälde des Malers Barthel Bruyn von 1534 zeigt, wie die Römer Viktor gemartert haben. Im Hintergrund ist die Stadt Xanten mit dem Dom und der Bischofsburg zu sehen.

„Sanctos, sanctos, sanctos, sanctos", der Heinzel sprach das Wort bestimmt zehnmal hintereinander und beim elften Mal und danach sagte er schon „Xantos, xantos, xantos. Verstehe! Zungenbrecher!"

Bald waren sie in Xanten und standen am Marktplatz. Beim Gotischen* Haus blieben sie stehen. Es war eines der wenigen Häuser, das nicht von den Bomben des Zweiten Weltkriegs* zerstört worden war.

„Echt mittelalterlich. Besonders das Dach mit den Stufen", stellte der Heinzel fest und sie gingen weiter an den vielen Tischen vorbei, die vor dem Eiscafé an der alten Marktpumpe standen.

Xanten

Die mittelalterliche* Stadt Xanten ist nicht auf der römischen Stadt Colonia Ulpia Trajana erbaut worden, sondern in einiger Entfernung auf einer natürlichen Erhebung. Dort war ein römisches Gräberfeld. Die Menschen des Mittelalters sahen darin die Gräber von Viktor und seinen Soldaten. Der Legende nach wurden sie im Amphitheater* des römischen Lagers Castra Vetera bei Xanten von Römern ermordet. Sie waren Christen und wollten Gott mehr dienen als ihrem römischen Kaiser. Deshalb weigerten sie sich, ihm Opfer zu bringen. Dafür wurden sie mit dem Tode bestraft und grausam hingerichtet. Schon bald wurde Viktor als Märtyrer* verehrt und dort, wo man sein Grab vermutete, entstand ein Totenhäuschen. Viele Christen pilgerten nun zu dieser Stätte und verehrten Viktor. Bald entstand aus dem Häuschen eine Kirche und aus dieser Kirche immer größere Kirchenbauten. Auch eine religiöse Gemeinschaft ließ sich nieder und gründete ein Stift*. Es nannte sich *Ad sanctos* – „zu den Heiligen“. Im Jahr 1263 wurde der Grundstein für einen neuen Dom im nun modernen gotischen Baustil* gelegt, der 1544 vollendet wurde. In der Nähe war ein kleiner Ort entstanden, auf den der Name „Ad sanctos“ überging. Im Laufe der Zeit wandelte sich der Name zu Xanten. Als Xanten durch seine Märkte an Bedeutung gewonnen hatte, wurde es 1228 zur Stadt erhoben und später mit einer Stadtmauer befestigt. Xanten wurde zu einer wohlhabenden Stadt am Niederrhein. Als jedoch der Rhein sein Bett verlegte und nicht mehr an Xanten vorüberfloss, war die Stadt von der Schifffahrt abgeschnitten. Der Handel blieb aus, der Reichtum schwand und Xanten wurde ein stilles Landstädtchen. Bei Bombenangriffen im Zweiten Weltkrieg* wurden Dom und Stadt schwer zerstört. Heute ist alles wieder aufgebaut und die Stadt ist ein beliebter Ausflugsort geworden.

Das Gotische Haus am Markt 10 erinnert daran, dass Xanten im Mittelalter eine bedeutende Handelsstadt war.

Am Norbertbrunnen saßen die Leute friedlich in der Sonne und leckten und schleckten an ihren Eishörnchen. Plötzlich tauchte der Teufel wie aus dem Nichts auf. Er machte sich unauffällig von der Seite an einen Mann heran, riss ihm das Eishörnchen aus der Hand und war rubbeldiekatz verschwunden. Der Mann war so verblüfft, dass er keinen Ton herausbrachte und nur auf seine Hand starrte, mit der er zuvor noch das Eishörnchen gehalten hatte.

„Das hat der schon mal gemacht“, erinnerte sich der Heinzel. „Das war in Köln.“

Norbert von Xanten

Norberts Eltern waren Adelige und hatten bestimmt, dass er schon als Kind in das Stift* des hl. Viktor eintreten sollte. Dort konnte er ein angenehmes Leben führen. Eines Tages jedoch wurde er von einem Blitzschlag zu Boden gerissen. Das nahm er als Zeichen, sein Leben zu ändern. Er wurde Priester, verschenkte alles, was er besaß, wanderte durch die Welt und predigte den Menschen Gottes Wort. Er gründete ein Kloster in Frankreich und wurde danach Erzbischof in Magdeburg.

Im Durchgang zum Xantener Dom ist eine Tafel mit Inschrift eingelassen. Darauf steht: Dionysiuskapelle mit Norbertzelle vom hl. Norbert bewohnt 1115.

Norbert wird oft mit einem Kelch und einer Spinne dargestellt. Es wird erzählt, dass einmal eine giftige Spinne in den Messkelch gefallen sei, die er beim Trinken verschluckte. Nachdem er die heilige Kommunion empfangen hatte, kam die Spinne zur Nase wieder herausgekrochen.
Norbert ist ein althochdeutscher Name und bedeutet: Glanz aus dem Norden.

Vor dem Dom von Xanten.

Die Legende vom heiligen Viktor

Die Statue des hl. Viktor am Xantener Dom.

Die Legionäre* des Römerlagers Vetera Castra bekamen den Befehl, vollständig zum Appell anzutreten. Auch die Kohorte* der Legionäre aus Oberägypten, die gerade erst zur Verstärkung an den Niederrhein gekommen waren. Die Feldzeichenträger nahmen neben dem Standbild des Kaisers Maximian Aufstellung. Dann bekamen sie vom Unterfeldherrn den Befehl, alle Christen der Colonia Ulpia Trajana zu töten.
„Niemals!", sprach Viktor, der Hauptmann der Legionäre aus Oberägypten. „Meine Kohorte wird den Befehl nicht ausführen. Und ich auch nicht."
Der Unterfeldherr zitterte vor Wut und zückte seine Waffe. Dann befahl er: „Knie neben dem Standbild nieder und huldige dem Kaiser."
„Niemals!", antwortete Viktor erneut. „Wir sind Christen. Wir glauben nur an den einzigen wahren Gott Jesus Christus und verehren ihn. Wir huldigen dem Kaiser nicht!"
Damit war das Todesurteil für die Kohorte gefällt. Die Soldaten aus Oberägypten wurden grausam gequält und gemartert. Trotz der Qualen ließen sie nicht von ihrem Glauben ab. Deshalb wurden sie getötet.

Der Norbertbrunnen auf dem Marktplatz. Im Hintergrund der Turm der Michaelskapelle und ein Turm vom Dom St. Viktor.

„Kommt, wir gehen weiter zum Dom“, sagte Emma.

Vor dem Südeingang stand eine sehr große Kreuzigungsgruppe aus Stein. Sie zeigte Jesus und die beiden Verbrecher, die mit ihm zum Tode verurteilt worden waren. Über einem Verbrecher schwebte ein kleiner Engel, der ihn liebevoll mit in den Himmel nahm. Über dem anderen hielt ihn ein grinsender Teufel in den Krallen und schleppte ihn in die Hölle.

„Das verstehe ich nicht“, sagte Mercur. Als römischer Gott kannte er sich natürlich mit christlichen Darstellungen nicht aus.

„Kapiere ich auch nicht“, sagte der Heinzel. „Alle beide waren doch Verbrecher. Warum holt der Teufel nur den einen und nicht alle beide?“

„Weil der eine seine Sünden bereut hat. Deshalb bringt der Engel ihn in den Himmel, und der andere hat sie nicht bereut, deshalb schleppt der Teufel ihn in die Hölle“, erklärte Emma.

„Woher weißt du das?“, fragte sie der Heinzel bewundernd.

„Weiß doch jeder, oder?“, antwortete Emma.

Dann gingen sie in den Dom. Sie waren sehr beeindruckt von dem hohen Kirchenraum mit der kostbaren Ausstattung. Sie schauten in den Chor*. Dort stand auf dem besonders schönen Hochaltar der vergoldete Schrein, in dem die Gebeine des heiligen Viktors seit dem Jahr 1129 aufbewahrt werden. Büsten mit den Gebeinen von Märtyrern* rahmen den Schrein ein. Die Seitenflügel zeigen Gemälde des Kölner Malers Barthel Bruyn. Darauf hat er 1534 verschiedene Ereignisse aus den Legenden um Viktor dargestellt.

„Vierundzwanzig große Altäre, die alle am Niederrhein aus Holz geschnitzt worden sind, befinden sich im Videostrom“, hörten sie plötz-

Ein Verbrecher wird vom Engel in den Himmel geleitet, weil er seine Sünden bereut hat. Der andere hat sie nicht bereut und wird deshalb in die Hölle geschleppt. Zu sehen an der Kreuzigungsgruppe vor dem Xantener Dom.

lich die Stimme eines Kirchenführers. „An den Pfeilern im Mittelschiff befinden sich achtundzwanzig Skulpturen* aus Stein, die um 1300 entstanden sind. Darunter die Heiligen Drei Könige und die Gottesmutter Maria", sprach er weiter. Nun ging er mit der Gruppe hinunter in die Krypta*. Emma, Mercur und der Heinzel folgten ihnen. Dort erfuhren sie eine spannende Geschichte.

Das Doppelgrab der Märtyrer

Als Walter Bader ein junger Mann von 32 Jahren war, leitete er als Archäologe* einen Teil der Ausgrabung unter dem Xantener Dom. Dabei entdeckte er mit seinen Männern unter dem Chor* des Domes einen Sarg, in dem zwei Skelette lagen. Walter Bader stellte an den Gebeinen fest, dass es 35 bis 40 Jahre alte Männer waren, die mit Gewalt getötet worden waren. Weil der Sarg aus Holz war, konnte er auch erforschen, dass er zwischen 361 und 363 n. Chr. in die Erde gesenkt und seither von keiner Menschenhand mehr berührt worden war. So wie die toten Männer in den Sarg gelegt worden waren, wurden auch ihre Skelette gefunden.

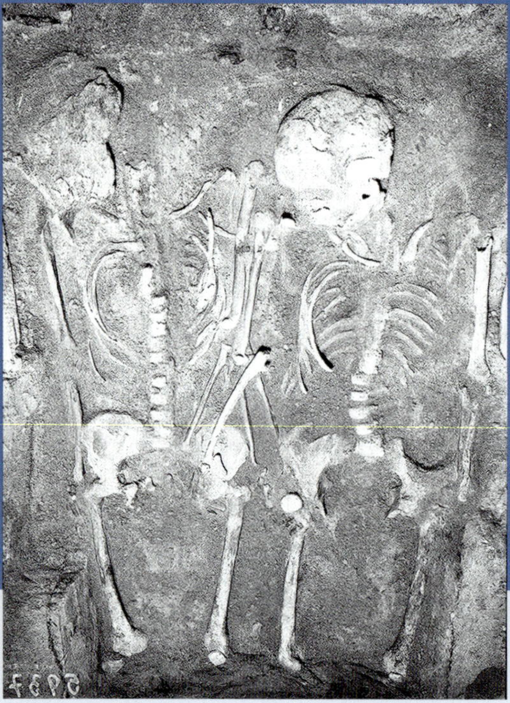

Ganz in der Nähe lagen viele andere Skelette in einfachen Holzsärgen, manche lagen auch in Bleisärgen. Durch Inschriften auf Grabhäusern konnten Walter Bader und andere Archäologen nachweisen, dass hier Christen der römischen Stadt bestattet wurden. Ob eines der Skelette im Doppelgrab von Viktor stammt? Und das andere Skelett von einem Gefährten Viktors? Diese schwierige Frage kann wohl niemand mit Sicherheit beantworten. Man kann aber glauben, dass dies die Überreste der Märtyrer* sind.

Die Skelette der beiden Märtyrer bei der Ausgrabung in den Jahren 1933/34.

Als Emma die Geschichte gehört hatte, war sie sehr erregt. „Ist das wahr, dass in römischer Zeit auch hier Christen verfolgt und gewaltsam getötet wurden?", fragte sie Mercur.

„Ja", antwortete er. „Ja, das ist wahr."

Auf den Spuren römischer Legionäre – von Xanten nach Haltern

„Jetzt ist die Römertour endlich zu Ende, oder?", fragte der Heinzel, als sie den Dom verlassen hatten. Er hatte fest damit gerechnet, aber Mercur verneinte und fuhr fort:

„Wir Römer hatten uns zum Ziel gesetzt, ganz Germanien zwischen Rhein und Elbe unter römische Herrschaft zu bringen. Deshalb überfielen wir immer wieder germanische Stämme auf der rechten Rheinseite. Aus einzelnen Feldzügen wurde schließlich ein regelrechter Eroberungskrieg. Der Weg entlang der Lippe war einer der Hauptwege in das Innere Germaniens. Alle Feldzüge führten hier entlang. Deshalb haben wir auch mehrere Truppenlager angelegt. In Holsterhausen, Haltern, Beckinghausen, Oberaden und Anreppen. Zu meiner Zeit konnten auf der Lippe noch Schiffe fahren, große Lastkähne, die Verpflegung und anderes für die Soldaten brachten. Eine Legion bestand schließlich aus mehr als fünftausend Mann. Was glaubt ihr, was da alles benötigt wurde, damit alle satt und zufrieden waren."

„Ich bin sehr zufrieden", hörten sie plötzlich den Teufel. „Das Eis hat wunderbar geschmeckt. Ich hätte noch fünf Hörnchen, jedes mit wenigstens fünf Kugeln, essen können. Das Schokoladeneis hat am besten geschmeckt und dann Nuss und dann ....."

„Hör mal auf damit", unterbrach ihn Mercur streng. „Schlimm genug, dass du klaust. Dann hör jetzt wenigstens zu! Wir reden gerade über die römischen Eroberungskriege. Das ist wichtig für die Geschichte Europas und der Welt. Wer weiß, wie alles gekommen wäre, wenn wir die Gebiete auf der rechten Rheinseite bis zur Elbe auch noch erobert hätten. Wenn wir die Germanen besiegt hätten in der Schlacht im Teutoburger Wald. Aber es war eine fürchterliche Niederlage. Ich schäme mich, davon zu berichten."

„Ja, schäm dich!", rief der Teufel hämisch, aber er wusste natürlich nichts von der sogenannten Varusschlacht und genauso wenig von Publius Quintilius Varus, dem Verwalter Germaniens.

Beim Römerfest und im Römermuseum in Haltern

„Wir begeben uns nach Haltern. Da war ein römisches Hauptlager. Da berichte ich euch von der Schlacht. Also! Wir treffen uns auf der Wiese vor dem Römermuseum", sagte Mercur und entschwand in die Lüfte. Kurz danach war auch der Teufel rubbeldiekatz weg.

Nach einer guten Stunde trafen sie sich auf der Wiese vor dem Römermuseum wieder.

„Wir sind zweiundsechzig Kilometer von Xanten bis Haltern mit dem Bus gefahren. Immer geradeaus, an Wäldern, Äckern, Maisfeldern und Gasthöfen vorbei", berichtete Emma.

„Diese Strecke sind unsere römischen Legionäre* zu Fuß gegangen. An zwei Tagen. Abends mussten sie nach dem langen Marsch noch ihre Zelte aufschlagen und das Lager durch Graben und Wall schützen. Ich zeige euch jetzt mal die Zelte."

Sie betraten das Römermuseum. Mercur ging sofort zielstrebig in die Ausstellung und blieb vor dem Zelt stehen, das dort aufgebaut war.

„Das waren die Zelte! Sie sind aus Ziegen- oder Kalbsleder. Die sind natürlich nachgebaut. Drei mal drei Meter groß für sechs bis acht Soldaten. Für ein Zelt brauchte man etwa siebzig Ziegenhäute. Wenn die Soldaten es gut mit Fett pflegten, hielt es etliche Jahre und schützte auch vor Regen."

Nachgebautes Zelt aus Ziegenhaut für sechs bis acht römische Soldaten. Vor dem Zelt steht das Marschgepäck eines Soldaten.

Während Mercur über das Zelt redete, war der Heinzel alleine auf Entdeckungsreise im Museum gegangen. Nun stand er vor etlichen Ständern, auf denen Marschgepäck römischer Legionäre steckte. Natürlich nicht echt und original, sondern nachgebildet. Alles war an einer *furka* befestigt, einer Tragestange. „Probieren und berühren erwünscht" stand auf einem Schild. Der Heinzel fummelte an einer Furka herum und hob sie aus dem Schaft. Prompt stürzte er mitsamt der Furka, die mit ohrenbetäubenden Geschepper auf den Fußboden donnerte. Als die anderen den Lärm hörten, kamen sie sofort angerannt und fanden den Heinzel inmitten der einzelnen Teile der Furka. Der große Eimer, der flache Topf mit Stiel, die Feldflasche, der Mantelsack, die Ledertasche und der Proviantbeutel mit der Weizenration lagen verstreut auf dem Holzfußboden.

„Du hättest dir doch denken können, dass das viel zu schwer für dich ist", warf Mercur ihm vor. „Das wiegt über achtzehn Kilogramm, vielleicht auch zwanzig. Da muss man schon einen kräftigen Körperbau haben und wenigstens ein Meter dreiundsechzig groß sein, wenn man das tragen und damit marschieren will. So war das jedenfalls bei uns geregelt."

„Das würde ich auch sagen", ereiferte sich der Teufel sofort, und nur Emma kam auf den Gedanken, dem Heinzel wieder auf die Beine zu helfen und ihn zu fragen, ob er sich weh getan hat.

Das Marschgepäck eines römischen Legionärs bestand aus einer „Furka", einer Tragestange, an der ein Eimer, Topf mit Stiel, Feldflasche, Mantelsack, Lederbeutel und ein Netz mit der Weizenration hingen. So wog die Furka etwa 15 bis 20 Kilogramm, die Rüstung dazu noch etwa 30 Kilogramm. Die Strecke eines Tagesmarsches betrug etwa 20 bis 30 Kilometer.

„So! Und jetzt zur Niederlage. Wann war das? Wo war das? Wer war daran beteiligt? Was ist da genau passiert?", forderte der Teufel Mercur zum Erzählen auf.

„Das kann ich in einem Satz sagen", antwortete Mercur herablassend.

„Aber ein bisschen flott", entgegnete der Teufel.

„Im Jahr 9 nach Christus erlitten drei römische Legionen samt Hilfstruppen und der Versorgungsmannschaft unter der Führung des Publius Quintilius Varus im Osnabrücker Land eine vernichtende Niederlage gegen ein germanisches Heer unter der Führung von Arminius, einem Fürsten des Stammes der Cherusker. So war das. Basta!"

„Äh? Wie? Habe ich nicht ganz verstanden. Kannst du nicht doch etwas mehr erzählen?", lenkte der Teufel ein.

Vorführung bei den Römertagen in Haltern. Auf einem Marsch aßen die Soldaten Getreidebrei oder Brot. Um das Brot zu backen und den Brei zu kochen, mussten sie die Getreidekörner zuerst mit der Handmühle schroten.

Die Varusschlacht im Osnabrücker Land

Publius Quintilius Varus war Oberbefehlshaber in Germanien. Im Jahr 9 n. Chr. war er tief im Gebiet des Germanenstamms der Cherusker an der Weser unterwegs. Nachdem der Sommer vorüber war, wollte er seine Legionen ins Winterquartier an den Rhein bei Xanten bringen. Auf dem Weg zogen etwa 15 000 Legionäre*. Dazu Hilfstruppen, Sklaven*, Ochsenkarren, Pferdewagen und auch etliche Frauen und Kinder. Der Zug war etwa 15 Kilometer lang. Das Marschieren durch den germanischen Wald war mühselig und die Wege voller Hindernisse. Auf dem Weg bekam Varus von Arminius die Nachricht, dass die Germanen einen Angriff auf die Römer planten. Er gab ihm unter einem Vorwand den Rat, einen Umweg zu nehmen.
Arminius stammte aus einer angesehenen Familie der Cherusker. Der Römer Varus und der Germane Arminius kannten sich gut. Die Römer arbeiteten oft mit einheimischen Stammesführern zusammen, um feindliche Stämme zu befrieden. Arminius stand sogar in römischen Diensten und war für seine Leistungen ausgezeichnet worden.

Daher nahm Varus den Rat in gutem Glauben an. Aber das war sein Verderben. Seine Truppen waren im germanischen Wald verloren. Es regnete stark und die Römer rutschten mit ihren schweren Rüstungen auf den engen und steilen Waldwegen im Morast aus und die Wagen versanken im Matsch. Das waren ideale Bedingungen für einen überraschenden Angriff der germanischen Krieger. Sie griffen den Tross immer wieder aus dem Dickicht des Waldes heraus an, zogen sich zurück und griffen an anderer Stelle wieder an. Vier Tage und Nächte ging das so, bis der Weg mit Leichen gepflastert war. Auch Wehrlose wurden niedergemetzelt. Mitleid gab es nicht, weder bei den Römern noch bei den Germanen. Am Ende war die Lage für die Römer aussichtslos. Varus stürzte sich vor Verzweiflung in sein Schwert. Das Gelände war übersät mit den Leichen von 20 000 Römern. Die Toten wurden bis auf die Haut geplündert.
Bei der Varusschlacht verlor Augustus drei von seinen insgesamt 28 Legionen. In seiner Verzweiflung soll er manchmal den Kopf gegen die Türe geschlagen und geschrien haben: „Quintilius Varus, gib mir die Legionen wieder."
Dann befahl er einen Rachefeldzug gegen den Stamm der Marser in Germanien. Den leitete der Heerführer Germanicus. Aber bald gaben es die Römer auf, die germanischen Gebiete rechts des Rheins zu erobern und zogen sich auf die linke Rheinseite zurück.

Während Mercur erzählte, hatte der Heinzel sich zuerst die Ohren zugehalten und war dann weggegangen. Von Kriegen, Schlachten, Blut und Tod wollte er nichts mehr hören. Der Teufel war unruhig auf- und abgegangen und Emma kratzte sich am Hals und hinter den Ohren und drehte vor Unbehagen den Kopf hin und her.

„Wo die Schlacht genau stattgefunden hat, ist bis heute ein Rätsel. Es gibt siebenhundert unterschiedliche Meinungen dazu. Bei Detmold hat man dem siegreichen Germanen Hermann dem Cherusker, wie man Arminius auch nennt, vor mehr als hundert Jahren ein Denkmal gesetzt. Aber heute geht man eher davon aus, dass Kalkriese, ein Stadtteil der Stadt Bramsche im Landkreis Osnabrück, der Ort der Schlacht war", fügte Mercur noch an.

Dann kam auch der Heinzel wieder. Er hatte einen Römerhelm auf, den er sich im Werkraum des Museums gebastelt hatte.

„Aber jetzt ist doch die Römertour wirklich zu Ende, oder?", fragte er.

„Na ja", antwortete Mercur. „Römische Spuren gibt es hier im Ruhrgebiet noch genug."

links oben: Truppenparade bei den Römertagen in Haltern. Die Soldaten nehmen Aufstellung.

links unten: Der Aufmarsch endet in der Gefechtsformation „Schildkröte“. Die Soldaten in der Mitte halten ihre Schilde wie ein Dach über ihre Köpfe. Die an den Außenseiten bilden mit ihren Schilden eine Mauer. So waren sie sicher vor den Pfeilen der Angreifer.

rechts oben: Der Centurio mit dem Helmbusch nimmt die Parade ab. Dabei kontrolliert er sowohl die Sauberkeit von Ohren, Hals und Fingernägeln als auch die Schuhsohlen mit den 70 bis 80 Eisennägeln. Wenn alles in Ordnung ist, gibt er den Befehl „retro“. Das bedeutet: Rückwärts in die Reihe. Hat er etwas auszusetzen, muss der Legionär in voller Rüstung Liegestützen machen.*

rechts unten: Zur Centurie der Römer, einer Abteilung von 80 bis 100 Mann, gehörten auch ein Feldzeichenträger und ein Hornbläser.

Das Modell im Römermuseum Haltern zeigt den römischen Schiffbau an der Lippe.

Haltern am See

Haltern liegt am nördlichen Rand des Ruhrgebietes im Naturpark Hohe Mark und ist rundherum von Wald umgeben. Die Geschichte von Haltern beginnt bei den Römern. Sie zogen von Westen immer weiter nach Osten vor und legten in Holsterhausen, Haltern, Beckinghausen, Oberaden und Anreppen Militärlager an. Aber ihr Plan, Germanien zu einer römischen Provinz zu machen, ging nicht auf. Die römischen Legionen wurden von den Germanen in der „Varusschlacht“ fast vollständig vernichtet. Im Stadtgebiet von Halten haben die Archäologen* bei Ausgrabungen viele Überreste der Römer gefunden. Sie sind heute zum Teil im Römermuseum in Haltern zu besichtigen.

Im Mittelalter* bekam Haltern 1289 die Stadtrechte verliehen. Nun ging es an den Bau einer Stadtbefestigung. Von dieser Mauer ist heute noch der Siebenteufelsturm erhalten. Den Verlauf der Mauer mit Wall und Graben kann man gut am Verlauf der Wallstraßen erkennen, die einen Ring um die Innenstadt bilden. Zur Wasserversorgung der Umgebung wurde 1930 ein Stausee angelegt. Deshalb darf sich Haltern den Zusatz „am See“ geben. Weil Haltern im Grünen und am Wasser liegt, kommen im Sommer sehr viele Besucher, um sich beim Wandern, Fahrradfahren oder Segeln zu erholen.

„Jetzt haben wir alles gemacht, was wir uns vorgenommen hatten", stellte Emma fest.

„Ist unsere Reise denn hier zu Ende?", fragte der Teufel überrascht.

„Ich glaube schon", antwortete Emma.

„Dann bin ich jetzt mal weg", sagte der Teufel. „War schön mit euch", sagte er noch und war rubbeldiekatz verschwunden. Es blieb nur noch sein Geruch nach Erde und Feuer.

„Der ist immer so schnell weg", sagte Emma.

„Ich glaube, der ist traurig und hat Angst, dass ihm beim Abschied vor lauter Rührung die Tränen kommen", meinte der Heinzel.

„Quatsch", sagte Emma. „Teufel weinen doch nicht!"

„Auch Teufel weinen. Bestimmt", glaubte der Heinzel.

„Ich hätte nie gedacht, dass es im Ruhrgebiet so interessant ist. Vielleicht treffen wir uns mal wieder. Würde mich freuen. Aber jetzt muss ich in meinen Götterhimmel", sagte Mercur und erhob sich sachte in die Lüfte.

„Sollen wir zusammen gehen?", fragte der Heinzel Emma. Sie gingen schweigend nebeneinander her. Ein plötzlicher Windstoß fegte dem Heinzel den Hut vom Kopf. Nun war er verschwunden und Emma hörte nur noch das Getrappel seiner Füße und bald war auch davon nichts mehr zu hören.

„Schade, dass sie weg sind. Aber wir sehen uns bestimmt wieder. Da bin ich mir ganz sicher", sagte Emma zu sich selbst.

Was du noch wissen solltest – zum Nachschlagen

Glossar – ein Mittel gegen unverständliche Begriffe

Manche Begriffe im Buch sind dir vielleicht nicht geläufig. Du kannst sie hier nachschlagen und dir erklären lassen.

Äbtissin Vorsteherin (Leiterin) eines Frauenklosters oder Stifts*.

Altaraufsatz Eine geschnitzte oder gemalte Rückwand auf dem Altartisch in christlichen Kirchen.

Amphitheater Ovaler Theaterbau der Römer, meist ohne Dach, in dessen Mitte sich ein freier Platz, die Arena befand. Rundum waren ansteigende Sitzreihen in Stufen angeordnet.

Archäologie Wissenschaft, die Überreste in der Erde aus vergangenen Zeiten erforscht.

Atrium Innenhof eines großen Gebäudes oder viereckiger Vorhof in einer Kirche.

Auftriebskraft Vor 2 000 Jahren stellte der griechische Mathematiker Archimedes fest, dass jeder Körper, der in eine Flüssigkeit eintaucht, scheinbar einen Teil seines Gewichts verliert. Die Ursache dafür ist die Auftriebskraft. Die Auftriebskraft eines Körpers ist gleich der Gewichtskraft der vom Körper verdrängten Flüssigkeitsmenge.

Barocker Baustil Von etwa 1600 bis 1750 baute man in Europa vor allem Kirchen und Schlösser im barocken Baustil. Merkmale sind die ausladenden und geschwungenen Formen, später auch viele Verschnörkelungen und kleine, kindhafte Figuren, die Putten.

Bronze Metall, das aus Kupfer und Zinn zusammengeschmolzen wird. Es ist sehr dauerhaft.

Centurio Offizier des römischen Reichs, der eine Legion von 80 bis 100 Legionären befehligt (vom lateinischen *cento,* für 100).

Cousin Sohn eines Onkels oder einer Tante.

Chauffeur Autofahrer, der andere Personen berufsmäßig in einem Auto fährt.

Chor Ein abgetrennter Kirchenraum, in dem die Geistlichen, auch Mönche oder Nonnen* beten und in dem der Hauptaltar steht. Er ist meist nach Osten gerichtet und halbrund gebaut.

Chorgestühl Sitze für die Geistlichen im Chor* einer Kirche. Sie sind in einer Reihe angeordnet und miteinander verbunden. Oft sind ihre Seitenteile reich verziert.

Denkmalschutz Dient dem Schutz von Denkmälern der Kultur oder Natur, damit sie dauerhaft erhalten werden. Alle geschützten Denkmäler sind in einer Denkmalliste verzeichnet.

Deportation Gewaltsame Verschleppung von Menschen aus ihrem Heimatort.

Erster Weltkrieg Der Erste Weltkrieg wurde von 1914 bis 1918 geführt. Etwa 17 Millionen Menschen fanden den Tod und viele Millionen wurden verwundet. Deutschland hatte große Schuld am Ausbruch des Krieges.

Fehde Im Mittelalter Streitigkeiten oder Kleinkriege unter Adeligen oder Landesherren.

Forum Zur Römerzeit der Markt- oder Versammlungsort in Städten.

Frankenzeit Nach dem Zerfall des Römischen Reiches bildete sich zwischen dem 3. und 9. Jahrhundert in West- und Mitteleuropa das Reich der Franken. Franken bedeutet „die Kühnen" oder „die Freien".

Generator Elektrische Maschine, die die Energie, die zum Beispiel mit Wasser erzeugt wird, in Strom umwandeln kann.

Gotischer Baustil In Nordeuropa bezeichnet man die Kunst vom Ende des 12. Jahrhunderts bis zum Anfang des 16. Jahrhunderts als gotisch. Merkmale der Gotik sind spitze Bögen, große Fenster und ein hoher Kirchenraum.

Gruft Unterirdischer oder oberirdischer Raum, in dem Tote bestattet werden.

Hafenspeicher Siehe Speichergebäude.

Hansekogge Segelschiff des späten Mittelalters, das vor allem dem Handel diente.

Hansestadt Nannte man alle Städte, die sich dem mittelalterlichen Kaufmannsbund der Hanse angeschlossen hatten.

Heroldsstab Stab, der mit zwei Schlangen umwunden ist. Er ist das Zeichen eines Herolds oder Gesandten und des römischen Götterboten Mercur.

Historismus Stil, der sich an Baustilen aus der Vergangenheit ein Beispiel nimmt und sie nachahmt.

Industrialisierung Nach der Erfindung der Dampfmaschine konnten viele Güter in Fabriken einfacher, schneller und in großen Mengen hergestellt werden. Das war ein großer Fortschritt, der das Leben der Menschen sehr verändert hat. Viele Menschen zogen dorthin, wo die Fabriken waren, um zu arbeiten. Sie nannten sich jetzt Arbeiter und waren keine Handwerker mehr.

Ingenieur Beschäftigt sich wissenschaftlich mit den in der Natur vorhandenen Materialien und Kräften, um sie für bestimmte Zwecke technisch nutzbar zu machen.

Juden Das Judentum ist die älteste der drei großen Religionen mit dem Glauben an einen einzigen Gott.

Jugendstil Die Kunstrichtung ist um 1890 entstanden. Besonders beliebt waren geschwungene Pflanzenmotive und schwingende Linien.

Kohorte Römische Truppeneinheit von etwa 500 Soldaten.

Konzentrationslager Große Gefängnisse auf freiem Gelände, die zur Zeit des Nationalsozialismus* errichtet wurden. Juden und Gegner der Nationalsozialisten wurden hier eingesperrt und gezwungen zu arbeiten. Sie wurden gequält, erniedrigt und auch getötet.

Kotten Einfaches, kleines Haus oder Hütte.

Krypta Unterirdischer Kirchenraum.

Kuppel Halbkugel- oder glockenförmiger oberer Teil eines Raumes.

Labor Forschungs- und Arbeitsstätte im Bereich der Naturwissenschaft, in dem auch Experimente und Kontrollen durchgeführt werden.

Legionäre Bezeichnung für römische Soldaten.

Märtyrer Gläubige Menschen, die wegen ihres Glaubens getötet wurden.

Mineralöl Kraft-, Brenn- oder Schmierstoffe, die aus Erdöl hergestellt werden.

Mittelalter Es umfasst den Zeitraum von etwa 500 bis 1500 nach Christi Geburt, in der das Leben der Menschen stark vom christlichen Glauben geprägt war.

Nationalsozialismus Politische Bewegung, die nach dem Ersten Weltkrieg* entstand und unter ihrem Führer Adolf Hitler in der Katastrophe des Zweiten Weltkriegs* endete. Die Nationalsozialisten deportierten* die Juden* in Konzentrationslager*. Sie verfolgten sie aber nicht wegen ihrer Religion, sondern wegen ihrer Rasse.

Nonne Nonnen weihen ihr Leben Gott und leben nach festen Regeln in einem Frauenkloster zusammen.

Pfalz Im Mittelalter ein befestigter Wohnsitz des Königs. Sie diente ihm bei seinen Reisen als Unterkunft und Gerichtsort. Aus Pfalzen entstanden auch Städte, etwa Frankfurt am Main oder Aachen.

Pilum Römische Wurflanze.

Plastiken Bildwerk aus formbaren Materialien wie Ton, Gips oder Metall.

Pugio Römischer Dolch.

Reliquienhaus Reliquien sind Überreste von Körperteilen oder Gegenständen eines Heiligen. Sie werden in kostbaren Behältnissen aufbewahrt oder sogar in kleinen Bauten aus Stein.

Renaissance Bedeutet übersetzt Wiedergeburt. Der Bau- und Kunststil des römischen und griechischen Altertums wurde am Übergang vom Mittelalter zur Neuzeit wieder entdeckt.

Restaurieren Wiederherstellen beschädigter oder gealterter Kunstwerke oder bedeutender Gegenstände, meist in einer dafür eingerichteten Werkstatt.

Satyrn Waldgeister im Gefolge des griechischen Weingotts Dionysos. Sie sind grobe, kräftige Wesen mit struppigem Haar, stumpfer Nase, spitzen Ohren und einem Ziegen- oder Pferdeschweif. Sie lieben den Wein.

Schleusen Treppen für Schiffe.

Sklaven Unfreie Menschen, die ihren Herren wie eine Ware gehörten. Ihre Besitzer konnten auch über Leben und Tod entscheiden, sie verkaufen oder ihnen die Freiheit schenken. Seit dem Untergang des Römischen Reiches hatte die Sklaverei keine Bedeutung mehr in Europa.

Skulptur Werk eines Bildhauers, der aus festen Stoffen wie Stein, Holz, Metall oder Gips ein künstlerisches Gebilde schafft.

Speichergebäude Große Lagerhäuser, wo Getreide, Früchte, Nüsse und allerlei Dinge gelagert werden.

Stift Im Gegensatz zum Kloster legt man in einem Stift kein Ewiges Gelübde ab. Daher darf man das Stift auch wieder verlassen, etwa wenn man heiraten will.

Synagoge Gotteshaus der Juden.

Tempel Für die Verehrung einer Gottheit bestimmter Bau in nichtchristlichen Kulturen.

Titusbogen Triumphbogen auf dem Forum Romanum in Rom.

Tora Die Tora ist das Gesetz Gottes, das in den fünf Büchern Mose des Alten Testaments aufgezeichnet ist. Sie ist das Kernstück des jüdischen* Glaubens. Der Text ist auf eine Pergamentrolle, die Torarolle, geschrieben.

Toraschrein Schrein in der Synagoge*, in der die Torarollen* aufbewahrt werden.

Zellstoff Masse aus Holz und anderen Faserpflanzen, die zur Herstellung von Papier, Pappe und vielem mehr verwendet wird.

Zinkwanne Zink ist ein bläulich-weißes sprödes Metall. Man kennt es von Dachrinnen. Früher wurden auch Badewannen daraus gemacht.

Zweiter Weltkrieg Der Zweite Weltkrieg tobte von 1039 bis 1945. Alle großen Mächte der Erde waren in diesen Krieg verwickelt, in dem etwa 55 bis 60 Millionen Menschen getötet wurden. Für die Überlebenden brachte er Not, Verzweiflung, Verletzung und die Zerstörung und den Verlust ihrer Heimat.

Das Bergmanns-ABC

Abbau Gewinnung der Kohle unter der Erde.

abteufen Eine Grube* in die Tiefe (Teufe) ausheben.

Alter Mann Bereich, in dem der Abbau beendet ist.

Arschleder Schutzleder für den Hosenboden.

Ausbau Gruben* und Stollen* gegen Steinfall sichern.

Bergwerk Darin wird Kohle gesucht, abgebaut und nach oben befördert.

Bergwerksstollen Ein Stollen ist ein waagerechter oder leicht ansteigender unterirdischer Gang in einen Berg oder einen Hügel. Er ist die Verbindung von der Erdoberfläche zu den unterirdischen Anlagen zum Beispiel in einem Bergwerk.

Bewetterung Ist die Regelung der Luftzufuhr. Frische Luft wird nach unter Tage* geleitet und die verbrauchte Luft wird nach über Tage abgesaugt. Siehe auch Wetterschacht.

Bohrhammer Gerät zum Bohren von Sprenglöchern, früher auch zum Herauslösen der Kohle.

Bunker Lagerraum, um Kohle unter Tage zwischenzulagern.

Buttern Wenn Bergleute auf der Werkzeugkiste sitzen und ihr Butterbrot essen.

Deckgebirge Gesteinsschichten oberhalb des Gebirges*.

einfahren Wenn Menschen in die Grube* fahren – etwa mit einem Förderkorb.

Erzbunkeranlagen Große Lagerstätten für Erz bei einer Kokerei.

Firste Der obere Teil in Strecken*.

Flöz Kohleschichten.

Förderkorb Gestell, das an einem Seil hängt und in Schächten zum Transportieren von Menschen, Wagen und Material dient.

Förderturm Das auffälligste und höchste Gebäude einer Zeche. Er ist das Zeichen, das schon von Weitem zu sehen ist. In ihm arbeitet die Hauptschachtfördermaschine*: Über eine große Winde wird das Stahlseil gedreht, das den Förderkorb* bewegt.

fördern Kohle über Tage schaffen.

Füllort Er befindet sich am Schacht und ist der Sammelpunkt aller Wagen unter Tage. Von hier aus werden sie über Tage oder weiter in andere Stollen geschickt.

Gebirge Gesteinsschicht, in der Steinkohle abgebaut wird.

Geleucht Grubenlampe*.

Gezähe Werkzeug des Bergmanns.

Gezähekiste Holz- oder Eisenkiste, in der der Bergmann sein Werkzeug aufbewahrt und verschließt.

Glück auf! Jahrhundertealter Bergmannsgruß.

Grube Bergwerk mit allen Betriebsanlagen.

Grubenfahrt Bezeichnung für den Transport im Förderkorb* in ein Bergwerk.

Grubenholz Holz zum Ausbauen und Abstützen der Grube.

Grubenlampe In der Hand oder am Kopf zu tragende Lichtquelle im Bergbau, zum Beispiel Benzin- oder elektrische Lampen.

Grubenwehr Rettungstruppe für den Einsatz im Bergbau.

Halde Berg aus unbrauchbarem Gestein aus der Grube*, das über Tage aufgeschüttet wird.

Hängebank Große Bühne aus Eisen, an der die Förderkörbe „hängen". Hier werden die Förderkörbe mit allem beladen, was nach unter Tage muss: Menschen, Grubenbahnwagen und Material.

Hauptschachtfördermaschine Mit dieser Maschine werden die vollen Förderkörbe* an einem Stahlseil, das durch den Förderturm* läuft, aus dem Hauptschacht heraufgezogen und leer wieder heruntergelassen.

Hunt Förderwagen im Bergbau.

Kaue Umkleide- und Waschräume für die Bergleute.

Keilhaue Spitzhacke.

Knappenbrief Nachdem der junge Bergmann seine Ausbildung beendet und die Prüfung bestanden hat, erhält er den Knappenbrief.

Knappschaft Kranken- und Rentenversicherung der Bergleute.

Kohleflöz Flöz*

Kohlehobel Maschine, die an Ketten im Streb* hin- und hergeführt wird. Dabei schält sie bei jeder Fahrt eine etwa fünf bis zehn Zentimeter dicke Kohleschicht ab, die in die Förderrinne fällt und dann weiter abtransportiert wird.

Kohlenwäsche Hier wird die Kohle vom übrigen Gestein getrennt. Weil die Kohle leichter ist als Gestein, schwimmt sie oben. Das Gestein ist schwerer und sammelt sich am Boden.

Kumpel Bezeichnung für einen Bergmann. Heute ist damit auch ein Kamerad gemeint. Ursprünglich jemand, mit dem man sein Brot teilt (lateinisch: *cum pane*).

Mächtigkeit Dicke des Kohleflözes.

Malakowturm Aus Ziegelsteinen gemauerter Schachtturm, der an Wehrtürme von Festungen erinnert.

Markenkontrolle Bei Arbeitsantritt musste jeder Bergmann seine Marke abgeben. Das diente der Kontrolle und der Sicherheit, weil man wusste, wer ins Bergwerk eingefahren war.

Mundloch Öffnung eines Stollens.

Nachtschicht Eine Arbeitseinheit, die in der Nacht liegt.

Ort Die Stelle, an der der Bergmann arbeitet: vor Ort, dort wo die Kohle abgebaut oder die Strecke* vorangetrieben wird.

Pferdebahn Wagen, die von Pferden unter Tage auf Schienen gezogen wurden.

Pütt Zeche*, Kohlenbergwerk.

Schacht Senkrecht in die Erde führendes tiefes Loch.

Schicht Eine Arbeitszeit in einem Bergwerk. Eine Schicht dauert acht Stunden.

Schilde/Schildausbau Sie stemmen sich mit etlichen Tonnen Druck gegen das Deckgebirge* und sichern Menschen und Maschinen vor herunterfallenden Gesteinsbrocken. Von diesen Schilden sind manchmal 200 bis 250 Stück für einen sicheren Ausbau nötig.

Schlägel oder Schlegel wird ein Werkzeug zum Schlagen genannt, das einen viereckigen Querschnitt und einen Stiel aus Holz hat.

Schlepper Junger Bergmann, der in früheren Zeiten die Wagen schleppen musste.

Seilfahrt Ein- und Ausfahrt der Bergleute in den Schacht, in dem ein Förderkorb an einem Seil hängt.

Spitzeisen Meißel mit einer Spitze.

Stempel Holz für den Grubenausbau.

Stollen Bergwerksstollen*.

Stollenbergbau Grubenbau.

Streb Langer enger Gang, wo die Kohle abgebaut wird.

Strecke Waagerechter Grubenbau.

Streckenvortrieb Hohlräume unter Tage anlegen.

Streckenvortriebsmaschine Maschine, die Hohlräume unter Tage bohren kann.

Teufe Ausdruck des Bergmanns für Tiefe.

Tiefbau Abbau von Kohle in großer Tiefe.

Unter Tage Arbeitsplatz der Bergleute unter der Erde.

Walzenschrämlader Fährt im Streb auf und ab und schneidet bei jedem Gang mit großen sich drehenden Walzen eine etwa 60 Zentimeter dicke Kohleschicht vom Flöz* ab.

Wetter Luftströme unter Tage.

Wetterschacht Frischluftschacht.

Zeche Anderer Name für Grube, Schachtanlage.

Wichtige Adressen – alle einen Besuch wert!

Das Ruhrgebiet ist reich an Sehens- und Erlebenswertem. Alles aufzulisten würde den Rahmen dieses Buches sprengen. Daher nennen wir hier nur die Adressen, wo die vier Freunde gewesen sind. Vielleicht hast du Lust bekommen, auch einmal die Museen, Burgen und Schlösser sowie die Industriedenkmäler zu besuchen!

Bochum

Deutsches Bergbau-Museum Bochum
Am Bergbaumuseum 28, 44791 Bochum
Tel. 0234/58 77-0
Infoline 01805/87 72 34
www.bergbaumuseum.de (Unter „Das kleine Museum" zeigt Wühlbert mit Spielen und Erklärungen die Bergbauwelt für Kinder)
Haltestelle: Deutsches Bergbau-Museum
Di–Fr 8.30–17 Uhr, Sa, So und feiertags 10–17 Uhr

Eisenbahnmuseum Bochum-Dahlhausen
Dr.-C.-Otto-Str. 191, 44879 Bochum
Tel. 0234/49 25 16
www.eisenbahnmuseum-bochum.de
Kindertage, Mitfahren auf dem Lokführerstand

Zeche Knirps
Zeche Hannover
Günningfelder St. 251, 44793 Bochum
Tel. 0234/6100874
www.lwl.org/LWL/Kultur/wim/portal/S/hannover/ort/Knirps/
Apr.–Okt. Mi–Sa 14–18 Uhr, So, feiertags 11–18 Uhr
Erlebnis-, Geschichts- und Nachtführungen für Kinder

Dortmund

Altes Hafenamt
Ausstellung für Hafen und Schifffahrt
Sunderweg 130, 44147 Dortmund
Tel. 0231/98 39-682
Sa 14–17 Uhr, So 10–13 Uhr
Eintritt frei
Führungen außerhalb der angegebenen Zeiten nach Vereinbarung

Hohensyburg
Hohensyburgstr. 200, 44265 Dortmund

LWL-Industriemuseum – Zeche Zollern II/IV
Grubenweg 5, 44388 Dortmund
Tel. 0231/69 61-111
www.lwl.org/LWL/Kultur/wim/portal/S/zollern/ort/

Haltestellen: Industriemuseum Zollern, Bahnhof Bövinghausen
Di–So sowie feiertags 10–18 Uhr

Mahn- und Gedenkstätte Steinwache
Steinstr. 50, 44147 Dortmund
Tel. 0231/50-250 02
www.ns-gedenkstaetten.de/nrw/dortmund
Haltestelle: Hauptbahnhof (Nordeingang)
Di–So 10–17 Uhr
Eintritt frei

Museum Adlerturm Dortmund
Ostwall 51 a, 44137 Dortmund
Tel. 0231/502 60 31
dev.museumadlerturm.dortmund.de
Haltestellen: Stadthaus, Stadtgarten
Di, Mi, Fr 10–13 Uhr, Sa 12–17 Uhr,
Do, So 10–17 Uhr
Samstags freier Eintritt
Kinderführungen, Kindergeburtstage

Museum für Kunst und Kulturgeschichte
Hansastr. 3, 44137 Dortmund
Tel. 0231/502 55 22
dev.mkk.dortmund.de
Di, Mi, Fr, So, feiertags 10–17 Uhr,
Do 10–20 Uhr, Sa 12–17 Uhr

St. Reinoldikirche, ev. Stadtkirche
Ostenhellweg, 44135 Dortmund
www.sanktreinoldi.de
tägl. 10–18 Uhr

Westfalenpark
dev.westfalenpark.dortmund.de
täglich: Eingang Ruhrallee 10–18 Uhr, Eingang Florianstr. 9–23 Uhr, alle übrigen Eingänge 9–21 Uhr
Florianturm: Apr.–Okt. Di–Fr 12–23 Uhr, Sa, So 10–23 Uhr
Sonderpreise für Eltern und Großeltern, kostenlose Ausleihe von Bollerwagen

Duisburg

Kultur- und Stadthistorisches Museum Duisburg
Johannes-Corputius-Platz 1, 47051 Duisburg
Tel. 0203/283 26 40
www.stadtmuseum-duisburg.de
Haltestelle: Rathaus Duisburg
Di–Do, Sa 10–17 Uhr, Fr 10–14 Uhr,
So 10–18 Uhr
Eintritt frei für Schulklassen
Familienführungen, Kinderworkshops

Landschaftspark Duisburg-Nord
Emscher Str. 71, 47137 Duisburg
Tel. 0203/429 19 42
www.landschaftspark.de
Haltestelle: Landschaftspark-Nord
Familienführungen, Fackelführung
(mit Taschenlampen)

MKM Museum Küppersmühle für Moderne Kunst
Innenhafen Duisburg
Philosophenweg 55, 47051 Duisburg
Tel. 0203/30 19 48-11
www.museum-kueppersmuehle.de
Haltestelle: Hansegracht
Mi 14–18 Uhr, Do, Sa–So 11–18 Uhr, Fr nach Vereinbarung
Eintritt frei für Kinder und Schüler, jeden So um 11 und 15 Uhr kostenlose Führungen

Museum der Deutschen Binnenschifffahrt
Apostelstr. 84, 47119 Duisburg
Tel. 0203/808 89-40
www.binnenschifffahrtsmuseum.de
Di–So 10–17 Uhr, Oster-, Pfingstmontag und 1. Mai geöffnet
Museumsschiffe: Mai–Sept. Di–So 10–17 Uhr
Binnenschiffer-Diplom, Wasserspielplatz, Museums-Kinderfest

Salvatorkirche
Burgplatz, 47051 Duisburg
Tel. 0203/77 05 00
www.salvatorkirche.de

Wilhelm-Lehmbruck-Museum
Friedrich-Wilhelm-Str. 40, 47051 Duisburg
Tel. 0203/283-32 94
Di–Sa 11–17, So 10–18
Kinder in Begleitung Angehöriger haben freien Eintritt

Essen

Alte Synagoge
Steeler Str. 29, 45127 Essen
Tel. 0201/884 52 18
www.alte-synagoge.essen.de
Umbau bis Frühjahr 2010, währenddessen keine Ausstellung, aber Veranstaltungen

Domschatzkammer
Burgplatz 2, 45127 Essen
Tel. 0201/22 04-206
www.domschatz-essen.de
Di–Sa 10–17 Uhr, So, feiertags 11.30–17 Uhr, kirchliche Feiertage geschlossen. Öffentliche Führung durch den Dom und die Schatzkammer So 15.30

Grugapark Essen
Virchowstr. 167 a, 45147 Essen
Tel. 0201/888 31 06
www.grugapark.de
Haltestellen: Messe Ost/Gruga, Messe West/Süd/Gruga, Margarethenhöhe/Endstation
Ganzjährig geöffnet von 9 Uhr bis Einbruch der Dunkelheit
Eintritt frei für Kinder unter 6 Jahren

Halbachhammer
(Außenstelle des Ruhr Museums)
Margarethenhöhe/Nachtigallenwald, 45149 Essen
Tel. 0201/884 52 00
www.ruhrmuseum.de/de/museum/halbachhammer.jsp
Haltestelle: Lührmannwald
Jeden 1. So im Monat 14–18 Uhr Schmiedevorführungen (historisch und aktuell)
Geburtstagsworkshops für Kinder: auf Anfrage

Kulturlandschaft Deilbachtal, Kupferhammer
(Außenstelle des Ruhr Museums)
Nierenhofener Str. 10 a, 45257 Essen
Tel. 0201/884 52 00
www.ruhrmuseum.de/de/museum/deilbachtal.jsp
Haltestelle: Kupferdreh-Bahnhof

Lichtburg Essen (Kino)
Kettwiger Str. 36, 45127 Essen
Tel. 0201/23 10 23
www.lichtburg-essen.de

Mineralien-Museum
(Außenstelle des Ruhr Museums)
Kupferdreher Str. 141–143, 45257 Essen
Tel. 0201/884 52 00
www.ruhrmuseum.de/de/museum/mineralien.jsp
Haltestellen: Poststraße, Kupferdreh-Bahnhof
Di–So 10–18 Uhr, Eintritt frei

Münsterkirche
Burgplatz 2, 45127 Essen
Tel. 0201/22 04-206
www.dom-essen.de
Mo–Fr 6.30–18.30 Uhr, Sa, So 9 Uhr bis nach der Abendmesse
Auf der Internetseite unter „Dom für Kinder" können sich Kinder informieren.

Museum Folkwang
Bismarckstr. 60, 45128 Essen
Tel. 0201/884 53 01
www.museum-folkwang.de
Haltestelle: Rüttenscheider Stern
Öffnungszeiten 2010: Di–Do, Sa, So 10–20 Uhr, Fr 10–24 Uhr
Eintritt frei für Kinder unter 6 Jahren
Jeden 1. So im Monat für alle Besucher freier Eintritt in die Wechselausstellungen

red dot design museum
Gelsenkirchener Str. 181, 45309 Essen
Tel. 0201/301 04-25
www.red-dot.de
Haltestelle: Zollverein
Di–Do 11–18 Uhr, Fr–So, feiertags 11–20 Uhr
Eintritt frei für Kinder unter 12 Jahren

Ruhr Museum
Welterbe Zollverein, Kohlenwäsche, Schacht XII (A 14)
Gelsenkirchener Str. 181, 45309 Essen
Tel. 0201/884 52 00
www.ruhrmuseum.de
Haltestelle: Zollverein
Tägl. 10–18 Uhr

Schloss Borbeck
Schloßstr. 101, 45355 Essen
Tel. 0201/884 42 19
www.schloss-borbeck.de

Villa Hügel
Hügel 15, 45133 Essen
Tel. 0201/616 29-0
www.villahuegel.de
Haltestellen Frankenstraße, Zur Villa Hügel, Bahnhof Essen-Hügel
Villa Hügel: Di–So 10–17 Uhr
Park: täglich (auch feiertags) 8–20 Uhr
Eintritt frei für Kinder unter 14 Jahren

Welterbe Zollverein
Besucherzentrum Ruhr, Kohlenwäsche, Schacht XII (A 14)

Gelsenkirchener Str. 181, 45309 Essen
Tel. 0201/24 68 10
www.zollverein.de
Haltestelle: Zollverein
Besucherzentrum in Gebäude A14 Apr.–Okt. täglich 10–19 Uhr, Nov.–März Mo–Do, Sa, So 10–17 Uhr, Fr 10–19 Uhr
Jeden Sonntag, 11 Uhr „Familienschicht", Anmeldung unter Tel. 0201/24 68 10, weitere Kinderführungen an Sonntagen, Kindergeburtstage

Gelsenkirchen

Schloss Berge
Adenauerallee 103, 45894 Gelsenkirchen
Tel. 0209/17 74-0
www.schloss-berge.de

Schloss Horst
Förderverein Schloss Horst e.V.
Turfstr. 21, 45899 Gelsenkirchen
Tel. 0209/51 66 22
www.schloss-horst.de
Haltestelle: Schloss Horst

Wasserburg Haus Lüttinghof
Lüttinghofallee 3–5, 45896 Gelsenkirchen-Hassel
Tel. 0209/609 98-0 oder 0209/600 10-06
www.wasserburg-luettinghof.de

Hagen

Museum für Ur- und Frühgeschichte
Wasserschloss Werdringen
Werdringen 1, 58089 Hagen
Tel. 02331/306 72 66
www.museum-werdringen.de
Haltestellen: Brockhausen, Vorhalle Mitte
Mi–So 10–17 Uhr
Nach vorheriger Absprache ist das Museum für Schulklassen, Gruppen, Führungen und Kindergeburtstage auch außerhalb der regulären Öffnungszeiten geöffnet.

RuhrtalBahn GmbH
Postfach 0211, 58002 Hagen
Tel. 01801/66 00-99 07 52 (Ortstarif)
Fährt vom 1. Mai bis 18. Okt. Fr, So u. feiertags entlang der Ruhr zwischen Hagen und Bochum, weitere Strecken und Termine unter www.ruhrtalbahn.de

Haltern

LWL-Römermuseum
Weseler Str. 100, 45721 Haltern am See
Tel. 02364/93 76-0
www.lwl-roemermuseum-haltern.de
Haltestelle: Römermuseum
Di–Fr 9–17 Uhr, Sa–So 10–18 Uhr
Kindergeburtstage, Ferienprogramm

Hamm

Gustav-Lübcke-Museum
Neue Bahnhofstr. 9, 59065 Hamm
Tel. 02381/17-57 14
www.hamm.de/gustav-luebcke-museum.html
Haltestellen: Hauptbahnhof, Busbahnhof
Di–Sa 11–18 Uhr, So 10–18 Uhr
Einlass für Schulklassen vor 11 Uhr nach besonderer Absprache

Hindu Shankarar Sri Kamadchi Ampal Tempel e.V. (Europa)
Siegenbeckstr. 4–5, 59071 Hamm-Uentrop
Tel. 02388/30 22 23
www.kamadchi-ampal.de
Tägl. 8–14 Uhr und 17–20 Uhr
Gottesdienste täglich 8, 12 und 18 Uhr

Maximilianpark Hamm GmbH
Alter Grenzweg 2, 59071 Hamm
Tel. 02381/98 210-19
www.maxipark.de
Haltestelle: Maximilianpark
Apr.–Sept. 9–21 Uhr, Okt.–März 10–19 Uhr
(Kassenschluss 17 Uhr)
Freier Eintritt für Kinder unter 4 Jahren

Hattingen

LWL-Industriemuseum Henrichshütte
Werksstr. 31–33, 45527 Hattingen
Tel. 02324/92 47-0
www.lwl.org/LWL/Kultur/wim/portal/S/hattingen/ort
Haltestelle: Industriemuseum, Henrichshütte
Di–So 10–18 Uhr, Fr 10–21.30, Mo geöffnet, wenn Feiertag

Herne

Emschertal-Museum im Schloss Strünkede
Karl-Brandt-Weg 5, 44629 Herne
Tel. 02323/16 26 11
www.herne.de/kommunen/herne/ttw.nsf/id/DE_StartseiteEmschertal
Haltestelle: Schloss Strünkede
Di–Fr 10–13 und 14–17 Uhr, Sa 14–17 Uhr, So, feiertags 11–17 Uhr

LWL-Museum für Archäologie
Europaplatz 1, 44623 Herne
Tel. 02323/946 28-0
www.landesmuseum-herne.de
Haltestelle: Archäologie-Museum/Kreuzkirche
Di, Mi, Fr 9–17 Uhr, Do 9–19 Uhr, Sa, So, feiertags 11–18 Uhr
Kindergeburtstage, Ferienprogramm

Mülheim an der Ruhr

Aquarius-Wassermuseum
Burgstr. 70, 45476 Mülheim an der Ruhr
Tel. 0208/44 33-390
www.aquarius-wassermuseum.de
Haltestellen: Mülheim-Styrum Bahnhof, Siegfriedbrücke
Di–So 10–18 Uhr
Themengeburtstage 9–13 Jahre

Leder- und Gerbermuseum Mülheim an der Ruhr
Düsseldorfer Str. 269,
45481 Mülheim an der Ruhr
Tel. 0208/302 10 70
www.leder-und-gerbermuseum.de
Mi–So 14–18 Uhr
Familienworkshops

Schloss Broich
Am Schloss Broich 28,
45479 Mülheim an der Ruhr
Dauerausstellung zum Mittelalter:
Sa–So 11–17 Uhr, Eintritt frei
Im Sommer findet das Burgfolk-Festival statt.

Schloss Styrum
Moritzstr. 102, 45476 Mülheim an der Ruhr

Oberhausen

CentrO.Park
Promenade 10, 46047 Oberhausen
Tel. 0208/456 78-0
www.centropark.de
Haltestelle: Neue Mitte
Di–So und Mo, wenn Feiertag oder Ferien, 10–18/19 Uhr, Terminkalender im Internet

Gasometer Oberhausen GmbH
Am Grafenbusch 90, 46047 Oberhausen
Tel. 0208/850 37-30
www.gasometer.de
Haltestelle: Neue Mitte
Ausstellungen: Di–So 10–18 Uhr, während der Ferien in NRW täglich (auch an Feiertagen) 10–18 Uhr

Rheinisches Industriemuseum
Sechs Schauplätze – ein Museum
Hansastr. 20, 46049 Oberhausen
Tel. 0208/85 79-107 (Kasse)
Tel. 01805-74 34 65 (Kulturinfo Rheinland)
www.rim.lvr.de
Informationen zu den Schauplätzen des LVR-Industriemuseums (mit Öffnungszeiten, Eintrittspreisen und Anfahrtshinweisen) sind auf der jeweiligen Internetseite angegeben.
Zahlreiche Kinder- und Familienangebote, Kindergeburtstage

Ludwig Galerie Schloss Oberhausen
Konrad-Adenauer-Allee 46, 46042 Oberhausen
Tel. 0208/412 49 28
www.ludwiggalerie.de
Haltestelle: Schloss Oberhausen
Di–So 11–18 Uhr

LVR-Industriemuseum Museum Eisenheim
Berliner Str. 10a, 46117 Oberhausen
Tel. 02234/99 22-555
www.industriemuseum.lvr.de/schauplaetze/oberhausen/eisenheim.htm
Ostersonntag bis 31. Okt. So und feiertags 10–17 Uhr

Waltrop

LWL-Industriemuseum Schiffshebewerk Henrichenburg
Am Hebewerk 2, 45731 Waltrop
Tel. 02363/97 07-0
www.schiffshebewerk-henrichenburg.de
Di–So, feiertags 10–18 Uhr

Witten

Gruben- und Feldbahnmuseum Zeche Theresia
Nachtigallstr. 27–33, 58452 Witten
Tel. 0177/493 85 04
www.muttenthalbahn.org
Haltestelle: Witten-Bommern-Bahnhof
Öffnungszeiten und Fahrbetrieb auf der Internetseite, Mitnahme von Kinderwagen möglich

LWL-Industriemuseum Zeche Nachtigall
Nachtigallstr. 35, 58452 Witten-Bommern
Tel. 02302/936 64-10
www.zeche-nachtigall.de
Di–So, feiertags 10–18 Uhr
Große Familien-Entdeckertour mit Frosch Öli (am Wochenende für Familien kostenfrei), Stollenführung ab 3 Jahre, Zechensafari, Wasserspielplatz, Kindergeburtstage,
2. Mi im Monat: Kindernachmittag

Xanten

Archäologischer Park Xanten
Trajanstr. 4, 46509 Xanten
Tel. 02801/712-0
www.apx.lvr.de
März–Okt. tägl. 9–18 Uhr, Nov. tägl. 9–17 Uhr,
Dez.–Feb. tägl. 10–16 Uhr
Eintritt frei für Kinder und Jugendliche unter 18 Jahren
Taschenlampe mitbringen; Picknick, Frisbee- und Ballspielen auf den Wiesen erlaubt, Wasser- und Abenteuerspielplatz

Dom St. Viktor
46509 Xanten, www.xantener-dom.de
Apr.–Okt. Mo–Sa 10–18, So 14–18 Uhr,
Nov.–März Mo–Sa 10–17, So 13–17 Uhr

RömerMuseum im Achäologischen Park Xanten
Siegfriedstr. 39, 46509 Xanten
Tel. 02801/712-0
www.apx.lvr.de
März–Okt. tägl. 9–18 Uhr, Nov. tägl. 9–17 Uhr,
Dez.–Feb. tägl. 10–16 Uhr
Eintritt frei für Kinder und Jugendliche unter 18 Jahren

Ortsregister – für Ausflüge unentbehrlich

Sonstige Museen:

Burgen und Schlösser:

Sonstige Sehenswürdigkeiten:

Flüsse, Kanäle, Seen und Häfen:

Bildnachweis

Sämtliche Fotos von Bernd Schaumann außer:

13, 15, 19 u., 169 o. Csaba Peter Rakoczy

16 Foto u. Skulptur: Wolfgang Volz

18-19 Foto: Bernhard Obberg, Panorama Hüttenwerke Oberhausen AG (HOAG), 1951, Fotosammlung Rheinisches Industriemuseum

42 Astrid Padberg

43 re. Simplicius, Wikimedia Commons, lizensiert unter CreativeCommons-Lizenz Namensnennung-Weitergabe unter gleichen Bedingungen 3.0 Unported

43 li. Stadt Bochum, Presse- und Informationsamt

48, 76, 79, 103 u., 106 Wikimedia Commons, public domain

49 u. Lichtblick

51 RAG

52 u. DBM/montan.dok/Bergbau-Archiv Bochum

56, 92 o., 178 Arnoldius, Wikimedia Commons, lizensiert unter CreativeCommons-Lizenz Namensnennung-Weitergabe unter gleichen Bedingungen 3.0 Unported

68 LWL-Industriemuseum/Martin Holtappels

72 Museum für Kunst und Kulturgeschichte der Stadt Dortmund, Museumsfoto: Madeleine-Annette Albrecht

74 Denkmalbehörde Dortmund

76 o. Stadt Dortmund

77 Rasi57, Wikimedia Commons, lizensiert unter CreativeCommons-Lizenz Namensnennung-Weitergabe unter gleichen Bedingungen 3.0 Unported

79 o. re. + li. Mathias Bigge, Wikimedia Commons, lizensiert unter CreativeCommons-Lizenz Namensnennungs-Weitergabe unter gleichen Bedingungen 2.5 US-amerikanisch (nicht portiert)

81 bpk / Bayerische Staatsgemäldesammlungen

85 o. Mathias Bigge, Wikimedia Commons, lizensiert unter CreativeCommons-Lizenz Namensnennung-Weitergabe unter gleichen Bedingungen 3.0 Unported

85 u., 92 u. Stadtarchiv Dortmund

94 o. Dortmunder Hafen AG

97 Postkarte, gelaufen 1906, Museum für Kunst und Kulturgeschichte Dortmund, Inv.-Nr. F 1998/69

102 u. © LWL-Industriemuseum

107 Museum Folkwang, Essen, Foto: Jens Nober, 2009

111 u. Detlef Thomas, Wikimedia Commons, CreativeCommons-Lizenz Namensnennung-Weitergabe unter gleichen Bedingungen 3.0 Unported

112 Domschatz Essen, Foto: Dirk Nothoff, Gütersloh

117 Luftaufnahme Schacht XII/Schacht 1/2/8 ca. 1970 / Geschichtswerkstatt Zeche Zollverein e. V.

118 o. Arndt Wiegel

124 o. Ruhr Museum, Ausstellungsebene, Foto: Stefanie Grebe

128 LWL-Industriemuseum/Sammlung Postkarten

129 Gerd Wallhorn, Oberhausen

132 Erbsensuppe, Wikimedia Commons, lizensiert unter CreativeCommons-Lizenz Namensnennung-Weitergabe unter gleichen Bedingungen 3.0 Unported

133 o. + m. Sir Gawain, Wikimedia Commons, lizensiert unter CreativeCommons-Lizenz Namensnennung-Weitergabe unter gleichen Bedingungen 3.0 Unported

133 u., 169 u., 170 Sir Gawain, Wikimedia Commons, lizensiert unter CreativeCommons-Lizenz Namensnennung-Weitergabe unter gleichen Bedingungen 2.0 Deutschland

136 Stadthistorisches Museum Duisburg

151 DITIB Duisburg

155 Tauchrevier am Gasometer

156 Landschaftspark Duisburg Nord

159 u. Luftbild Hans Blossey

162 Mülheim & Business GmbH

163 W.wolny, Wikimedia Commons, lizensiert unter CreativeCommons-Lizenz Namensnennung-Weitergabe unter gleichen Bedingungen 3.0 Unported

172 u. Heinz Albers, Wikimedia Commons, lizensiert unter CreativeCommons-Lizenz Namensnennung 2.5

179 LWL/Stefan Brentführer

181 Ulrich Franzke, Wikimedia Commons, lizensiert unter CreativeCommons-Lizenz Namensnennung-Weitergabe unter gleichen Bedingungen 2.0 Deutschland

185 u. Rüdiger Wölk, Wikimedia Commons, lizensiert unter CreativeCommons-Lizenz Namensnennung-Weitergabe unter gleichen Bedingungen 2.5 US-amerikanisch (nicht portiert)

186 Zeichnungen: Martina Dammrat

200 o. Ansicht der Colonia Ulpia Traiana aus der Vogelperspektive, Zeichnung Horst Stelter, LVR-Archäologischer Park Xanten

202 Hans Peter Schaefer, Wikimedia Commons, lizensiert unter CreativeCommons-Lizenz Namensnennung-Weitergabe unter gleichen Bedingungen 3.0 Unported

205 Foto: Kath. Probsteigemeinde St. Viktor Xanten, Aufnahme: Michael Saint Mont, Düsseldorf

208 Rheinisches Landesmuseum Bonn, Fotograf: Hans Theo Gerhards

215 u. Stadt Haltern

Trotz intensiver Bemühungen war es uns nicht in allen Fällen möglich, die Rechteinhaber der Fotos ausfindig zu machen. Berechtigte Ansprüche werden selbstverständlich im Rahmen der üblichen Vereinbarungen abgegolten.

KINDER BACHEM

Bachems Wimmelbilder – Geschichte(n) für Kinder ab 2 Jahren

je 12 Pappseiten, 27 x 37,7 cm

Eine Rheinreise in Bildern

Offizielles Begleitbuch zur Ferienstraße „Rheinischer Sagenweg“ für Familien mit Kindern ab 2 Jahren

Romantischer Rhein

Hrsg. Klaus-Peter Hausberg
Illustr. von Andreas Ganther
ISBN 978-3-7616-2253-7

Nicht nur die ganz Kleinen amüsieren sich: Auf dieser Rheinreise wandert das Auge zu zahlreichen Orten und Burgen sowie den Schauplätzen der bekanntesten und schönsten Sagen und Geschichten. Man erkundet die Landschaft, sieht sich unversehens mitten in historischen Ereignissen und trifft bekannte Gestalten: Heinzelmännchen, Loreley, den deutschen Michel und natürlich Vater Rhein.
Illustrator Andreas Ganther entführt augenzwinkend und detailfreudig an den Rhein und seine Nebenflüsse.

Düsseldorfs Geschichte – lustig und lehrreich

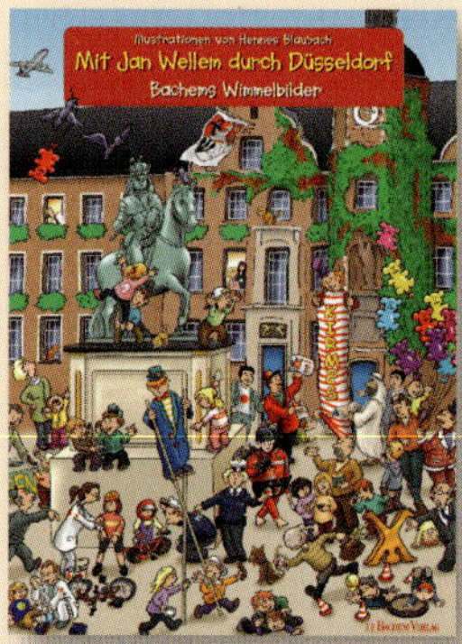

Mit Jan Wellem durch Düsseldorf

Illustr. von
Hennes Blaubach
ISBN 978-3-7616-2213-1

Jan Wellem, Schneider Wibbel und Radschläger: Überall in Düsseldorf gibt es viel zu entdecken, auf dem Burgplatz, im Hofgarten und auf der Königsallee. Doch was ist das? Taucht da etwa ein U-Boot im Kö-Graben auf?
Die Illustrationen aus der Feder von Hennes Blaubach geben erste Einblicke in Düsseldorfer Geschichte und zeigen liebevolle Details aus dem Stadtbild.

Außerdem erschienen:

In fünf Jahreszeiten durch Köln

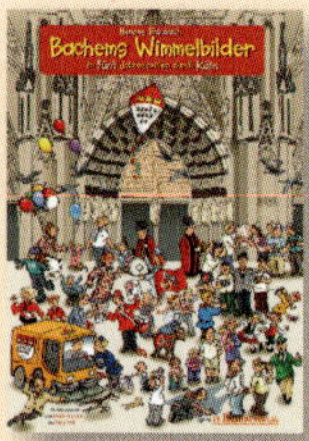

Hrsg. A. Kleinings,
A. Voß
Illustr. v. H. Blaubach
ISBN 978-3-7616-2007-6

Komm mit nach Mallorca

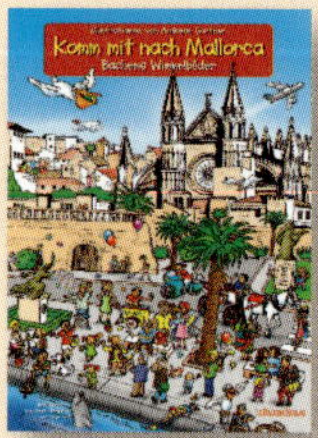

Hrsg. A. Kleinings,
A. Voß
Illustr. v. A. Ganther
ISBN 978-3-7616-2082-3

Ein Jahr im Nationalpark Eifel

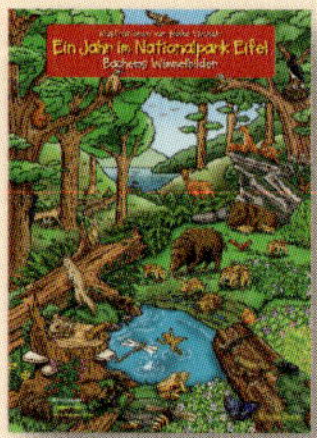

Hrsg. Förderverein
Nationalpark Eifel e. V.
Illustr. v. Heiko Wrusch
ISBN 978-3-7616-2149-3

Meine Kölner Stadtgeschichte

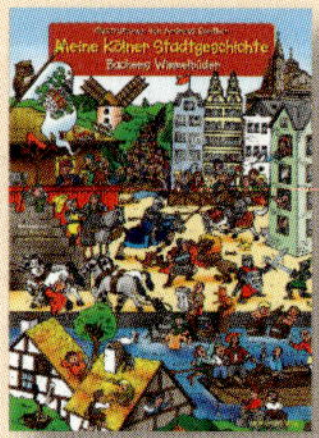

Hrsg. M. Euler-Schmidt
Illustr. v. A. Ganther
ISBN 978-3-7616-2147-9

Überall im Buchhandel erhältlich
oder unter www.bachem.de/verlag

J.P. BACHEM VERLAG
www.bachem.de/verlag

BACHEM KINDER

Mit der Maus unterwegs ...

... auf Rheinreise

Begleitbuch zum „Rheinischen Sagenweg" für Kinder.
www.rheinischersagenweg.de

Elisabeth Mick
Mit der Maus auf Rheinreise
240 Seiten mit zahlreichen farbigen Abbildungen und Karten
15,8 x 21,1 cm, gebunden
ISBN 978-3-7616-2069-4

Mit je einem Gutschein für einmal freien Eintritt für ein Kind in 29 Museen und Burgen entlang des Rheins

... durch Köln

Elisabeth Mick
Mit der Maus durch Köln
208 Seiten mit zahlreichen farbigen Abbildungen und Karten
15,8 x 21,1 cm, gebunden
ISBN 978-3-7616-1914-8

Mit Gutscheinen für einmal freien Eintritt für ein Kind in 2 Museen

... durch Düsseldorf

Elisabeth Mick
Mit der Maus durch Düsseldorf
176 Seiten mit zahlreichen farbigen Abbildungen und Karten
15,8 x 21,1 cm, gebunden
ISBN 978-3-7616-2212-4

Mit Gutscheinen für einmal freien Eintritt für ein Kind in 4 Museen

DieMaus

Überall im Buchhandel erhältlich oder unter www.bachem.de/verlag

J.P. BACHEM VERLAG
www.bachem.de/verlag

Gutschein **für einmal freien Eintritt für ein Kind in den Domschatz Essen**

Bitte im Museum abstempeln lassen

Gutschein **für einmal freien Eintritt für ein Kind in das Eisenbahnmuseum Bochum-Dahlhausen**

Bitte im Museum abstempeln lassen

Gutschein **für einmal freien Eintritt für ein Kind in die Ludwig Galerie, Schloss Oberhausen**

Bitte im Museum abstempeln lassen

Gutschein **für einmal freien Eintritt für ein Kind in das Leder- und Gerbermuseum in Mülheim an der Ruhr**

Bitte im Museum abstempeln lassen

Gutschein **für einmal freien Eintritt für ein Kind in den Maximilian Park Hamm**

Bitte im Museum abstempeln lassen

Gutschein **für einmal freien Eintritt für ein Kind in die Stiftung Ruhr Museum**

Bitte im Museum abstempeln lassen

Raesfeld
Lembeck
Hammbach
Haltern am See
Römermuseum
Marienthal
Hamminkeln
Wulfen
Schermbeck
A 31
A 3
Xanten
Archäologischer Park
Dom
Wesel
Lippe
Hervest
Brassert
Hüls
Dorsten
Marl
Hünxe
Friedrichsfeld
A 52
Haus Lüttinghof
Feldhausen
Westerholt
RECK
Voerde
Alpen
Zweckel
Herten
Dinslaken
Rhein
Schloss Berge
Buer
Gladbeck
A 2
Erle
Hochlarmark
Rheinberg
Emscher
Schloss Horst
Veltins-Arena
Crange
Walsum
Sterkrade
Museum für Archäolog
Eisenheim
Bottrop
Bismarck
Wanne
Marxloh
Tetraeder
Schalke
Eickel
A 42
Moschee
Grafen-busch
Osterfeld
Kamp-Lintfort
Bruckhausen
Schloss Oberhausen
Gasometer
GELSENKIRCHEN
Ebel
Alten-essen
Hordel
Ruhr Museum
Landschaftspark Duisburg
Rhein-Herne-Kanal
Stoppenberg
Katernberg
Ückend.
Zech
Knirp
MOERS
Beeck
Laar
Meiderich
OBERHAUSEN
Zeche Zollverein
Wattenscheid
Himmelsleiter
Neukirchen-Vluyn
Museum der Deutschen Binnenschifffahrt
Ruhrort
Borbeck
Münster
ESSEN
Halde Rheinelbe
Homberg
Schloss Styrum
Salvatorkirche
Kray
Schloss Borbeck
Weitmar
A 40
DUISBURG
Heißen
Aquarius
Rüttenscheid
Steele
Dahlhausen
Schleuseninsel
Wassermuseum
Broich
MÜLHEIM a. d. Ruhr
Grugapark
Eisenbahnmuseum
Hochfeld
Villa Hügel
Rhein-hausen
Schloss Broich
Bredeney
Kupferdreh
Saarn
Heisingen
Baldeneysee
Werden
Blank
A 59
Ruine Isenburg
Hatting
Kettwig
A 3
A 52
Ruhr
Kettwiger See
Sprock
Mündelheim
KREFELD
Heiligen-haus
Velbert
Rhein
Ratingen
Wülfrath
Willich
A 1
A 52
Mettmann
WU
Kaarst
DÜSSELDORF
A 3
Erkrath
NEUSS